為司馬遷尋知己　為《史記》覓知音

——序賴著《史記評賞》

陳滿銘

湖南常德教育學院賴漢屏教授自一九九五年八月起，在《明道文藝》雜誌發表一系列《史記》賞析的文章，由於見解獨具、文采丰華，讚譽之聲不絕，本人主編之《明道文藝》因而沾光不少。其實賴教授早於一九九二年即與本刊結緣，當時經由其在臺同鄉謝元厚先生介紹，闢有《藝苑賞英》專欄，陸續刊布詩文評介，即深受矚目；爾後又以《史記》一書為專論，常發人所未見，言人所未言，渾厚的治學功夫益加顯露無遺。本文尤其深獲本刊發行人汪廣平先生之激賞，為免「黃鐘毀棄」之憾，特向三民書局劉振強董事長極力推薦而得問世。

據賴教授自述，渠自幼即喜讀《史記》，曾從師學習，中年以後，又以《史記》為教本，且常淺吟高誦，咀嚼文味，如今蘊藉已深，英華綻放，自然言之有物，且篇篇都是直探司馬遷作傳的本心。

史遷作《史記》，雖然後人閱讀、欣賞的很多，研究探討的學者也不少，但立意幽闇未明之處仍是所在多有。比如：〈管晏列傳〉為何只論軼事而不談治績政略？為何幾近佞臣的張叔，史遷要為其費辭立傳？又為何李廣傳要標明〈李將軍列傳〉而不用名諱？信陵君傳不標封邑而稱〈魏公子列傳〉？

諸如此類的問題，前人或未觸及，或雖論及，但所言不夠周全明確。賴教授撰寫此書，就是要撥開這些層層的雲霧，讓人更能了解二千多年前司馬遷苦心孤詣或是曲筆暗寓的地方。我們從他所選析的十九篇傳記來看，更可清晰地看到賴教授想要作為司馬遷「知音」的強烈企圖心。

大家都知道，司馬遷曾為了替李陵鳴不平，因而下獄，並慘遭極不仁道的腐刑，在他內心深處，對朝廷昏暗的感慨、忠而受謗的悲憤、懷才不遇的痛苦、尋求知己的渴盼，以及對所有悲劇人物的同情，都是至深至切的，所以下筆之時，無不極力揮灑，借他人酒杯，澆自己塊壘。

賴教授多年探索，深深了解這點，所以他選〈滑稽列傳〉和〈萬石張叔列傳〉表達司馬遷暗諷當朝者的昏瞶；他選〈屈原列傳〉、〈李將軍列傳〉發抒史遷懷才不遇的苦悶；他選〈管晏列傳〉、〈魏公子列傳〉以見太史公渴求知己的熱切。

他更選〈絳侯周勃世家〉對照史遷被誣入獄的冤屈；複選〈商君列傳〉、〈淮陰侯列傳〉、〈遊俠列傳〉、〈刺客列傳〉等悲劇篇章，顯示史家深沉、悲憫的胸懷。

甚至〈項羽本紀〉、〈高祖本紀〉裡都可以看出司馬遷淒涼處境和孤寂內心的寄寓。

〈報任安書〉中，太史公敘述入獄時「見獄吏則頭搶地，視徒隸則心惕息」，這樣惶恐的心理以及「交游莫救，左右親近不為一言」的孤憤心情，千載之後，猶令人悚慄，無怪乎司馬遷觸及與他有相同遭遇、相同心境、相同渴望、相同憤懣的人，都要視如己身，淋漓盡致地去突顯其人格、個性、理想、情操，藉以抒發其心中無盡的控訴。

所以讀《史記》，任何一篇，都必須和司馬遷合為一傳，始能得其精髓。

賴教授寫作此書，正是以司馬遷的知己自勉，也以《史記》的知音自勵。

因此，當我們在書中讀到許多他獨自的看法時，當更能心領神會，益發欽佩他的觀點了。

如在〈廉頗藺相如列傳〉的賞析中，他說：「從來賞論此傳者，只豔稱他負荊請罪，勇於改過；未見有人激賞傳文中寫他離開趙國、客死他鄉這一段千古妙文。我在這裡特為拈出，相信讀者中必有戚戚焉於心者。」

又如〈萬石張叔列傳〉的評析，他說：「我以為，司馬遷寫此傳，目的也不僅僅止於譏刺那些『全軀保妻子』、尸位素餐的人，還有更深層次的動因。……才智之士多數奇不遇，唯知忠謹的奴才卻竊據要津，……司馬遷的筆鋒，透過奴才，微諷主子。從這個層面看，這篇文章的立意構思便更高一層了。」

其他如〈管晏列傳〉、〈李將軍列傳〉、〈絳侯周勃世家〉等也都有它慧眼文心的地方，值得細細品味。

當然，賴教授寫作這些文字，除了發幽探賾之外，也用了許多筆墨來欣賞司馬遷卓越的寫作藝術，在每一篇賞析作品中，他都層層剖析，句句論斷，將史遷撰寫《史記》時，材料的取捨增刪、情節的描寫設計，以及人物的語言特性、氣氛的鋪陳營造，還有，寫法的詳略虛實，文字的技巧運用，一一詳加賞論，使這部深具文學價值的曠世名作，益見其美。

能夠欣賞《史記》的優美，自然能夠洞見太史公的偉大，能夠景仰太史公的精神，自然可以進入歷代悲劇英雄的心靈世界，那麼，《史記》的知音將會愈來愈多，賴教授此書的出版，實善莫大焉，爰為之序。

（作者為前明道文藝社社長）

自序

賴漢屏

司馬遷《史記》一百三十篇，作意在「究天人之際，通古今之變，成一家之言」。這十五個字表明了他著作此書的追求，客觀上成了對這部史學巨著最好的概括與評價。漢武帝時，儒家巨擘董仲舒主張「罷黜百家，獨尊儒術」，提出了「道之大原出於天；天不變，道亦不變」的歷史觀。在他看來，天與人是合一的，永恆不變的。司馬遷卻認為，天道循自然規律而運行；人類歷史的發展則是人為的結果，並非天命所定。歷史是不斷變化的，並非「天不變，道亦不變」；他著作《史記》的目的就在於探索這種變化的規律。他要「成一家之言」，即對歷史的變遷興替提出自己獨特的見解，而不囿於「獨尊儒術」之論。基於這樣的歷史觀，《史記》一書對歷史學作出了巨大的貢獻。

《史記》的貢獻不限於史學，它還是我國傳記文學的典範。兩千年來，凡為散文者無不朝夕揣摩，奉為圭臬。《史記》語言，變《尚書》、《春秋》之佶屈聱牙為明淺流暢；句式變漢代辭賦之駢驪復沓為長短交錯，散句單行；司馬遷的《史記》創為「紀傳體」，把以編年記事為中心的史學著作變為以記人為中心，乃使史學與文學交融，開我國傳記文學之先河。以記事為中心，重在記述歷史事件的原委，無取於人物之刻劃；以記人為中心，則必須描繪人物形象，刻劃人物性格，這樣就逐漸形成了一種新的文學樣式——傳記文學。從這一點看，司馬遷《史記》在文學方面的貢獻決不亞於史學。我這本小書的評說也重在文學而略於史學。

書名《史記評賞》，這一幅幅人物肖像畫作自距今兩千多年前的司馬遷；後人欣賞這些歷史人物群像，自難免牝牡驪黃，各有所見。我這本小書力求在成說之外，提出一些個人的見解。諸如：在〈屈原列傳〉中，論證上官大夫奪憲而屈原不與的因由，廣引〈離騷〉之文以明班固謂屈原「露才揚己，競爭群小之間」是厚誣古人；在〈項羽本紀〉「鴻門宴」中，通過「斗卮酒」、「生彘肩」的剖析以闡明劉、項兩家在宴會上的明爭暗鬥；在〈商君列傳〉中對商鞅變法功過的評價；在〈春申君列傳〉中對黃歇何以前後判若兩人，都提出了個人的論斷。但此書並非學術專著，我提出一些新論意在引起青年讀者的思辨，諒方家不致責我以高深。

自一九八二年以來，筆者應大陸諸出版社之約，為《唐詩鑒賞辭典》、《唐宋詞鑒賞辭典》諸書寫了數十萬字的賞論詩詞之作，乃因深感今之青年學子對詩古文辭的興趣日趨淡漠，故不憚撰為小文，以期導夫先路。現在這本《史記評賞》，作意亦緣於此。如此頗得償其什一，將不負我老懷。是為序。

一九九七年十二月
於常德教育學院

史記評賞 目次

悲劇英雄三部曲

——〈項羽本紀〉評賞

序曲

鉅鹿之戰　破釜沉舟

項籍少時，學書不成，去；學劍，又不成。項梁怒之。籍曰：「書足以記名姓而已。劍，一人敵，不足學，學萬人敵。」於是項梁乃教籍兵法。籍大喜，略知其意，又不肯竟學。……秦始皇帝游會稽，渡浙江，梁與籍俱觀。籍曰：「彼可取而代也。」梁掩其口，曰：「毋妄言，族矣！」梁以此奇籍。籍長八尺餘，力能扛鼎，才氣過人，雖吳中子弟皆已憚籍矣。

（以下省略原文一大段，大意是：秦二世元年，陳涉在大澤鄉起義反秦，天下響應。項羽隨季父項梁在會稽起兵。陳涉敗死，項梁又在定陶之戰全軍覆沒，被秦將所殺，秦軍大振，以主力圍趙王於鉅鹿。起義諸侯發兵救趙，畏秦不敢進。楚懷王派宋義與項羽領兵救趙。）

初，宋義所遇齊使者高陵君顯在楚軍，見楚王曰：「宋義論武信君之軍必敗，居數日，軍果敗。兵未戰而先見敗徵，此可謂知兵矣。」王召宋義與計事而大說（悅）之，因置以為上將軍，項羽為魯公，為次將，范增為末將，救趙。諸別將皆屬宋義，號為卿子冠軍。行至安陽，留四十六日不進。項羽曰：「吾聞秦軍圍趙王鉅鹿，疾引兵渡河，楚擊其外，趙應其內，破秦軍必矣。」宋義曰：「不然。夫搏牛之蝱不可以破蟣蝨。今秦攻趙，戰勝則兵罷（疲），我承其敝；不勝，則我引兵鼓行而西，必舉秦矣。故不如先鬬秦、趙。夫被堅執銳，義不如公；坐而運策，公不如義。」因下令軍中曰：「猛如虎，很如羊，貪如狼，彊（強）不可使者，皆斬之。」乃遣其子宋襄相齊，身送之至無鹽，飲酒高會。天寒大雨，士卒凍飢。項羽曰：「將戮力而攻秦，久留不行。今歲饑民貧，士卒食芋菽，軍無見（現）糧，乃飲酒高會，不引兵渡河因趙食，與趙并力攻秦，乃曰：『承其敝。』夫以秦之彊（強），攻新造之趙，其勢必舉趙。

趙舉而秦彊（強），何敝之承！且國兵新破，王坐不安席，埽境內而專屬於將軍，國家安危，在此一舉。今不恤士卒而徇其私，非社稷之臣。」項羽晨朝上將軍宋義，即其帳中斬宋義頭，出令軍中曰：「宋義與齊謀反楚，楚王陰令羽誅之。」當是時，諸將皆慴服，莫敢枝梧；皆曰：「首立楚者，將軍家也。今將軍誅亂。」乃相與共立羽為假（代理）上將軍。使人追宋義子，及之齊，殺之。使桓楚報命於懷王。懷王因使項羽為上將軍，當陽君、蒲將軍皆屬項羽。

項羽已殺卿子冠軍，威震楚國，名聞諸侯。乃遣當陽君、蒲將軍將卒二萬渡河，救鉅鹿。戰少利，陳餘復請兵。項羽乃悉引兵渡河，皆沉船，破釜甑，燒廬舍，持三日糧，以示士卒必死，無一還心。於是至則圍王離，與秦軍遇，九戰，絕其甬道，大破之，殺蘇角，虜王離。涉閒不降楚，自燒殺。當是時，楚兵冠諸侯。諸侯軍救鉅鹿下者十餘壁，莫敢縱兵。及楚擊秦，諸將皆從壁上觀。楚戰士無不一以當十，楚兵呼聲動天，諸侯軍無不人人惴恐。於是已破秦軍，項羽召見諸侯將，入轅門，無不膝行而前，莫敢仰視。項羽由是始為諸侯上將軍，諸侯皆屬焉。

《史記》體例，天子傳記列「本紀」，諸侯傳記列「世家」。項羽不曾為天子，司馬遷卻標其傳曰〈項羽本紀〉，可見他對項羽功績人品之推重。由於這篇本紀文字特長，又特別精警，我分用三文加以評賞，標其總題為〈悲劇英雄三部曲〉，而以鉅鹿之戰、鴻門宴、垓下之圍作分題，分述其興起、轉折和敗亡。這裡先評賞序曲——鉅鹿之戰。

鉅鹿之戰是諸侯聯軍與秦軍主力的大決戰，是項羽建立霸業的開始。評賞這個片斷，我先從項羽少時學書學劍說起。學書學劍一小段，是〈項羽本紀〉的開頭，雖然只八九十個字，卻深刻地表現了項羽的性格特徵，足以揭示他一生事業成敗的契機。項羽少時學書學劍，兩無所成。按他的說法，「書足以記名姓而已」，這是他對文化知識的全部認識。與項羽爭天下的劉邦也是個沒有文化的鄉里小民。但劉邦雖無文化，卻知道文化、文人在政治上、戰略上的重要作用，因此他善用蕭何、曹參、張良這些人，終成大業。項羽則不然。他不但對學文化缺乏耐心，而且鄙薄文化知識，認為書字只有記錄姓名的作用，因此他得一范增而不能重用。再說學劍。文的不願學，武的該喜歡吧？不料他又說：「劍，一人敵，不足學，學萬人敵。」敵，抵擋、對抗之意。說學了劍術只能抵擋一個人，這話很正確。但既然要學「萬人敵」，他叔父項梁教以兵法，這正是統率千軍萬馬與敵人作戰的取勝之道，他該用心研習了。不料，「籍（項羽名）大喜，略知其意，又不肯竟學」。竟，完畢的意思。不肯竟學即不肯學完。顯然，學通兵法也是一種文化學習，得有耐心，下苦功。項羽最缺乏的就是耐心。他稟性急躁，是個快人，常作快語，連打仗也喜歡快戰；他的缺陷在不耐深思熟慮，這是他的個性特徵，是他終歸敗死的內在原因。當他和項梁同觀秦始皇遊會稽，脫口就說：「彼可取而代也。」快人快語，毫無顧忌，此其志不在小。憑什麼去實現這種豪言壯語呢？他憑藉的是一己的勇力，也就是司馬遷說的「欲以力征經營天下」。誠然，勇是美德，對於一個起兵反秦爭天下的領袖來說，更需要有勇氣。但是，個人之勇不足恃，勇必須與政略、戰略結合才能成功。鉅鹿之戰著力寫了項羽的勇，但這裡寫的是與智謀相結合的大勇而不單單是個人之勇。鉅鹿之戰一開始，便寫了項羽殺掉領兵主將宋義的過程。試想，軍帳之中，朝會之際，該有多少軍將參加，上將軍宋義身邊又該有多少護衛的勇士，項羽卻居然隻身孤劍，「即其帳中斬宋義頭」，使得「諸將皆慴服，莫敢枝梧」，這需要多大的勇氣？現代的青年人也許認為他憑的是武藝高強。其實項羽自己早就說過：「劍，一人敵。」他憑藉的並不是什麼武藝。不然，在烏江邊上短兵相接的近戰中，就不會「身被十餘創」（全身十多處受傷）了。他此舉的成功，一靠剛勇，二由於他站在正義的立場，贏得了多數軍將的擁護。當時，項梁兵敗身死，楚軍士氣低沉，秦將章邯移師圍趙王於鉅鹿，趙軍危在旦暮，反秦起義的大局很可能全盤失敗。在這緊要關頭，宋義奉楚懷王命與項羽一道領兵救趙，事急如火；宋義卻害怕與秦軍交鋒，屯兵安陽四十六日不進，意存觀望，天天「飲酒高會」；項羽歷數他不顧國家安危，「不恤士卒而徇其私」，軍無現糧而不能「引兵渡河因趙食」（依靠趙地糧食解決兵士的吃飯問題），何等義正詞嚴！當時「天寒大雨，士卒凍飢」，項羽指斥宋義不能「引兵渡河因趙食」，這話便特別有煽動力，早已得到軍將的心折首肯，因此在軍帳中殺宋義才能「流血五步」而不致「伏尸二人」。殺了宋義，奪得兵權之後，他又憑著神勇，一鼓作氣，指揮部隊渡河救趙。這時，他不但是一個有大勇者，而且顯得善於審時度勢，善於用兵。他先派當陽君、蒲將軍帶二萬士兵渡河北救趙，一來建立橋頭堡，二來穩定鉅鹿城中守軍的軍心，又與屯兵鉅鹿之北的趙將陳餘互通聲氣，形成兩面夾擊的形勢。待到先頭部隊渡河建立橋頭堡，項羽才親率主力渡河，足見他頗諳戰術。渡河之前，他先作了一次戰前動員，那辦法也十分獨特：「皆沉船破釜甑燒廬舍持三日糧以示士卒必死無一還心。」（必死：一定要拼死向前；無一還心：決不能存絲毫畏縮後退之心）這是兵法上「置之死地而後生」的具體運用。當時兵力秦眾楚寡，士氣秦強楚弱，渡河作戰在地勢上楚軍又處於不利，沒有過人的膽識，驚人的勇氣，是斷斷乎不敢出此的。項羽真不愧是「千古聖於勇者」（歷史上勇者之中最完美的典型。語出明代詩論家、史學家胡應麟。）。因為他的行動不僅僅憑藉個人之勇，而是個人之勇與高超戰術之智的完美結合。主力渡河之後馬上縱兵進擊秦軍王離的攻城部隊，形成反包圍，與守城將領陳餘的部隊形成內外夾擊的形勢，也是戰術運用之一端。讀這段文字，從「皆沉船」到「無一還心」二十三字最好一口氣讀下去，中間不停頓換氣。因為，作者行文至此，筆挾風雷，只有一口氣讀下去，才能體現當時的緊張形勢和項羽義無反顧的決心。現行標點本把這個長句點斷成幾個小句，對理解文義自然有幫助，對把握文氣，體現人物的氣概、決心卻大受影響，文章的聲情契合之美也就喪失了。

以上，寫鉅鹿之戰的戰術運用，全用實寫。至於戰鬥場面的描寫，則改用虛筆。這樣就使文字奇正相生，富於變化。這段文字最精警的地方，又恰恰在虛筆而不在實筆。虛寫之道有二：一是用反襯手法，以至怯襯大勇；一是烘托手法，通過友軍的反應表現楚軍將士的殊勇。至於敵方的情況，不著一字卻又分明可以想見。當秦將章邯以三十萬大軍圍攻鉅鹿時，宋義這個只會紙上談兵的怯者屯兵安陽，不敢渡河決戰；諸侯軍救鉅鹿下者十餘壁（十多座營壘），名為救趙，卻一個個先修築防禦工事（壁）以自保，「莫敢縱兵」。楚軍與秦軍惡戰時，他們只能「從壁上觀」（站在防禦的土牆上觀望），這也是一大群怯者。有了這層層反襯，才烘托出「楚戰士無不一以當十」的英勇。這是反襯手法的藝術效果。楚軍殺的是秦軍。見到楚軍如此驍勇，害怕的本來應該是秦軍；司馬遷的絕妙之處，在於他不寫秦軍畏楚，反用濃墨重彩寫友軍（諸侯救趙軍）的恐懼。在戰場上，看到楚軍如此拼殺，「諸侯軍無不人人惴恐」；戰勝之後，項羽召見諸侯將，諸侯將「入轅門，無不膝行而前，莫敢仰視」，對項羽連看都不敢看一眼。如果說，反襯之法古已有之，這種通過友軍的惴恐之態來烘托楚軍英勇、項羽威風的筆法就算得上是太史公司馬遷的獨創了。至於戰鬥的正面描寫，尤為特別，記一場驚天動地的大決戰，只用了兩句話：「楚戰士無不一以當十」，「楚兵呼聲動天」，依然避開正面，純從虛處著墨，卻把這場數十萬人的大決戰寫得日月無光，旌旗變色。後世《三國演義》寫關雲長溫酒斬華雄，用的也是這種手法，只是時間已經晚了一千五六百年。可惜的是，世人多以此讚美《三國演義》，卻很少有人知道這種寫法的創始者是太史公司馬遷。

轉捩點◆鴻門宴上　刀光劍影

「鴻門宴」是《史記・項羽本紀》中記述項羽、劉邦之間面對面鬥爭的一個片斷。評賞這段文章，得先了解其時代背景。戰國末期，楚懷王被秦昭王誆騙赴秦索地，客死於秦，秦楚之怨極深。秦二世元年，陳涉在大澤鄉起兵造反，被秦國滅亡的六國後裔，紛紛叛秦自立。楚人項梁偕其姪項羽在吳地舉兵，聽謀士范增之言，從民間覓得牧羊兒——楚懷王之孫心，立為懷王，以復楚相號召。項梁戰死，羽繼起領楚軍與秦戰。劉邦也是楚地人，他的義軍也以復楚相號召，邦與羽同受楚懷王節制，兩人約為兄弟，互相聲援。懷王曾與兩人約，先入函谷關破秦者為關中之王。關中地處天下上游，是秦國經營多年的基地，物產豐足，人民富強，地勢險要；誰一旦為關中王，就有了統一天下的堅實基業。項羽的祖父項燕被秦將王翦所殺，叔父項梁又在定陶之戰中死於秦將章邯之手，因此他領楚兵渡河擊秦救趙，既為了滅秦復楚，也為了給祖父、叔父報仇。正當項羽與秦主力軍在河北決戰，劉邦卻以偏師乘秦之虛，下函谷關，破秦都咸陽，秦王子嬰出降，秦朝徹底滅亡。顯然，擊潰秦軍主力的是項羽，坐收漁人之利的是劉邦，劉邦從此獲得「王關中」的資格。這樣就構成了劉項之間的尖銳矛盾。「鴻門宴」的故事正發生在這焦點時刻。讓我們先讀原文：

行略定秦地。函谷關有兵守關，不得入。又聞沛公已破咸陽，項羽大怒，使當陽君等擊關。項羽遂入，至于戲西。沛公軍霸上，未得與項羽相見。沛公左司馬曹無傷使人言於項羽曰：「沛公欲王關中，使子嬰為相，珍寶盡有之。」項羽大怒，曰：「旦日饗士卒，為擊破沛公軍！」當是時，項羽兵四十萬，在新豐鴻門，沛公兵十萬，在霸上。范增說項羽曰：「沛公居山東時，貪於財貨，好美姬。今入關，財物無所取，婦女無所幸，此其志不在小。吾令人望其氣，皆為龍虎，成五采，此天子氣也。急擊勿失。」

楚左尹項伯者，項羽季父也，素善留侯張良。張良是時從沛公，項伯乃夜馳之沛公軍，私見張良，具告以事，欲呼張良與俱去。曰：「毋從俱死也。」張良曰：「臣為韓王送沛公。沛公今事有急，亡去不義，不可不語。」良乃入，具告沛公。沛公大驚，曰：「為之奈何？」張良曰：「誰為大王為此計者？」曰：「鯫生說我曰：『距關，毋內（納）諸侯，秦地可盡王也。』故聽之。」良曰：「料大王士卒足以當項王乎？」沛公默然，曰：「固不如也，且為之奈何？」張良曰：「請往謂項伯，言沛公不敢背項王也。」沛公曰：「君安與項伯有故？」張良曰：「秦時與臣游，項伯殺人，臣活之。今事有急，故幸來告良。」沛公曰：「孰與君少長？」良曰：「長於臣。」沛公曰：「君為我呼入，吾得兄事之。」張良出，要（同「邀」）項伯。項伯即入見沛公。沛公奉卮酒為壽，約為婚姻，曰：「吾入關，秋毫不敢有所近，籍吏民，封府庫而待將軍。所以遣將守關者，備他盜之出入與非常也。日夜望將軍至，豈敢反乎！願伯具言臣之不敢倍（背）德也。」項伯許諾。謂沛公曰：「旦日不可不蚤（早）自來謝項王。」沛公曰：「諾。」於是項伯復夜去，至軍中，具以沛公言報項王。因言曰：「沛公不先破關中，公豈敢入乎？今人有大功而擊之，不義也，不如因善遇之。」項王許諾。

沛公旦日從百餘騎來見項王，至鴻門，謝曰：「臣與將軍戮力而攻秦，將軍戰河北，臣戰河南，然不自意能先入關破秦，得復見將軍於此。今者有小人之言，令將軍與臣有郤（隙）。」項王曰：「此沛公左司馬曹無傷言之；不然，籍何以至此！」項王即日因留沛公與飲。項王、項伯東嚮坐，亞父南嚮坐——亞父者，范增也。沛公北嚮坐，張良西嚮侍。范增數目項王，舉所佩玉玦以示之者三，項王默然不應。范增起，出召項莊，謂曰：「君王為人不忍，若你入前為壽，壽畢，請以劍舞，因擊沛公於坐，殺之。不者，若屬皆且為所虜。」莊則入為壽。壽畢，曰：「君王與沛公飲，軍中無以為樂，請以劍舞。」項王曰：「諾。」項莊拔劍起舞，項伯亦拔劍起舞，常以身翼蔽沛公，莊不得擊。於是張良至軍門，見樊噲。樊噲曰：「今日之事何如？」良曰：「甚急。今者項莊拔劍舞，其意常在沛公也。」噲曰：「此迫矣，臣請入，與之同命。」噲即帶劍擁盾入軍門。交戟之衛士欲止不內（納）。樊噲側其盾以撞，衛士仆地，噲遂入，披帷西嚮立，瞋目視項王，頭髮上指，目眥盡裂。項王按劍而跽曰：「客何為者？」張良曰：「沛公之參乘樊噲者也。」項王曰：「壯士，賜之卮酒。」則與斗卮酒。噲拜謝，起，立而飲之。項王曰：「賜之彘肩。」則與一生彘肩。樊噲覆其盾於地，加彘肩上，拔劍切而啗之。項王曰：「壯士，能復飲乎？」樊噲曰：「臣死且不避，卮酒安足辭！夫秦王有虎狼之心，殺人如不能舉（完），刑人如恐不勝，天下皆叛之。懷王與諸將約曰：『先破秦入咸陽者王之。』今沛公先破秦入咸陽，毫毛不敢有所近，封閉宮室，還軍霸上，以待大王來。故遣將守關者，備他盜出入與非常也。勞苦而功高如此，未有封侯之賞，而聽細說，欲誅有功之人。此亡秦之續耳，竊為大王不取也。」項王未有以應，曰：「坐。」樊噲從良坐。坐須臾，沛公起如廁，因招樊噲出。

沛公已出，項王使都尉陳平召沛公。沛公曰：「今者出，未辭也，為之奈何？」樊噲曰：「大行不顧細謹，大禮不辭小讓。如今人方為刀俎，我為魚肉，何辭為？」於是遂去。乃令張良留謝。良問曰：「大王來何操？」曰：「我持白璧一雙，欲獻項王；玉斗一雙，欲與亞父，會其怒，不敢獻。公為我獻之。」張良曰：「謹諾。」當是時，項王軍在鴻門下，沛公軍在霸上，相去四十里。沛公則置車騎，脫身獨騎，與樊噲、夏侯嬰、靳彊、紀信等四人持劍盾步走，從酈山下，道芷陽間行。沛公謂張良曰：「從此道至吾軍，不過二十里耳。度我至軍中，公乃入。」沛公已去，間至軍中。張良入謝，曰：「沛公不勝桮杓，不能辭。謹使臣良奉白璧一雙，再拜獻大王足下；玉斗一雙，再拜奉大將軍足下。」項王曰：「沛公安在？」良曰：「聞大王有意督過之，脫身獨去，已至軍矣。」項王則受璧，置之坐上。亞父受玉斗，置之地，拔劍撞而破之，曰：「唉！豎子不足與謀。奪項王天下者，必沛公也，吾屬今為之虜矣。」

沛公至軍，立誅殺曹無傷。

「鴻門宴」標誌反秦義軍中兩個首領劉邦、項羽由聯合破秦到互爭天下的轉捩點。文章以劉邦赴鴻門向項王請罪為中心，合宴前、宴後三部分組成。在一千五百來字中，司馬遷生動地記述了兩家的明爭暗鬥。宴會之上，觥籌交錯，刀光劍影；出場人物，個個形象鮮明，既保持了歷史的真實，又「詼詭幾類平話」（呂思勉《秦漢史》語），是兩千多年來膾炙人口的名篇。

這段文字之所以膾炙人口，成功的藝術經驗非只一端。要而言之，情節跌宕，波瀾起伏和形象生動、個性鮮明兩個方面是主要特色。

試看文章入手，先用百十來字，寫了三件事：一寫項羽領諸侯軍入秦，函谷閉關。這位曾在鉅鹿之戰中擊破秦軍主力章邯而成為諸侯叛秦軍統帥的霸王遭此冷遇，已自怒火填膺。次寫劉邦部下曹無傷的反間之言，越發火上加油。三寫范增一番議論，項羽更深刻認識了劉邦是自己的隱患，油火添上一股陰風。文章層層作勢，緊張的空氣彷彿劃一根火柴就可以點燃，旦日滅劉，箭在弦上。不料陡然接上項伯夜訪故人張良，沛公約為婚姻一節，一場風火頓然化作滿天涼雨，情節忽趨平緩。接下去劉邦鴻門謝罪，一席話賺得項羽推心留飲，前嫌頓釋，文勢再作一跌。又不意酒宴之上，范增「數目」於前，項莊舞劍於後，平地再起波瀾。幸而有項伯拔劍翼蔽沛公，暫趨緩解；但范增殺劉之心未死，危機依然四伏。在這緊急關頭，樊噲闖帳，使鬥爭變得更加複雜。項羽之為人，屠阬殘滅；鉅鹿之戰中諸侯見了他「無不膝行而前，莫敢仰視」，現在樊噲居然「瞋目視項王，頭髮上指，目眥盡裂」，豈不是批其逆鱗，存心挑起剛剛平息的怒火嗎？情勢至此，又趨緊張，流血五步，事迫眉睫。誰料這位「喑嗚叱咤，千人皆廢」的項王，竟然被樊噲粗獷忠勇的氣質所動，呼為「壯士」，賜之卮酒，益以彘肩，任其慷慨陳辭，被他數落得「未有以應」。這段文字，如鷹揚鶻下，直起直落，盡翻騰跌宕之能事。

項王賜坐，「樊噲從良坐」，形勢似乎愈趨平緩。但沛公、張良、樊噲三人都像坐在火藥桶上；風定雲凝，醞釀著一場更大的暴雨。文字至此再作一轉——「沛公起如廁」，間道逃歸。但問題仍未解決，還剩下張良。他如何向項王交代，項王將如何處理，仍是懸念。於是，又有獻璧、受璧、碎璧一節，去後餘波，蕩漾無際。縱觀全文情節，凡五起五落，一千五百多字，幾乎全是驚濤駭浪，又都化為漣漪層層，令我們讀之魂悸魄動，目眩神搖，時笑時顰，不能自已。

但是，任何文學作品，如果一味追求情節驚險離奇，都必墜入魔道。情節必須為展開人物性格服務，讓人物性格發展推動情節的起伏波瀾；只有進入這種境界，才能使作品具有藝術魅力。「鴻門宴」正是在情節發展中展開人物性格的。在這個片斷中，司馬遷寫了四對人物——雄主項羽、劉邦，謀臣范增、張良，武士項莊、樊噲，內奸項伯、曹無傷（曹雖未出場，影子同在）。這些人物互相映襯，個性各有不同。這裡重點分析項羽和樊噲。

「鴻門宴」是項羽人格展開的重要場合，在宴會中，其個性品質得到一次充分展示。項羽的個性是豐富複雜的，主要特點是以勇自恃，以義自許，憨厚暴烈，自信自負。其自信自負既體現為豪爽直率胸無城府，又發展為近乎愚昧的個人英雄主義。他少時便想學「萬人敵」，以為可以力征天下；直到垓下被圍，山窮水盡，還以為失敗是「天之亡我，非戰之罪也」。這種貫串人物始終的鮮明個性，在「鴻門宴」這個片斷中，司馬遷作了深刻的、多側面的展示。

項羽挾勝利之餘威，領諸侯兵進至函谷關，緊閉的關門嚴重地損傷了他的自尊心，因而他遣將擊關。曹無傷說：「沛公欲王關中，使子嬰為相，珍寶盡有之。」范增說：「沛公……今入關，財物無所取，婦女無所幸，此其志不在小。」一個說「珍寶盡有之」，一個說「財物無所取」，兩人的話顯然矛盾，本不難覺察曹無傷送來的是假情報。但項羽聽進去的只是「欲王關中」、「此其志不在小」十個字。正是這十個字，損傷了他的權力欲望，刺痛了他唯我能霸王關中的自負自尊之心，於是悍然下令「旦日饗士卒，為擊破沛公軍」（明天一早打牙祭，給我消滅沛公的部隊）。在他看來，以他的楚軍和諸侯軍四十萬去對付沛公的十萬部隊，可以在一個早晨結束戰爭。這正是他盲目自負、自尊性格的充分展示。

項伯在項羽面前為沛公說情，打動項王的是一句話：「今人有大功而擊之，不義也。」這裡提出了一個普遍的道德標準——義。義和勇一樣，都是項羽精神領域中的最高追求。他不是臨死還要把自己的頭顱贈給追殺他的「故人」呂馬童嗎？那是為了顯示他重義氣。鴻門宴上，他不理范增「舉所佩玉玦以示之者三」的示意，不肯下令殺劉邦，也因為，他與劉邦奉懷王令破秦，現在劉邦先入，我若殺了劉邦，是大不義。而且，他認為，殺劉邦無此必要。區區沛公，安足為我敵！更何況，人家赤手空拳來我軍帳謝罪，毫無抵抗力量，殺之不武，徒傷我一世英名。

沛公前一天晚上對項伯說的話，和鴻門宴上沛公、樊噲對項羽說的話，三者如出一轍，顯然都是張良事先替他們準備好的臺詞，項羽為什麼聽不出，反而為這些言語所動？原因就在於這些話迎合了他自信自負的心態。沛公說：「秋毫不敢有所近。」用「不敢」而不用「不曾」，多麼恭順！「籍吏民，封府庫而待將軍」，「待」得多麼虔誠！「日夜望將軍至」，「望」得多麼迫切！樊噲說得更妙：「勞苦而功高如此，未有封侯之賞。」他直截了當代沛公向項羽討賞來了，隱然位劉邦於下僚，奉項羽為上級。且能給人以「封侯之賞」的只能是天子。這就無形之中把項羽推崇到天下至尊的地位。盲目自負的項羽聽了，能不飄飄然嗎？所以當沛公已去，張良持璧入謝時，項王還問「沛公安在」。四字傳神，正是他飄飄然、昏昏然自我陶醉的絕好寫照。

對樊噲一席話，項羽「未有以應」，理屈乃至辭窮。他這個稟性直率重義的人，編不出為自己護短的詞兒來。當劉邦向他說：「今者有小人之言，令將軍與臣有郤（同『隙』）。」他張口就說：「此沛公左司馬曹無傷言之。」自作聰明者以為項羽此言最愚蠢，怎能把自己埋伏在敵營的暗線暴露給敵人呢？殊不知，這正是司馬遷刻劃項羽性格的神來之筆！心懷磊落，直來直去，這種個性，對於爭天下，也許是缺點；對於為人，卻是最高貴的品質。司馬遷有意將項羽與劉邦對比，在本文結尾處又補了一筆：「沛公至軍，立誅殺曹無傷。」褒貶立見，文外無窮。

樊噲這個人物也寫得極為成功。他在最緊急的關頭挺身而出，開口就說：「臣請入，與之同命。」誓與劉邦共生死。作者先寫他進入項羽軍門的形象：「側其盾以撞，衛士仆地，噲遂入。」表現出他的一腔義憤和英武。進入軍門，「披帷西嚮立，瞋目視項王，頭髮上指，目眥盡裂」，彷彿是一尊憤怒的天神，一團熊熊燃燒著的烈火，照亮了這陰謀四伏的軍營。司馬遷在這裡更以其綿針密線，寫出了宴會上一場暗地裡進行的鬥爭，大大豐富了樊噲的英雄形象。項羽以英雄愛英雄之心，吩咐左右「賜之卮酒」，捧上來的卻是「斗卮酒」；吩咐左右「賜之彘肩」，捧上來的卻是「生彘肩」。一字之增，陰雲又起。「斗」是大杯。這一大杯烈酒，看你如何對付？「生彘肩」即生豬腿。這一條生豬腿，看你如何下咽？不飲不吃，豈非不禮貌，厚負項王，而且露了膽怯？如果喝下去，吃下去，說不定當場醉倒，嘔吐狼藉，那場面多麼狼狽！這分明是項王左右在范增導演下存心作弄樊噲的惡作劇。不料樊噲一一挫敗了對手的陰謀。那大杯烈酒，他「拜謝，起，立而飲之」。那條生豬腿，他「覆其盾於地，加彘肩上，拔劍切而啗之」。「拜、起、立、飲」四個動詞，斬截有聲，顯示出他對項王多麼有禮，對揶揄他的群小多麼無畏！那「覆、加、拔、切、啗」五字，寫得意氣飛動，形象鮮明，彷彿他切的、吃的不是生豬腿，而是敵人的肉！他咬碎鋼牙，把生肉和仇恨一起吞下。這一場暗鬥妙在當著項王的面，捉弄項王賞識的客人，項王卻被蒙在鼓裡。司馬遷僅僅增加了「斗」、「生」二字，細處傳神，把緊張的暗鬥、項羽的直率、范增的陰險、樊噲的無畏，全部表現出來了。兩字增華，一篇生色，寫活了一個場面，豐富了幾個人的性格，司馬遷手中真有一枝生花妙筆！

讀這段文章的人，往往責備項羽不殺劉邦是極大的失策，是「婦人女子之仁」。這說法未免厚誣英雄。這裡要辨明兩個問題：項羽為什麼不殺劉邦？他應不應該殺劉邦？

細味「鴻門宴」這段文字，事前項羽、范增一定密商過在酒宴上加害劉邦這個問題。不然如此大事，范增怎能擅作主張召項莊舞劍，「因擊沛公於坐，殺之」？要是事先與項羽沒有約定，范增「舉所佩玉玦以示之者三」，示意項羽下決心（玦、決同音），又怎能期望項羽理解他的意思？范增對項莊說過「君王為人不忍」的話，「不忍」分明說事先雖約定殺劉，臨事又不忍下手。凡此種種，都說明項羽原有殺劉之心，只是臨事又猶豫不決，改變了初衷。究竟是什麼原因使他改變初衷的呢？這得從當時的形勢和項羽的個性兩方面尋找答案。

劉邦先入咸陽破秦，項羽旋至，他帶來四十萬大軍，不可能都是楚軍，一定有六國諸侯的軍將。諸侯軍將隨行，必然懷有兩種心情：一方面，共慶滅秦大業的最後勝利；二方面，要看看劉邦、項羽這兩位盟主如何分配勝利的果實，以確定自己今後的去留打算。項羽鴻門設宴，他們不可能預知有什麼密謀，但劉、項已因誰主關中而產生矛盾，他們絕不可能毫無所知；項羽遣當陽君等擊關的軍事行動，他們目睹耳聞，更是清清楚楚。劉、項之中必有一人主天下。諸侯軍將對於劉邦，並無惡感；對於項羽，他們是十分畏懼的。在鉅鹿之戰勝利後，他們謁見項羽，「無不膝行而前，莫敢仰視」，便是明證。現在劉、項既有矛盾，這件事情的結局，諸侯必然十分關心。因為，將來二人誰主天下，直接關係到他們的利益。偏偏劉邦一到鴻門，對項羽那樣謙虛有禮，如果項羽貿然誅殺這位既有破秦大功，又謙虛到「籍吏民，封府庫而待將軍」的劉邦，劉邦十萬大軍殊死叛楚不用說，六國諸侯將也會責備項羽不顧信義，反覆無常，眼看劉邦的今天，不能不想到自己的明天。在這種形勢下，勢必紛紛叛項羽，使他陷入最大的孤立，對他的霸王之業有極大的負面影響，對此他不能不充分考慮，因考慮而游移，因游移而改變初衷。特別是樊噲幾句話，對項羽的決策有重大影響。他說：「……欲誅有功之人。此亡秦之續耳。」「亡秦之續」即繼續走亡秦的道路，其結果是「天下皆叛之」。項羽必自忖：他能建立一個超過強秦的霸業嗎？強秦尚有今日之敗亡，自己又何能倖免？想到這一點，他越發不能輕殺劉邦了。

當然，項羽不殺劉邦，也還有性格上、感情上的因素。項羽是個重義氣，富感情，吃硬不欺軟，雖粗獷暴烈而不失憨厚的人。他和劉邦在楚軍中共同作戰多年，劉邦先入秦，也是百戰餘生，現在又如此恭順老實，殺了他，不但大義上不當如此，感情上也不忍出此。

項羽應不應該在鴻門宴上誅殺劉邦，後人有許多評說。丘濬〈擬古樂府〉說：

> 霸王百行掃地空，不殺一端差可取。天命由來歸有德，不在沛公生與死。

他認為項羽不殺劉邦是可取的。清汪紹焻說：

烏江恥學鴻門遁，亭長毋勞勸渡河。

詩意：後來項羽兵敗，在烏江寧死不肯渡河，是知恥近乎勇；反之，劉邦在鴻門宴上逃席保命，便是不知羞恥了。杜牧卻說：

勝敗兵家事不期（不可逆料），包羞忍恥是男兒。

他對項羽寧死不渡江深表遺憾，認為項羽應該「包羞忍恥」以期捲土重來。其實，事勢不同，二者原不可比較。至於那位「好奇計」的范增，在項羽放走劉邦後大罵「豎子不足與謀」（這小子不值得與之共謀大事），其實他自己謀大事往往出餿主意。王安石〈范增二首〉之二說：

鄛人（范為鄛人）七十謾多奇，為漢驅民了不知。誰合軍中稱亞父？直須推讓外黃兒！

指責范增身為項羽的謀士，被羽尊之為「亞父」，對項羽「為漢驅民」（把民心驅趕到劉邦那邊去）的許多舉措，不加勸阻，他的識見還不如外黃地方那個十三歲的小孩。項羽攻外黃，先遭頑強抵抗，後來外黃投降，項羽準備把城內十五歲以上的男子全部坑殺（活埋）。有個十三歲的小孩向羽進言：如果您坑殺已降，百姓必不會歸心，梁地十餘城必然死戰不肯投降。

項羽接受了他的意見，果然獲得不戰而下多城的勝利。范增自以為「多奇計」，親見項羽所過坑殺殘滅而不加諫阻，以致人心向劉不向項，亞父之名豈不應該讓給十三歲的外黃小兒嗎？王安石是政治家，他認為得天下必先得民心，項羽之敗在於失民心，作為謀臣的范增對此有不可推卸的責任。如果讓王安石來評判項羽在鴻門宴上應不應用范增之謀誅殺劉邦，他肯定會投一張反對票。

尾聲

垓下之圍　曠代悲歌

……

項王軍壁垓下，兵少食盡，漢軍及諸侯兵圍之數重。夜聞漢軍四面皆楚歌，項王乃大驚曰：「漢皆已得楚乎？是何楚人之多也！」項王則夜起，飲帳中。有美人名虞，常幸從；駿馬名騅，常騎之。於是項王乃悲歌忼慨，自為詩曰：「力拔山兮氣蓋世，時不利兮騅不逝。騅不逝兮可奈何，虞兮虞兮奈若何！」歌數闋，美人和之。項王泣數行下，左右皆泣，莫能仰視。

於是項王乃上馬騎，麾下壯士騎從者八百餘人，直夜潰圍南出，馳走。平明，漢軍乃覺之，令騎將灌嬰以五千騎追之。項王渡淮，騎能屬者百餘人耳。項王至陰陵，迷失道。問一田父，田父紿曰：「左。」左，乃陷大澤中，以故漢追及之。項王乃復引兵而東，至東城，乃有二十八騎。漢騎追者數千人。項王自度不得脫，謂其騎曰：「吾起兵至今八歲矣，身七十餘戰，所當者破，所擊者服，未嘗敗北，遂霸有天下。然今卒困於此，此天之亡我，非戰之罪也。今日固決死，願為諸君快戰，必三勝之，為諸君潰圍、斬將、刈旗，令諸君知天亡我，非戰之罪也。」乃分其騎以為四隊，四嚮。漢軍圍之數重。項王謂其騎曰：「吾為公取彼一將。」令四面騎馳下，期山東為三處。於是項王大呼馳下，漢軍皆披靡，遂斬漢一將。是時，赤泉侯為騎將，追項王，項王瞋目而叱之，赤泉侯人馬俱驚，辟易數里。與其騎會為三處。漢軍不知項王所在，乃分軍為三，復圍之。項王乃馳，復斬漢一都尉，殺數十百人，復聚其騎，亡其兩騎耳。乃謂其騎曰：「何如？」騎皆伏曰：「如大王言。」

於是項王乃欲東渡烏江。烏江亭長檥船待，謂項王曰：「江東雖小，地方千里，眾數十萬人，亦足王也。願大王急渡。今獨臣有船，漢軍至，無以渡。」項王笑曰：「天之亡我，我何渡為！且籍與江東子弟八千人渡江而西，今無一人還，縱江東父兄憐而王我，我何面目見之？縱彼不言，籍獨不愧於心乎？」乃謂亭長曰：「吾知公長者。吾騎此馬五歲，所當無敵，嘗一日行千里，不忍殺之，以賜公。」乃令騎皆下馬步行，持短兵接戰。獨籍所殺漢軍數百人。項王身亦被十餘創。顧見漢騎司馬呂馬童，曰：「若非吾故人乎？」馬童面之，指王翳曰：「此項王也。」項王乃曰：「吾聞漢購我頭千金，邑萬戶，吾為若（你）德。」乃自刎而死。

有人把《史記》一書譬之為悲劇英雄的畫廊，西楚霸王項羽則是悲劇群像中的絕代典型，「垓下之圍」這個片斷，便是這部曠世悲劇的最後一幕。「喑嗚叱吒，千人皆廢」的英雄死了，留在人間的是歷史長河中曾經「捲起千堆雪」的浪花，群山萬壑中殷殷不絕的迴響，兩千年來無數讀者掩卷而思，拍案而起的長嘆息。

這最後一幕，由垓下之圍、東城快戰、烏江自刎三場組成，其中包含了楚歌夜警、虞兮悲唱、陰陵失道、東城快戰、拒渡贈馬、賜頭故人等一連串驚心動魄的情景和細節。司馬遷懷著滿腔激情，運用史實、傳說和想像，傳寫了項羽的窮途末路，不斷豐富、發展了他的性格，讓這位英雄死在歌泣言笑之中，取得了可歌可泣的藝術效果。

第一場垓下之圍。大幕剛啟，夜空中傳來若斷若續、如泣如訴的四面楚歌之聲，先奏起背景音樂，然後唱出變徵之音的「虞兮」主調，一起便哀音滿耳，感人至深。「騅不逝兮可奈何，虞兮虞兮奈若何！」結尾三虛字反覆唱嘆，曼聲蒼涼。正如《史記評林》引吳賢齊說的那樣：「一腔怨憤，萬種低迴，地厚天高，托身無所，寫英雄失路之悲，至此極矣！」這支歌由項羽主唱，美人和之，更顯得英雄氣短，兒女情長，以至於這位從不曾流過淚的西楚霸王也不禁「泣數行下」，他的部屬更是「左右皆泣，莫能仰視」，一片嗚咽。這裡唱出的不僅是個人在命運面前無可奈何的悲哀，也包含了連幸愛的美人都無法保護的悲哀；這裡流出的不僅是一個偉大英雄犯了錯誤之後流出的眼淚，也是懺悔與慚愧的眼淚。司馬遷不愧是偉大的傳記文學家，他對音樂的感發作用有深邃的理解。在〈刺客列傳〉中，他曾用「易水之歌」寫荊軻的壯士之別，令「士皆垂淚涕泣」。在〈留侯世家〉中，用「鴻鵠之歌」寫劉邦晚年不得立如意為太子的痛苦心態，使戚夫人「唏噓流涕」。現在，他又用「虞兮之歌」作為項羽之死這最後一幕的序曲，讓悲愴的氣氛籠罩全篇，把讀者引進蒼茫遼遠、四顧寂寥的境界，噙著淚水一個字一個字地往下讀，一觸則欲罷不能。

接下來是第二場——東城快戰。當項羽「自度不得脫」之後，連連說：「此天之亡我，非戰之罪也」，「令諸君知天亡我，非戰之罪也」。與後面的「天之亡我，我何渡為」互相呼應，三復斯言。明知必死，意猶未平。錢鍾書先生說：「認輸而不服氣，故言之不足，再三言之。」（《管錐編》）「不服氣」，正顯示了他的平生意氣，說明了他自負自尊而不知自省自責。快戰之前，司馬遷設計了陰陵迷道這個極富表現力的細節。田父把他指向絕路，看似偶然，其實必然。這是他過去「所過無不殘滅」，喪失人心的結果。「田父紿曰：『左。』左，乃陷大澤中，以故漢追及之」。人家騙他，指向左邊，他便不加思索地馳向左邊，表現了他從來不慣騙人，也從來不提防別人騙他的直率、單純的性格。這裡兩「左」字獨字成句，節奏短促，紙上猶聞其聲，顯示出當時形勢嚴峻緊張，彷彿那五千騎追兵已從滾滾征塵中風馳電掣而至，迫促感、速度感、力量感盡蓄筆端。

寫陰陵迷道，目的在揭示這位末路英雄喪失人心；寫東城突圍，斬將、刈旗，則著意於進一步展開他拔山蓋世的意氣和個人英雄主義的性格。此刻，他絲毫不存僥倖突圍之心，只圖打一個痛快仗給追隨他的殘部看看，確證他的失敗是「天之亡我」。在這位英雄心目中，死從來就不是可怕的；英名受侮、承認自己無能那才可怕。要死也死個痛快，死在勝利之中。這種心態，可笑而又可悲。在這場「快戰」中，司馬遷再一次運用細節描繪，寫項羽的拔山之力，蓋世之威：「於是項王大呼馳下，漢軍皆披靡」；「赤泉侯……追項王，項王瞋目而叱之，赤泉侯人馬俱驚，辟易數里」。這裡，仍用虛筆，集中寫他的聲音。一呼則漢軍披靡，一叱則不僅人驚，連馬也嚇得後退數里，這是何等的聲威力量！他像一尊凜然不可犯的天神，一隻被眾多獵犬激怒了的猛虎，鬚眉畢張，咆哮跳踉，誰也不敢靠近他一步。特別是他「復眾其騎」後，「乃謂其騎曰：『何如？』騎皆伏曰：『如大王言。』」「何如」二字，寫得意，寫自負，聲口畢見，活活畫出項羽豪邁的性格。在這一瞬間，他感受到的只是一種不屈服的自我肯定的甜蜜，哪裡還曾意識到自己是千槍萬箭追殺的目標！

第三場烏江自刎，寫了拒渡、贈馬、賜頭三個細節。項羽馬到烏江，茫茫江水阻絕了去路。悲劇的大幕即將落下，司馬遷偏偏在這最後時刻打了一個迴旋，為他筆下的英雄形象補上濃墨重彩的一筆，設計了「烏江亭長檥船待」這個細節。文如水窮雲起，又見峰巒。項羽本來已無路可逃，司馬遷卻寫成他有充分的機會脫逃而偏偏不肯渡過烏江，好像他不是被追殺得走投無路，不得不死；而是在生與義，苟活倖存與維護尊嚴之間，從容地作出了選擇。江邊慷慨陳辭，英雄的形象更加高大完美。那曾經「泣數行下」的血性男子，臨了反而笑了。「項王笑曰」的笑，不是強自矜持，不是淒然苦笑，而是壯士蔑視死亡，鎮定安詳的笑；顯示了他臨大難而不苟免的聖人之勇——「知恥近乎勇」。自慚無面目見江東父老，正是由於知恥。這個細節，展示出他的純樸、真摯，重義深情。對自己的死，他毫不在意；卻不忍愛馬被殺，以贈亭長。因為「吾騎此馬五歲，所當無敵」。五年來無數勝利的回憶，猛然兜上心頭。今昔如此，情何以堪！文章寫到這裡，實已神定氣足，司馬遷頰上添毫，再加上把頭顱留贈故人這樣一個出人意表、千古未聞的細節。「故人」追之認之，必欲殺之以邀功取賞；項羽卻慷慨賜頭，「吾為若德」；螻蟻之微，泰山之高，兩兩對比，何等鮮明！

項羽終於自刎了，他是站著死的。帝王劉項，將相蕭曹，對於兩千年後的我們，本來無所軒輊。但當我們讀完〈項羽本紀〉，特別是讀完「垓下之圍」這最後一幕的時候，總不免咨嗟嘆息，起坐徬徨，這就見出司馬遷傳寫人物的藝術魅力。這最後一幕中，至少留給我們兩個深刻的印象：一是作者對音樂感發力量的深邃理解，一是對細節的精心設計。就第一點來說，除了前面已經說到過的楚歌夜警、虞姬悲唱外，這最後一幕三個場次之間的節奏變化，起伏張弛，抑揚徐疾，也深具音樂之美。第一場重在抒情，文句節奏紆徐，如悲笳怨笛，以變徵之音形成了嗚咽深沉的音樂境界；第二場重在敘事，字句全用短節奏，進行速度，鐵馬金戈，聲情激越；第三場江畔陳辭，再變為羽聲慷慨，「縱江東父兄憐而王我，我何面目見之？縱彼不言，籍獨不愧於心乎？」連用兩反詰句，頓挫抑揚，極唱嘆之勝。就第二點來說，這段文字中用了那麼多形象生動、蘊涵豐富的細節，必有不少出於傳聞、揣度。劉熙載《藝概》所謂「太史公時有河漢之言，而意理卻細入無間」，錢鍾書先生《管錐編》所謂「馬（司馬遷）善設身處地，代作喉舌」，都是讚揚他設計的細節合情入理。烏江拒渡，贈馬賜頭，一波三折，全憑細節傳神，使這段文字達到雄奇悲壯的美學境界，讀之令人蕩氣迴腸，在傳記文學中，不說絕後，至少空前。

亭長歸來唱〈大風〉

——〈高祖本紀〉評賞

對司馬遷來說，《史記‧高祖本紀》是一篇最難寫的文章。以本朝史臣寫本朝開國之君，不能沒有顧忌；漢高祖又是一個色彩斑斕、瑕瑜互見的人物，臧否抑揚，分寸更難掌握。司馬遷如何完成這道難題？他採用了最簡單的辦法：一切本諸實錄，即班固評《史記》所說的：「不虛美，不隱惡。」我們讀這篇傳記，既能看到漢高祖劉邦的縱橫捭闔、雄才大略；又能看到他的機狡權詐、卑微渺小。兩者合觀，就顯示出這位秦漢之際風雲人物的雙重人格。但司馬遷不僅是傑出的史學家，他還是一個是非分明、愛憎強烈的人，一個感情豐富思想敏銳的散文家。他為歷史人物作傳，不可能不表露個人的感情傾向。在〈高祖本紀〉這篇重要的人物傳記中，他是如何既寫出劉邦的雙重性格，又表明自己的感情傾向呢？我評賞此文，就從這一角度入手，以探史遷臧否人物的深心。

總的說來，作者在這篇本紀中運用了理性的記述和形象的刻劃兩種手法。當敘寫劉邦經歷的重大歷史事件時，他用理性的記述突出其雄才大略；當描繪生活細節時，用形象的刻劃展示其渺小卑微。任何經天緯地的人物都有其卑微渺小的一面；唯其這樣寫，才能還歷史人物以本來面目，使之血肉豐滿，立體化而不流於單線平塗。這樣寫，看上去不偏不倚，但藝術效果卻並不平衡。從接受美學的角度看，形象的描繪往往更能給讀者留下深刻、鮮明的印象，作者的感情傾向也因此而偷偷滲透人心。

有人說，開國之君大多是流氓皇帝，非雄猜陰險者就不能推翻前朝另創新朝。持此論者往往列舉朱元璋之類的帝王為證，言之鑿鑿。對此，我有自己的看法。我認為，大凡被推翻的前朝，必有其無法維持的內因；能另創新朝者，定有過人的才識。單靠流氓手段、雄猜陰險是絕對不能成氣候的。劉邦之所以最終成為漢高祖，開西漢二百年基業，自有其人所難及的長處。下面我就審時度勢、順應民心、雄才大略、知人善任幾個方面，首先評析這篇本紀對劉邦所作的肯定。

劉邦起義叛秦事業，從他送徒（犯人）赴驪山修秦始皇墓，在豐西澤中縱徒開始；與陳涉大澤發難時間相近，事在秦二世元年秋天。他之所以敢於此時起事，一方面迫於「徒多道亡（半途逃亡）」，交不了差；另一方面也由於他看準了秦王朝必然不能長久。秦以力征亡六國，六國諸侯之後以及六國之民畏秦而心不服，蠢蠢思動，劃一根火柴就可以使死灰復燃，這是當時的總形勢。始皇剛死，二世新立，一切受趙高操縱，以種種罪名處死近侍之臣，殺始皇所生六個皇子，將另外三個皇子囚禁，迫其自盡。此舉不僅皇族震恐，老百姓也人心惶惶。屋基已動，大廈將傾，正是起事好時機。劉邦審度當時形勢，才敢於斷然起義，這就見出他善於審時度勢。

再看司馬遷如何寫劉邦順應民心。劉邦建立帝業有兩個對手：前一階段的秦王朝，後一階段的西楚霸王項羽。這兩個對手的共同特點是暴虐殘忍以苦天下之民。劉邦看準了他們的致命缺點，以仁政與他們爭奪民心。他能很快攻入咸陽，就是順應民心的結果。本紀有如下記載：「（漢軍）與秦軍戰於藍田南，益張疑兵旗幟，諸所過毋得掠虜，秦人喜，秦軍解（同『懈』），因大破之。」進入咸陽後，劉邦不殺降王子嬰，聽樊噲、張良之言，不掠取秦宮重寶婦女；還軍霸上，召諸縣父老豪傑，宣布了他的政策：「父老苦秦苛法久矣，誹謗者族（滅其族），偶語者棄市（處死街頭示眾）。吾與諸侯約，先入關者王之，吾當王關中。與父老約，法三章耳。殺人者死，傷人及盜抵罪（按輕重處以應得之罪），餘悉除秦法。諸吏人皆安堵如故（為吏者都不變動，照舊任職）。凡吾所以來，為父老除害，非有所侵暴，無（同『毋』）恐！且吾所以還軍霸上，待諸侯至而定約束耳。乃使人與秦吏行縣、鄉、邑告諭之。秦人大喜，爭持牛羊酒食饗（犒勞）軍士。沛公又不受，曰：『倉粟多，非乏，不欲費人。』人又益喜，唯恐沛公不為秦王。」

「秦人大喜」、「人又益（越發）喜」、「唯恐沛公不為秦王」，寥寥數語，寫盡秦民擁戴劉邦之心。

在楚漢爭天下階段，劉邦能戰勝項羽也在於得到民眾的擁護。從〈高祖本紀〉劉邦對待義帝被項羽所殺一事的態度，可以清楚看到劉邦是如何順應民心，利用民心。

項梁起事後，用范增謀，覓得楚懷王散居民間的孫子為楚懷王，以號召天下。秦滅，項羽自封西楚霸王，乃尊懷王為義帝。他怨恨義帝沒有分派自己入關破秦，把機會給了劉邦，因此，遷逐義帝於郴縣，繼又殺之於江中。義帝雖為傀儡，但他畢竟是楚人復國的象徵，諸侯義軍的精神領袖。項羽殺義帝，盡失楚人之心並失天下諸侯之心。劉邦聽到這消息，立刻大事張揚：「袒而大哭，遂為義帝發喪，臨（哭弔）三日。」並發使者遍告諸侯：

天下共立義帝，北面事之。今項羽放殺義帝於江南，大逆無道。寡人親為發喪，諸侯皆縞素（穿白色孝服），悉發關內兵，收三河士，南浮江漢以下，願從諸侯王擊楚之殺義帝者。

短短百字訃告，可稱天下妙文。義帝本項梁所立，訃文卻說「天下共立義帝」，把諸侯全部拉到自己一邊。當時諸侯誰也沒把義帝放在心上，訃文卻說「北面事之」（北面稱臣），把義帝的地位抬得極高。「寡人親為發喪」，不過藉此擴大事態；「諸侯皆縞素」，顯然意在壯大自己的營壘，陷項羽於孤立。「願從諸侯王擊楚之殺義帝者」，「願從」二字尤為絕妙，把諸侯推到擊楚聯軍的主導地位，自己則甘隨其後，以為從屬。又不直說「願從諸侯王擊項羽」，而說「擊楚之殺義帝者」，無異於將死刑犯插上標子，明書其不赦之罪，以正典刑。劉邦把這篇訃文送給各國諸侯，以激怒天下，使人心共憤。而且，藉以表明漢楚之爭並非兩家互爭天下，而是漢以順討逆，以有道伐無道。這樣，他自己成了大仁大勇者；贏得了天下人心。

本紀寫劉邦破咸陽，不殺降王子嬰，不取秦宮重寶婦女；寫項羽，「引兵西屠咸陽，殺降王子嬰，燒秦宮室，火三月不滅，收其貨寶婦女而東」。項羽所為，無異為淵驅魚，為叢驅雀，把人心趕向劉邦一邊；劉邦則除秦苛法，安其閭里，收其人心。一個以暴易暴，使百姓處境如水益深，如火益熾；一個則政出寬仁，救民水火。兩兩對比，民之歸必然如水之就下。本紀於此等處大書特書，顯然意在肯定這位開國之君的仁政美德，至少是表現了他的鬥爭策略。

自然，僅靠寬仁二字還不足以爭天下。本紀還著重記述了劉邦的雄才大略。如果說，順應民心是取得勝利的根本，雄才大略則是取得勝利的保證。

滅秦之戰，邦、羽同時受命於懷王。懷王和他身邊的人素憚羽「剽悍猾賊」（勇猛凶殘），認為劉邦是寬仁長者。這是劉邦多年努力為自己塑造的形象。劉邦既有此物望，他一定會通過各種渠道加強這種印象；進而影響、操縱懷王，為自己取得「扶義而西」（以仁義為號召西向擊秦）的使命；項羽卻被派去「北救趙」，與章邯率領的三十萬秦軍主力拼殺。秦軍強大，羽則當之；秦都空虛，邦則乘之：劉邦可謂占盡便宜。平心而論，擊破秦軍主力的是項羽，取得勝利果實者是劉邦，劉邦事先下了許多功夫，爭取到「西入秦」的使命，是戰略上的重大勝利；項羽不力爭於事前，徒忿忿於事後，是戰略上的重大失策。看來，也許項羽當初就沒有充分意識到此舉的嚴重後果；他的許多悲劇都因不慣深思而釀成。

劉邦既已得到「西入秦」的使命，他兵力有限，如何能趕在諸侯之前迅速達到滅秦的目的？假如項羽以極快的速度擊破章邯，不一樣會叩關先入咸陽嗎？事之成敗，仍未可定。原來，進軍咸陽有兩條路線：一從洛陽向正西進發，經潼關直搗咸陽；另一條繞道宛洛入商山、武關至藍田，從東南以拊咸陽之背。劉邦英明決策，不從正面進兵，繞道宛洛，乘隙而入，一路順風，用張良之計襲取武關，與秦軍戰於藍田之南，勢如破竹，先諸侯至霸上，秦王子嬰素車白馬以降，遂滅秦國，取得了「先入關破秦」的決定性勝利。這又是劉邦雄才大略的充分展現。

當劉邦正要從正西轉向西南迂迴時，司馬遷冷冷記了一筆：「當是時，趙別將司馬卬方欲渡河入關，沛公乃北破平陰，絕河津。」趙本漢之與國，是共同擊秦的盟友。當司馬卬的趙軍即將渡過黃河進入關中時，劉邦迅速阻斷了黃河渡口，擋住了趙軍的進攻路線，以防他分享勝利果實。禁臠不許他人染指，這何嘗不是開關者的智略！

在楚漢爭天下階段，劉邦的雄才大略還表現在善結諸侯友軍以弱楚上。楚漢戰爭五年中，項羽的楚軍始終孤軍作戰，漢王則有許多諸侯軍為之策應，多方牽制項王。這固然體現了「得道多助，失道寡助」，也是劉邦戰略運用正確的結果。張耳為陳餘所敗，耳投漢王，漢「厚遇張耳」；餘死，劉邦又立耳為趙王。從此，張耳成了劉邦安置在楚軍北側的一顆定時炸彈。劉邦派酈生往說齊王田廣，使齊與漢和，共擊楚。又予彭越將軍印，令反（楚）於梁地。當項羽聞漢王在宛，引兵南下急擊時，彭越則渡睢水，大破楚軍，牽制了項羽擊漢的兵力。其後，彭越居梁地，「往來苦楚兵，絕其糧食」。等到「項羽數擊彭越軍」，齊王韓信又進兵擊楚，使項羽顧此失彼，疲於奔命。劉邦還派遣「謁者隨何之九江王（英）布所，令舉兵叛楚；布果叛楚」。從此又增加一支討伐項羽的強有力的友軍。項羽即使是一隻猛虎，也受不了七八隻豺狼獵豹的撕咬，咆哮跳踉，力竭聲嘶，終於陷入垓下十面重圍之中，自刎於烏江之畔。項羽只相信個人之勇，陷入孤軍苦戰而不得脫；劉邦則廣結友盟多方制敵：從這方面看，劉邦顯然比項羽更具雄才大略。

但我們都知道，劉邦的雄才大略，大多來自他的知人善任，從善如流。他滅楚後置酒洛陽南宮，總結勝利原因時說：「夫運籌策帷帳之中，決勝於千里之外，吾不如子房；鎮國家，給餽饟（供應糧餉），不絕糧道，吾不如蕭何；連百萬之軍，戰必勝，攻必取，吾不如韓信。此三者皆人傑也。吾能用之；此吾所以取天下也。」可見，劉邦不僅有自知之明，也有知人之明。唯其知人，乃能善任。這與項羽「奮其私（個人的）智」是截然相反的。在許多關鍵時刻，劉邦聽從左右意見，從善如流，終於轉危為安，變被動為主動。舉其大者：滅秦後，他被封為漢王，都南郡，初無意復出。是韓信建言，勸其「決策東向，爭權天下」，他才從陳倉古道復出關中，完成了滅項稱帝的大業。漢四年廣武戰後，項王與漢王約，以鴻溝為界中分天下，項羽解而東歸，漢王也準備引兵西歸。又多虧聽了張良、陳平的切諫，改變主意，進兵追擊項羽，才贏得次年垓下滅羽的勝利。又如，疏間范增，穩定韓信，都是聽了張良、陳平的意見才定謀的。語云：「泰山不讓土壤，故能成其大；海河不擇細流，故能就其深。」司馬遷正是在這些方面肯定和讚揚劉邦。

讀完上面司馬遷就軍國大事為劉邦所作的種種記述，你也許會說這位漢高祖真不愧是歷史上的風雲人物，開國雄主。我請你珍惜你的傾倒之情。因為，你現在看到的還不是完整的劉邦而只是半個劉邦。下面我再為你評析另外半個劉邦。同樣出自這篇〈高祖本紀〉，從生活細節方面看劉邦，那形象可謂卑微渺小，甚至骯髒惡劣。先看他的出身：

高祖……常有大度，不事家人生產作業。及壯，試為吏，為泗水亭長，廷中吏無所不狎侮。好酒及色。常從王媼、武負（婦）、貰（賒）酒……。

「不事家人生產作業」、「為泗水亭長，廷中吏無所不狎侮」、「好酒及色」，經常向賣酒的老媽媽賒酒喝，這就是起義叛秦以前的劉邦，一個流氓無賴的典型形象。為了追求不勞而獲的生活享受，他謀到了一個稍有作為者不屑一顧的小小職務——泗水亭長，其地位約略相當於後世的保長。這就是堂堂漢高祖的出身行狀。他是一個混跡下層、行為放蕩，不務正業的遊民。

劉邦生於沛縣。縣令家來了貴客，大擺宴席，官紳都去祝賀，送禮金愈多者座次愈高。劉邦這位小小亭長也去湊熱鬧，送了個大大的禮金封帖，帖面寫明「賀萬錢」，套子裡其實不裝一文錢，公然高踞上座，毫無愧色。揭示劉邦這種流氓行徑，司馬遷並不吝嗇筆墨，稍作鉤勒；而是終劉邦一生，再三皴染，反覆刻劃。楚漢戰爭中，劉邦兵敗，其父太公被項羽俘獲，做了人質。後來廣武之戰，楚漢相持數月不下，項羽苦於軍糧缺乏，亟欲結束戰爭，於是和劉邦陣前對話，為高俎（大几案），置太公其上，告漢王曰：「今不急下（迅速投降），吾烹（在大鍋中煮死）太公。」你看劉邦如何回答：「吾與項羽俱北面受命懷王（同為懷王臣子），約為兄弟；吾翁（父）即若（你）翁。必欲烹而（你）翁，則幸分我一杯羹。」敵人要煮死他的父親，他竟然說請分一杯肉湯喝，這種話天下還有第二個人說得出口嗎？也許有人認為：劉邦知道項羽不會烹太公。項羽殺人不眨眼，誰能保定他必不如此呢？你劉邦可以耍無賴，對父親生死毫不在意；那鍋邊上的太公心裡該是什麼滋味？

對老爸尚且如此，對兒女就更不用說了。他兵敗彭城，與兒子劉盈、女兒魯元同乘一車逃跑，項羽的騎兵緊追不捨，「漢王急，推墮孝惠（即劉盈）魯元車下，滕公常下收載之，如是者三」。在危急中為了自己逃命，不惜把親生兒女一再推下車以減輕荷載，加快車速，稍有人性，誰忍出此？這誅心一筆，雖互見於〈項羽本紀〉中；但兩兩對參，劉邦的行為真可謂狗彘不食。

在對待父親的問題上，司馬遷對漢高祖還有許多精彩的刻劃：

六年，高祖五日一朝太公，如家人父子禮。太公家令說太公曰：天無二日，土無二王。今高祖雖子，人主也；太公雖父，人臣也。奈何令人主拜人臣？……後高祖朝（看望父親），太公擁篲（掃帚），迎門卻（退）行。高祖大驚，下扶太公。太公曰：「帝人主也；奈何以我亂天下法？」于是高祖乃尊太公為太上皇。心善家令言，賜金五百斤。

這節記載耐人尋味。做了皇帝，隔五天看望一次父親，劉邦不可謂不孝。後來太公聽家令言，改行君臣之禮，高祖去看望，老爸手捧掃帚，一步步退著走以示敬意，「高祖大驚，下扶太公」，大概他也覺得這樣的禮數實在不像話。可事後他又賜太公家令金五百斤。這位高祖究竟如何看待老爸退行迎接兒子這種禮數呢？是贊成還是反對？是喜歡還是厭惡？我們無從懸揣。但劉邦當了皇帝之後，欣賞人們對他的敬畏，這一點是可以肯定的。父親和臣下的區別，在他心中一天天淡化了；他的人性、人倫觀念在一天天泯滅。

其實，人倫二字，在他心中何嘗有地位，他一旦當了皇帝，早已六親不認了。司馬遷還寫過重重的一筆：

未央殿成，高祖大朝諸侯群臣，置酒未央前殿。高祖奉（捧）玉卮，起，為太上皇壽，曰：始大人常以臣無賴，不能治產業，不如仲（二哥）力。今某之所就，孰與仲多（如今我的產業與二哥比誰多）？

為漢王時，人家要煮死他的老爸，劉邦希望分一杯肉湯喝；當上皇帝，還是向行將就木的（太公次年死）老爸算舊帳，和哥哥比產業；當著滿朝臣子在宮廷盛宴中得意洋洋誇耀自己的成就，這真是聞所未聞。小人得志，始終是小人嘴臉。我向來不重劉邦之為人，每讀《史記》至此，便感到噁心。

上文說到劉邦為亭長時就「好酒及色」，這是他性格的又一個側面。他對女色的愛好異乎尋常，對女人的使用也很特別。聽侍從石奮說家裡有個姐姐，善鼓琴，馬上召來納於後宮，以為「美人」；見戚夫人年輕漂亮，就疏遠了年老色衰的糟糠之妻呂后，甚至想廢掉呂后所生太子劉盈，另立戚姬子趙王如意為太子。破咸陽，入秦宮，見宮中重寶美女以千數，戀戀不願離開；後來與項羽作戰攻進楚都彭城，又「收其貨寶美人，日置酒高會」，忘記了項羽大軍即將殺來。擊破背漢連楚的魏王豹，豹妻薄夫人被囚禁在專為女犯設置的勞工作坊「織室」，劉邦居然到這關著不少女犯人的地方來獵豔，見薄夫人美，納於後宮。在高陽，酈食其為監門，求見沛公，「沛公方據床，使兩女子洗足」。放蕩猥褻，在臣下面前毫無顧忌。周昌在休息時入宮奏事，高帝方擁（抱著）戚姬。昌還走，高帝逐之，騎周昌頸，問曰：「我何如主也？」昌曰：「陛下即桀紂之主也。」於是上笑之。桀、紂都以貪色亡國，劉邦聽了毫不在意，居然笑得出來。以帝王之尊抱著女人見臣下，騎在臣子頸項上開玩笑，可見他不知羞恥到了何等地步！

我說他對女人的使用很特別，事在劉邦為漢王，兵困滎陽時。當時他被項羽圍在城裡，軍中斷糧，即將困死。他將兩千多名婦女披上鐵甲，偽裝成漢軍，趁黑夜令她們出東門誘敵，引起楚軍四面圍攻，以為漢王突圍；劉邦卻自己帶數十人從西門悄悄乘間逃走。可憐這兩千多名婦女成了槍靶子、箭垛子，一任楚軍砍殺。這就是他對女人的特殊使用。對女人，他玩之於股掌，棄之如敝屣，何曾把她們當人！他的人生信條是：萬物皆備於我，天下人皆為我用。女人也是「萬物」，玩之，棄之，生殺予奪，任我施為。

這也是劉邦！撕開了龍袍的赤裸裸的劉邦，一個真實的、本色的劉邦！司馬遷窮形盡相，加以刻劃，把亡秦滅項、建立帝業的英雄與流氓放蕩、渺小卑微的無賴漢揉合於一體，鑄造出一代開國之君的真實形象。翻開二千多年來浩瀚的史乘，有哪一位史臣曾如此寫過開國之君？是司馬遷，也只有司馬遷，有此膽識，有此筆力。

〈高祖本紀〉的結尾，寫了劉邦暮年扶病征討黥布的經過。至此，當年手下大將已被他自己一一誅殺殆盡了。歸途經過故鄉沛縣，他留住了十多天，召集故人父老子弟，大擺筵宴。席間，主客縱酒，高祖擊筑，唱起了大風之歌：

大風起兮雲飛揚，威加海內兮歸故鄉，安得猛士兮守四方！

短短三句歌詞，壯闊宏偉，卻又蓄無窮感慨。如果說，項羽的〈垓下歌〉是失敗者的悲歌，這首〈大風歌〉則是勝利者的悲歌。遙想當年豐西首事，群雄逐鹿，如風卷雲；今天威加海內，衣錦還鄉，固然躊躇滿志，卻已身入暮年。人事難料，人壽有期；而當年隨之征戰的如雲猛士，一個個被自己翦除，來日大難，誰可安邦？酒酣耳熱，四顧茫茫，一種巨大的孤獨感襲上心頭。歌詞中，得意中孕蓄著不安，感慨中何嘗沒有後悔？難怪他歌後「慷慨傷懷，泣數行下」，此刻，他真正感到自己成了孤家寡人！

司馬遷把這支歌繫於文尾，為全傳頓增無限煙雲，平添無窮魅力。

第二年，劉邦就死了，和普通人一樣死了。他死於箭傷迸發。那支致命的箭，是滅楚時曾為劉邦冒死作戰，屢建大功，後來又被當了皇帝的劉邦追殺得走投無路的淮南王黥布射中的。

謀能安國　智足全身
——〈留侯世家〉評賞

司馬遷為歷史人物作傳有一個鮮明的特點：在以重大史實撐拄人物的同時，採摭異聞舊說作細節描寫，將歷史的真實與藝術的真實熔於一爐，使人物各具個性，且形象鮮明，血肉豐滿。寫項羽，先述其少時學書學劍；寫劉邦，首言其為亭長好酒及色，從王媼、武負（婦）貰酒（賒酒）及為人賀客口稱「賀萬錢」而「實不持一錢」的流氓詐騙行為；寫韓信，細述他乞食漂母，受辱袴下的奇恥大辱；現在為留侯張良作「世家」，也從為圯（音ㄧˊ，橋）上老人納履開篇。這種筆法，正如梁啟超所說：「專從小處落墨，把大事烘托出來。」讓我們先品賞這段奇文：

良嘗閒從容步游下邳圯上。有一老父，衣褐，至良所，直墮其履圯下，顧謂良曰：「孺子！下取履！」良鄂然，欲毆之；為其老，強忍，下取履。父曰：「履我！」良業為取履，因長跪履之。父以足受，笑而去。良殊大驚，隨目之。父去里所（許），復還，曰：「孺子可教矣！後五日平明，與我會此。」良因怪之，跪曰：「諾。」五日平明，良往。父已先在，怒曰：「與老人期，後，何也？」去，曰：「後五日早會！」五日雞鳴，良往，父又先在，復怒曰：「後，何也？」去，曰：「後五日復早來！」五日，良夜未半往。有頃，父亦來，喜曰：「當如是。」出一編書，曰：「讀此則為王者師矣。後十年，興。十三年，孺子見我，濟北穀城山下黃石即我矣。」遂去，無他言，不復見。旦日視其書，乃《太公兵法》也。良因異之，常習誦讀之。

這節文字跡近神話。「授兵法」、「十三年見我」云云，殊不足信。但這件事對張良個性的形成、開展，很有象徵意義。良本韓國貴公子，父祖相韓五世。西元前二三〇年，秦滅韓。時良年少，「悉以家財求客（刺客），刺秦王嬴政，為韓報仇」。「東見倉海君，得力士，為鐵椎重百二十斤（漢制一斤約當今半斤）。秦皇帝東游，良與客狙擊秦皇帝於博浪沙中，誤中副車（隨從之車）。秦皇帝大怒，大索天下，良乃更名姓，亡匿下邳」。他之所以能逃脫，實屬僥倖。狙擊始皇，以匹夫之勇逞快一時，其行為極不明智，是政治上不成熟的表現。圯上老人要張良為之拾履、納履，意在鍛煉少年張良的個性，使他從匹夫之勇趨於隱忍、成熟。隱忍、成熟是成大事業者必不可少的內在修養。善哉乎蘇軾〈留侯論〉之言曰：「古之所謂豪傑之士者，必有過人之節，人情有所不能忍者。匹夫見辱，拔劍而起，挺身而鬥，此不足為勇也。天下有大勇者，卒然臨之而不驚，無故加之而不怒，此其所挾持者甚大，而其志甚遠也。」後來張良輔劉，亡秦滅楚，臨事沉著，謀深慮遠，卒成不世之偉業，與那位圯上老人的鍛煉不會是毫無關係的。

〈留侯世家〉記張良一生事業，分別傳寫了他在亡秦、滅楚、鞏固新建劉氏政權三個階段的重大成就。我們先看看司馬遷如何寫他輔佐劉邦滅亡秦國。

陳涉首義後，群雄並起，逐鹿中原。經過多次組合、分裂，逐漸形成劉邦、項羽兩大陣營。劉邦、項羽約為兄弟，同受楚懷王節制（按：此懷王乃項梁所立的楚懷王孫心，不是屈原時的那位楚懷王），併力攻秦，有約：先入定關中者王之。時項羽兵力強大，率領諸侯兵與秦主力在黃河以北決戰，秦國後方空虛。張良引韓兵千餘人助劉邦攻宛（今河南南陽），西入武關（今陝西丹鳳），從南面進擊秦都咸陽，在嶢關（今陝西商縣西北）遇到秦守軍的阻擊。嶢關離咸陽不遠，是秦都東南方的最後屏障。劉邦準備以其兵力二萬人強攻嶢關。張良獻策：秦兵尚強，不能力攻，須先多張旗幟於附近山頭，虛張聲勢；然後派人「持重寶（珍貴的寶物）啖秦將（利誘秦將）」。秦將是屠家之子，貪財，且見二世已死，秦國大勢已去，有意與劉邦聯合進擊咸陽。張良反間之策已成，劉邦正準備與這位秦將聯合進軍；張良又獻一策：「此特其將欲畔（叛）耳，恐士卒不從；不從必危。不如因其解（同『懈』）擊之。」沛公聽其謀，揮兵急擊秦軍，「大破之，遂至咸陽，秦王子嬰（二世之幼子）降沛公」。這樣，滅秦大業就順利完成了。

〈留侯世家〉記張良為劉邦劃策，政略多於軍謀，戰略多於戰術。寫張良軍略，僅僅採錄了這一個戰役，其餘則用「數以《太公兵法》說沛公，沛公喜之，常用其策」一筆帶過。但攻下咸陽是滅亡暴秦的最後一戰；記此一役，已足夠顯示張良在軍謀上的突出成就了。《太公兵法》僅梁代《七錄》有著錄，其書早已亡佚，今不得見；但《孫子兵法．計篇》中有「利而誘之」、「亂而取之」和「攻其無備，出其不意」的論述。張良之策，便是運用這一戰術的典型範例。司馬遷錄嶢關戰役而不及其他，用的是以典型代表一般的經濟手法。

暴秦既滅，戰爭的性質由項、劉併力破秦轉變為楚漢互爭天下。這種局面一直持續了五年。在戰爭初期，漢弱楚強，張良力圖改變這種力量對比。他在對付敵、我、友三個方面作出了許多重要謀劃，〈留侯世家〉對此記述更為詳盡。

秦亡，項羽自立為西楚霸王，號令天下，分封諸侯。他背棄楚懷王「先入定關中者王之」

的誓約，把本應該王關中的劉邦改封為漢王，封之於巴、蜀、漢中之地。巴在今四川東部，蜀在今四川西部，此兩郡地處偏塞，是秦代流放罪人的地方。至於漢中，雖允封給漢王，口惠而實不與。反將關中要地分封給秦降將章邯等三人，欲藉其力以封鎖漢軍。項羽則自王中原九郡，都彭城（今徐州）。他這樣對待漢王自然極不公平。張良審時度勢，建議漢王目前切不可與楚正面爭鋒，應隱忍不發以籌長遠。一面力圖擴大勢力範圍，取得較大的迴旋餘地；一面以具體行動示漢王決不敢與楚爭天下，以麻痺項王。為實現這一戰略思想，他作了三件事。

第一件事是謀取漢中之地。在這件事上，他充分利用了敵營中的內線關係。項王叔父項伯是張良的朋友，項伯殺人，張良活之，有恩義於伯。為了結好項伯，藉口酬謝他在鴻門宴上厚待沛公之情，張良把漢王賜給自己的黃金百鎰（金二十兩為一鎰），珠二斗，盡獻項伯。漢王也託良代他向項伯送厚禮，請伯在項王前婉言，將已允封的漢中之地交給漢王。漢中居漢水上游，約當今陝西秦嶺以南及湖北西北部地區，是貧瘠僻野之地。項王認為前既已許漢王，自己又亟思東歸，就同意了項伯的建議。漢王得此四塞之地，正可避開項王耳目，聚財擴兵以窺取三秦。

第二件事是建議漢王入巴蜀時燒絕棧道，一來防楚軍追襲，二來向天下人表示漢王再無重返關中之意，使項羽對他放心。因為，自陝西出入巴蜀，唯棧道可通；棧道一旦焚毀，重建工程浩大，漢王大軍要從此道回師關中與項王爭天下就非常困難了。

第三件事是慫恿項王北擊齊以牽制他的兵力。漢王入巴蜀時，囑咐張良佐韓王成回韓故地。竊其用心，未嘗不想在中原腹地安放一顆定時炸彈。項王對此似亦有所悟，藉口韓王成無軍功，不許他就國，令他隨自己東去彭城。張良趁隨行之機，把漢王燒絕棧道，無意再出關中之事詳告項王，並把齊、趙皆叛欲併力滅楚的反書給項王看，「項王以此無西憂漢心，而發兵北擊齊」。齊國地大物博，兵力強大，項王伐齊，必將陷入曠日持久的戰鬥中，這樣就拖住了他的兵力，使他無暇西顧遠在巴蜀的漢王軍。

以上三策，為漢王擴大根據地，養成羽翼，麻痺項羽，拖住楚軍，起了重大的作用。三個月後，漢王用韓信計，暗度陳倉古道，大軍復出關中，擊敗關中三王軍，盡得其地，然後令韓信將五諸侯兵五十六萬人東向伐楚，揭開了楚漢爭天下的大幕。楚漢之戰的第五年，項王兵敗氾水，兵疲食盡，乃與漢王約，願平分天下，割鴻溝以西地歸漢，鴻溝以東地屬楚。約定，項王撤兵東歸，漢王也準備率軍西返。這時張良、陳平進言：現在是滅亡楚國的大好時機，不能養虎貽患。漢王聽其言，引兵追項王，終於會合各路諸侯軍包圍項王於垓下，迫其走投無路，自殺東城。

以上是張良為漢王作出的謀敵之策。與此同時，他又多次為漢王謀劃，不斷擴大和鞏固漢軍的力量。這是戰勝項王十分重要的謀略。

漢王從巴蜀經陳倉古道復出關中，消滅關中三王兵力後，揮師東進。時項羽正陷入與齊國的戰鬥中，楚都彭城空虛，漢軍很快攻入彭城。項羽聞訊，引軍自齊返，大敗漢軍，追擊至睢水上，漢卒十餘萬人皆入睢水，睢水為之不流。在這危急關頭，漢王計不知所出。張良向漢王力薦三大將——韓信、黥布、彭越，建議漢王將關中之地分封給此三人，利用他們卓越的軍事才能，組成聯合陣線，團結一切與項王有矛盾的力量，形成對項王的戰略包圍。此策既行，就徹底改變了劉、項雙方力量的對比。

韓信本漢王所拜大將，統率漢軍轉戰齊、趙之間，軍威極盛，其智、勇、實力均足以自立。因此，漢王不能不倚重他，又不能不防範他。韓信也深知漢王之意，常懷戒懼之心。他是漢王軍中一個舉足輕重卻又最不穩定的人物。張良深知，穩定漢軍必先穩定韓信。韓信平定齊地後，自立為假（代理）齊王，派人到漢王處請命。這時正碰上漢王被楚軍圍困於滎陽。接到韓信文書，漢王當著來人破口大罵：「吾困於此，旦暮望若（他）來佐我，乃欲自立為王！」幸而此時張良、陳平在側，「躡（踩）漢王足」，因附耳語曰：「漢方不利，寧能禁（阻止）信之王乎？不如因（順勢）而立，善遇之，使自為守。不然，變生。」劉邦亦悟，「因復罵曰：『大丈夫定諸侯（平定諸侯），即為真王耳，何以假為（為什麼稱代理齊王）！』乃遣張良往，立信為齊王，徵其兵擊楚」。（按：此互見於〈淮陰侯列傳〉，〈留侯世家〉不載。）若非漢王用張良、陳平之策，說不定就會激怒韓信背漢自立，統一天下的大業就在未定之天了。

又，漢五年，漢軍追擊楚軍至固陵，原約定韓信、彭越會師合擊，信、越軍不至，楚軍反擊，漢大敗；漢王對信、越無可如何。張良建議漢王將陳縣以東至海濱之地全部分給韓信，睢陽以北至穀城之地分與彭越。信、越得書，果然立即進兵，與漢王軍合圍項羽於垓下，項羽自殺，楚國滅亡。若無張良之策，後來戰局的發展也就難以逆料了。

項羽既滅，漢王統一大業告成，論功行賞，諸將爭功，竊竊私語，軍心浮動。在這緊急關頭，又是張良獻策，建議漢王先封他最憎惡的將軍雍齒為什方侯。「群臣見此，皆喜曰：『雍齒尚為侯，我屬無患矣（我們再不用擔心了）！』」人心才穩定下來。可見張良不只在對敵鬥爭中屢建奇策，為團結自己陣營中的將領也作出了卓越的貢獻。他的運籌帷幄之功是任何衝鋒陷陣的勇將不能望其項背的。

劉邦統一了天下，「漢王」變成了「漢高祖」，看上去從此天下太平；其實，敵我矛盾方息，內部爭權奪利又起。此時，高祖後宮發生了廢立太子的政治危機。劉邦共有八個兒子，原配呂后生子劉盈和女魯元公主。盈在諸子中年居第二，但係嫡出，早已立為太子（皇位繼承人）。後來呂后年老色衰，高祖寵幸年輕貌美的戚姬，疏遠呂后。戚姬生子趙王如意。劉邦不喜歡太子劉盈，認為他為人太仁弱，不像自己的個性；喜歡趙王如意，常說：「如意類（像）我。」他想廢掉劉盈另立如意為太子。廢立之爭，戚里之禍，往往變起蕭牆；這是作為智謀之士的張良此刻最為關心的問題。呂后對此也早有戒心，但此時呂氏羽翼未豐，其兄建成侯呂釋之在朝廷威望、實力有限，不足以扭轉高祖廢立之心。於是呂后通過釋之求計於張良。張良考慮，此事雖關國家根本，究竟是劉氏家事。他計慮深遠，既十分關心此事，又不願直接捲入這種宮幃鬥爭。於是一方面婉拒呂釋之，一方面又向他建議迎隱居商山的四位德高望重的老賢士（商山四皓）入宮為太子賓客。他深知，這四人是高祖仰慕已久卻又屢招不至之天下名士。如得入宮佐太子，一定會影響高祖對太子的看法，打消廢立之念。呂氏果用此策，招請四皓入宮，高祖見自己多次招致不肯出山的賢士，竟肯入宮為太子賓客，驚問其故。四人言：太子為人仁孝，尊敬賢士，天下人都願為他效力。高祖一聽，太子有此四皓為羽翼，廢立之事是斷斷乎行不通了。一場宮廷鬥爭就這樣無聲無息地平弭了。張良為此計，並非厚呂氏而薄戚姬；他考慮的是大亂初平，國基初奠，民心思治，必須保持大局的穩定。

〈留侯世家〉記張良功業共十一項。他如：諫沛公放棄秦宮重寶、美女，還軍霸上；以「八難」阻漢王復立六國之後；在鴻門宴上出漢王於刀俎之間……這些謀劃對漢王戰勝項羽、終成帝業都有極大的影響。在風雲際會的秦漢易代之際，秦始皇、楚項羽都以殘暴著稱；陳涉首義時，雖始皇已死，秦暴如故。劉邦固然雄猜陰險，對老百姓究竟比較寬緩。亡秦之戰歷時三年，楚漢爭天下持續了五年。八年之中，戰伐不停，生靈塗炭，「丁壯苦軍旅，老弱疲轉漕」（年輕人苦於當兵作戰，年老體弱者疲於軍需水陸運輸），天下匈匈，從無寧日。人民盼望的是迅速結束戰爭，讓他們得到喘息之機。張良助漢亡秦滅楚，使天下重歸於安定，人民得到休養生息，其意義不僅在報亡韓之仇，而是順應民心，出民水火的義舉。因此，我們不能把張良視為效忠劉漢、不忘故韓的忠臣謀士，應該承認他是推動歷史前進、出民於水深火熱之中的大英雄。對待歷史事件，評價歷史人物，首先要看他對老百姓起了什麼作用，不能用籠統的「成王敗寇」、「各為其主」來看待他們。只有如此，才能得出公正的結論，而不致扭曲古人。

司馬遷筆下的留侯張良，是漢初諸傑中一位處處閃灼著智慧之光的智者。智者最主要的特徵是超人的預見性。清人湯諧《史記半解》說：「留侯一生作用，著著在事外，步步在人前。」立身於事外，才能心如明鏡，不染緇塵；處事在人前，才能計及長遠，永遠立於不敗之境。〈留侯世家〉結尾，寫張良功成名就後「願棄人間事，欲從赤松子（仙人）游，乃學辟穀（不食五穀），道引、輕身（均道家養生之術）」，便是他「步步在人前」的具體表現。漢高祖既得天下，大誅功臣，韓信、彭越、黥布、陳豨諸大將，一個個被誅殺；張良對「鳥盡弓藏」之理，早已了然於心。「從赤松子游」云云，是他急流勇退，避禍全身的策略。湯諧又說：「張良平生輔漢，不惟無勇功，亦且不居智名。雖知無不言，言無不盡，而屬意措詞常超然功罪之表。至於天下已定，漢高欲立太子，則更暗用商山（四皓），全不露相。蓋其所以用人處，正其所以自全處。」這段評論，十分精警。當沛公戀秦宮珠寶婦人不欲離開時，樊噲諫請沛公還軍霸上，沛公不聽；張良以「助桀為虐」諫，最後卻說：「願沛公聽樊噲言。」把自己放在次要位置，不居智名。漢王聽酈食其言，欲封諸侯之後以弱楚；張良痛陳「八不可」，也只提出質疑，讓漢王自己作判斷。在擊破項羽、統一大業告成時，漢廷發生了建都何處的爭議。劉敬主張都關中，漢王左右大臣認為應都洛陽。張良同意前者，卻只說：「劉敬說是也。」同樣不居主位，不居智名。在廢立太子的大問題上，良雖內心反對廢劉盈，但當呂釋之奉呂后命問計於良時，良辭以「骨肉之間，雖臣等百餘人何益」，超然置身事外；但又建議迎商山四皓以固太子，由這四位隱士向漢王建言，他自己則全不露相。凡此種種，都是他「不居智名」的具體表現。「不居智名」即所以求自全之道。高祖始封功臣，認為「運籌策帷帳中，決勝千里外，子房功也。自擇齊三萬戶」——以齊地三萬戶封子房，具體封地讓良自選，這是曠世殊榮。張良卻說：「陛下用臣計，幸而時中。臣願封留侯足矣，不敢當三萬戶。」於是高祖封張良為留侯，與蕭何等俱封。張良絕不肯讓自己的爵封高出諸人之上，也是明智之處。可以看出，司馬遷描摹張良智者形象，不只寫他以其智輔佐劉邦，更以其智為自己事事預留地步；他不僅善處事，尤善於處身。這是他雖功蓋天下卻從未使高祖感到「威震其主」，雖有「運籌帷帳，決勝千里」之才而始終不遭高祖及同僚忌刻的主要原因。能做到這一點，才是真正的智者。

進一步分析，你會發現，司馬遷鑄造的這位偉大智者的形象不是靜止的，而是不斷發展、不斷提高、不斷完善的。試用博浪沙中椎擊始皇的張良與勸漢王燒絕棧道以堅項王之心的張良對比，用平定漢室諸將爭功時的張良與借商山四皓以保太子時的張良對比；用「願封留侯足矣」時的張良與「願從赤松子游」的張良對比，便能清楚看出：司馬遷筆下的張良是一個不斷成熟、不斷豐滿、日益完美的智者典型，而不是一成不變的、單線平塗的形象。這是本文藝術上最大的成功。

湯諧在評論《史記・曹相國世家》時說：「一篇文字，必有一段出色處，方厭（滿足）人意。」〈留侯世家〉寫張良遇圯上老人一段文字，用故事化的浪漫手法，寫來煙雲滿紙，似仙似鬼，極具風神。「直墮其履圯下」、「孺子！下取履」、「履我」、「父以足受」、「笑而去」、「強忍，下取履」、「良殊大驚，隨目之」這些描寫，老父、張良聲口心情畢具，何等生動傳神！全文快結束時寫商山四皓向高祖力讚太子劉盈賢，高祖知廢立之事無望，又有一段讀來令人蕩氣迴腸的好文字：

高祖召戚夫人指示四人者曰：「我欲易之，彼四人輔之，羽翼已成，難動矣！呂后真而（你）主矣！」戚夫人泣。上曰：「為我楚舞，吾為若（你）楚歌。」歌曰：「鴻鵠高飛，一舉千里；羽翮已就（成），橫絕四海。橫絕四海，當可奈何！雖有矰繳（射鳥的箭具），尚安可施！」歌數闋，戚夫人噓唏流涕，上起去，罷酒。

從存史意義上看，這節文字可有可無；從文學角度看，它活活畫出了高祖欲立所愛卻又無計可施的心態，反襯出張良謀劃足以制約這位雄主，使之不能為所欲為。而且，韻致蒼涼，感人至深。

再如，寫張良諫阻漢王用酈食其封六國之後以弱楚的計謀，把重要的君臣對策安排在「漢王方食」的時候，張良借箸（筷子）進言，一口氣提出了八個反問句。其實，這八條並非完全並列，有些本可合併；司馬遷卻故意分列為八，活靈活現表現出當時飯桌上說話的聲口神態。一來，這不是事前從容推敲過的說詞，難免一語重出，分合失當；保留分合失當，正能見出當時肆口而言的實況。二來，「八難」一口氣問下去，更能表現張良的滔滔辭令和急於阻止漢王行此下策的迫切心情。清顧炎武《菰中隨筆》說：「留侯藉（借）前箸為漢王言八不可，實無八件，正是一時口頭語。今千載以下，如見當日設問光景。若後人作文，必加並省（合併、省略），便失神矣！」曲學拘儒讀此，看到的是何處當合，何處不應分，以為這段文字零亂雜沓；心有獨會的大學問家卻從這些可合不當分的文句中，讀出了司馬遷為張良繪影寫心的文外波瀾。我們讀《史記》，也應當具備這樣的慧眼文心。

誅呂平吳　難逃縲紲

——〈絳侯周勃世家〉評賞

《史記》體例，「世家」為諸侯國別史，傳寫的人物絕大多數是諸侯王。有五位在漢初當過丞相的開國元勛，他們並非諸侯王（漢高祖劉邦不封異姓王），其傳略也在「世家」之列，算是例外。這五個人是蕭何、曹參、張良、陳平和周勃。〈絳侯周勃世家〉題目僅標舉一人，其實是周勃與其子周亞夫的父子合傳。這父子倆都是悲劇英雄。《史記》中的悲劇英雄有多種類型。項羽是一類，他是失敗了的悲劇英雄，其悲劇在很大程度上是主觀性格缺陷釀成的。他所過坑殺殘滅，以暴易暴；又背關懷楚，自矜功伐，最後終歸於敗亡。淮陰侯韓信是另一種類型。他的悲劇根源於客主兩端：客觀上，專制獨裁的無情規律，兔死狗烹；主觀上，他首鼠兩端，徘徊猶豫。屈原、賈誼又是一類，他們具有完美的正面素質，其悲劇體現了理想與現實的矛盾，具有社會的必然性。「舉世皆濁我獨清，眾人皆醉我獨醒」，他們的悲劇是偉大的孤獨者的悲劇。至於周勃父子的悲劇，根源於專制獨裁者的一種特殊心態：這些人最重視人才，卻又最害怕人才。他父子倆的悲劇與韓信相似而實不同，他們沒有韓信那種個性缺陷或者說人格缺陷，不同於韓信那樣首鼠兩端，既不能令又不受命，他們完全是無辜的受害者。正因為如此，他們的悲劇最能博得後世廣大讀史者的同情，引起人們深刻的思考。

下面，我們來審視周勃父子的絕代悲劇。限於篇幅，我重點評賞條侯周亞夫部分，至於絳侯周勃，只作簡單論列。

周勃死後，長子周勝之襲封。後來勝之犯罪，爵位被革除。一年之後，漢文帝念周勃當年擁立之功，在勃諸子中選定賢者河內守周亞夫，封為條侯，接續了周勃留下的爵位。周亞夫的傳記，從駐軍細柳開始。文帝後元六年，匈奴寇邊，亞夫受命領兵守衛京都長安，駐軍細柳。這次匈奴興兵，歷時不過一月，因漢廷戒備森嚴，無功而返，對長安僅僅帶來一場虛驚。按照《史記》筆法，本來只消在頭一段「以河內守亞夫為將軍，以備胡」的後面，加上「居一月，胡遁，罷」六個字，便可交代這段史實。但周亞夫軍細柳是他封侯之後走上政治舞臺的首次亮相，也是他受知於文帝，一生功名事業的開端。為了讓主人公一登場就給人一個鮮明深刻的印象，司馬遷寫了文帝勞軍細柳大段文字。這段文字寫得翻騰奇變，極具精神。

揚雄《法言・君子篇》說：「子長（司馬遷字）多愛，愛奇也。」司馬貞〈史記索隱後序〉也說：「太史公記事……或旁搜異聞以成其說，然其人好奇而辭省。」蘇轍評《史記》，謂「其文疎宕，頗有奇氣」，可見「尚奇」是《史記》的基本藝術特色，其事奇詭，其文奇雄。這種藝術特色，在周亞夫屯軍細柳一節文字中得到充分的印證。

正文開起，接著就寫「文帝之後六年，匈奴大入邊」。不像《資治通鑑》那樣具言入邊匈奴有多少軍馬，分幾路進攻，前鋒到了什麼地界，僅僅「大入邊」三字，頓覺烽火燭天，胡塵匝地，一派緊張氣象。司馬遷讓周亞夫在這嚴峻的形勢下受命登壇，文章一起便如風急雲湧，有激蕩雄奇之氣。

大戰迫在眉睫，京師安危繫於旦暮，周亞夫如何經營防務，部勒士卒，自是題內正文。不料司馬遷於此隻字不記，卻突然轉出「上自勞軍」大段精彩絕倫的文字。天子勞軍，禮儀隆重；駐軍將帥當然要親自迎送。當文帝車駕進入長安東面防區霸上劉禮將軍營中和東北面防區棘門徐厲將軍營中時，兩位將軍都大開營門，迎接勞軍隊伍馳驟而入；勞軍畢，又恭恭敬敬拜送。人臣之禮如此，本是常情常態。待到車駕來到周亞夫駐地細柳，轅門之外，迎接天子的竟然是披甲持刀，如臨大敵的軍士；勞軍先行人馬到了轅門，守營軍將竟然閉門不納。這情狀就奇了。先遣官兵大呼「天子將至」，滿以為這樣一喊立刻會大開營門；誰知守門軍士嚴正回答：「軍中聞將軍令，不聞天子之詔。」當兵的只接受將軍的命令，不接受天子的命令，又是一奇。直到文帝派人手持符節以詔主帥，亞夫才傳令大開轅門；此時他依然穩居中軍，不見前來接駕，更是奇中之奇。御林軍護衛著文帝的車駕進入壁（防禦工事）門，防守轅門的軍將宣告：「將軍約：軍中不得驅馳。」護駕軍馬只好緩緩而入，文帝也得「按轡徐行」。堂堂漢室天子，不得不聽命於屬下將軍，接受軍令的約束，小心翼翼地行進，這在中國封建時代怕是絕無僅有的奇事了。直到文帝進入中軍營帳，周亞夫才出來接駕，那打扮也異乎尋常：介冑戎裝，持刀長揖，以軍中之禮見當今天子。為人臣而平揖至尊，在皇帝面前居然手持利刃，那行動就不止讓人感到奇，而且不能不為之一驚，將以為變生不測。更奇怪的是：漢文帝對此不但不責備亞夫，反而為這位將軍治軍威嚴、整肅而動容，俯下身軀，伏在車前橫木上（即「式車」。式通「軾」），表示敬意。這節勞軍文字，曲折變化，波譎雲詭。無怪乎勞軍完畢，車駕走出軍門之後「群臣皆驚」；而識將才，賞奇士的漢文帝，卻嗟然而嘆，稱讚周亞夫「此真將軍矣！曩者霸上棘門軍，若兒戲耳，其將固可襲而虜也；至於亞夫，可得而犯邪」？

上面說細柳勞軍片斷，突出一個奇字；但司馬遷決不會獵奇自炫，取媚流俗。他的《史記》向稱「實錄」，不同於小說家流「以意為之」。他的創作方法是：以真實史料為骨幹，再補充一些合情合理的細節為血肉，使讀之者感到文雖奇而事可信，治史學和文學於一爐。這就如清人周亮工所云：「筆補造化，代為傳神。」或者像劉熙載《藝概》說的那樣：「太史公時有河漢（在這裡有誇誕意）之言，而意理卻細入無間。」劉勰《文心雕龍・辨騷》說：「酟華而不墜其實，酌奇而不失其真。」也是指司馬遷這類文章的藝術特色。

勞軍一節僅僅是條侯周亞夫展露才華的開始，破平吳楚七國之亂才是他一生功業的頂峰，充分展示他運籌帷幄、決勝千里的大將風度。這段文字依然透著一個「奇」字。

漢初，高祖劉邦分封其子弟為諸侯國，初封九國，後來演化為二十二國，「吳楚七國」即其中一部分。七國叛漢發生在景帝前元三年，以吳王劉濞及楚王劉戊為首倡，以反對削藩為藉口，聯合膠東、膠西、濟南等共七個諸侯王西進，來勢非常迅猛。景帝拜周亞夫「以中尉為太尉」（以中尉代理太尉），統率三十六將兵力平叛。亞夫受命之初就制訂了「以梁委之，絕其糧道」的總戰略，並得到景帝的批准。何謂「以梁委之」？「委」是拋棄之意。吳楚叛軍後方基地在今蘇、浙、山東、安徽等長江下游之地，進軍目標是漢都長安，地在陝西，中間必須越過梁地（今河南一帶）。亞夫計畫他的主力不守梁地而移師於叛軍側背，待叛軍西進日遠，供應線愈長，然後以輕兵斷其糧道，叛軍必亂，再縱大兵掩殺，克敵制勝。這不失為奇策，但必須冒極大風險。風險首先來自皇室內部。他在景帝前劃策，既知「楚兵剽（凶悍）輕（迅疾），難與爭鋒」，卻讓梁王劉武以一諸侯國之力與吳楚叛軍正面周旋。梁王劉武是竇太后最寵愛的幼子，景帝的同胞兄弟。萬一他戰死，如何向太后交代？再說，梁國雖膏腴之地，有四十餘城，且府庫充實，但畢竟不是吳楚叛軍的對手，當時光吳王就有兵二十餘萬。倘若梁國亡軍潰，叛軍越梁而西，叩關入陝，問鼎長安，亞夫大軍遠處山東北部，救援何及？可見，作出「以梁委之」這一有很大風險的奇策，主帥除了膽略之外，還必須對吳楚叛軍及梁王兵力有清醒的、正確的估計，又要頂得住來自竇太后的責難。後來，戰事的發展果如亞夫所料，梁王雖兵力有限，但他既處於要衝，兵書所謂「置之死地而後生」，憑奮力死戰，拖住了強敵，贏得了時間，使周亞夫取得了這場大戰的全勝。從這次戰爭的戰略部署看，周亞夫不僅有奇勇，而且有奇識。

當時戰局是十分緊張的。愈是緊張，愈能顯示周亞夫的大將風度。「吳攻梁，梁急請救」，亞夫根本不予理會，「引兵東北走昌邑（今山東金鄉）」。「走」是快速前進。敵人主攻方向是阻擋他們西進的梁國，梁王又求救於亞夫；亞夫卻催動人馬迅速奔赴山東，似避開敵鋒唯恐不及，這已經奇了。及至叛軍攻梁棘壁，推進到梁國首都睢陽（今河南商丘）時，梁王「日使使請太尉，太尉守便宜，不肯往」。「守便宜」謂斟酌情勢，自作主張。他竟敢置皇室貴胄於不顧，坐擁大軍，深壁而守，一動不動，這就更加奇怪了。最後事情鬧到景帝跟前，「梁上書言景帝。景帝使使詔救梁，太尉不奉詔，堅壁不出」——這簡直是公然違抗聖旨了！周亞夫哪來如此斗膽？看來，他之所以敢於出此，一方面，戰略部署既定，不能隨意更改；輕舉妄動，打亂部署，往往導致全盤皆輸。其次，他對「委粱斷糧」之策有堅定的信心，深知主帥隱忍鎮定是制勝的根本，只有如此才能掌握主動而不陷於被動。眼下縱違聖命，待到全勝之日，景帝只可能獎其大功而不復計其小失，何況這「小失」是取得全勝所不可避免的呢！

文章接下去又寫了兩個細節，使周亞夫的大將風儀得到更充分的顯示：

> 夜，軍中驚，內相攻而擾亂，至於太尉帳下，太尉終臥不起；頃之復定。

軍中夜驚是大軍雲集時常有的事，俗話叫「鬧營」，往往因夢魘或其他誤會而引起。但身臨前線，黑夜火併，敵我難辨；軍士互相攻擊一直打到主帥所居的營帳之下，亞夫居然能躺著一動不動，彷彿「泰山崩於前而目不瞬」，這種鎮靜功夫真可謂大得出奇。他當然不是睡著了不知軍中夜驚，而是深知：倘若主帥隨之而驚，輕舉妄動，必然亂得越發不可收拾。唯有主帥安然不動，才能迅速恢復秩序。主帥定則全軍自定。

另一件事是：「後吳奔壁東南陬（進攻東南角），太尉使備西北（命令加強西北角防禦）；已而其精兵果奔西北，不得入。」聲東擊西的戰術，古已有之，但要正確判斷，也極不容易；因其事可真可假。周亞夫料敵如神，使敵人無隙可乘，可見他不僅有穩如泰山之勇，且具洞察敵情之智。智勇集於一身，乃有奇謀、奇識，乃見奇才。

然而，奇才遭忌，自古而然，所謂「木秀於林，風必摧之；人高於人，眾必非之」。更何況，奇才必待明主。既是明主，他自然要想到：才可以為我所用，也能為人所用；才可為助我之力，也可為叛我之資。平定吳楚七國之亂後，周亞夫由「以中尉為太尉」正式晉升為太尉（全國最高武職），不久又轉位丞相。出將入相，位極人臣，天下共仰；但萬萬不會料到，此後他就步步走向下坡，削官入獄，往日的鮮花結出了一個個苦果。

問題的核心是他開罪了皇室——包括竇太后、王皇后和景帝、梁王。

首先，景帝欲廢栗太子另立劉徹（後來的漢武帝），「丞相（亞夫）固爭之，不得，景帝由此疏之」。其次，破平七國的戰爭中他不救梁王，「梁王與之有郤（同『隙』，仇隙）」，梁王每朝京師，常在其生母竇太后之前「言條侯之短」。第三，他堅守高祖「非有功不得侯」的舊制，反對封王皇后之兄王信為侯。雖然他出於杜絕外戚擅權的政治遠見，為劉氏政權計長遠；但封侯之議是竇太后、王皇后提出來的，亞夫反對，眼前就開罪了竇太后和王皇后。第四，景帝擬封匈奴降王五人為侯以勸後（鼓勵後之來者），也遭到亞夫反對，認為封賞投降的叛臣不足以責勸自己的部下恪守臣節。他的意見自然有道理，但厚拂景帝之意，景帝很不痛快，否定了亞夫的意見，仍封五人為侯。亞夫便謝罪稱病，以示抗議。這正好給了景帝以口實，順水推舟，免去他的丞相職務。

景帝估計亞夫免相之後心中不會平靜，有意試探，特詔他入宮賜食。亞夫入，見桌子上僅僅擺了大盤整肉（大胾）卻沒有切碎了的肉，加上又不見擺設筷子（「不置櫡」。櫡即箸，筷子），知道這是有意揶揄他，心裡不快，轉過頭來責令主管宴席的官員拿筷子來。景帝在一旁察言觀色，笑笑說：「這事你不滿意嗎？」言外之意：「我賜食你還有什麼挑剔麼！」亞夫自知失禮，「免冠謝（請罪）」。接著景帝起身，亞夫隨之也快步（趨）走出。景帝見他悻悻而去，看著他的背影說：這個憤憤不平的人（怏怏者）將來必定不會是輔佐小皇帝的臣子。

以上四件事，使景帝對周亞夫逐漸由疏遠而失望、不滿，以至不放心。他已經想到自己死後亞夫將如何對待少主的問題了。忠心耿耿的周亞夫這時已經成了令景帝不放心的人。適逢亞夫之子為他買了五百套皇家殉葬用的鎧甲盾牌（甲楯）以備異日作葬器之用，有人便誣告他父子有聚軍謀反跡象。景帝對此居然不加詳察，僅憑這種捕風捉影之言便把亞夫交法吏審問。法吏按誣告的條款逐一審問他（簿責），他本來應該辨白，且此事也不難辨白，但亞夫心懷牴觸，對簿（審訊）時一語不答，以沉默表示抗議。景帝心知他意存怨悵，進一步把他交給掌刑獄的廷尉治罪。在侮辱和刑訊中，這一代名將終於憤然絕食，嘔血而死。

這無疑是一個大冤獄。用亞夫一生行事來對勘，誰都知道他是冤死的。司馬遷如何寫明這一點？他用了曲筆。在審訊末了，廷尉問亞夫：「您想造反嗎？」亞夫說：「我買的都是死後的殉葬之物，怎麼說得上造反？」廷尉說：「您即使不在地上造反，死後也會在地下造反！」這就是周亞夫的罪狀！後來者讀史至此，會把這句話當作周亞夫的罪狀來讀，還是把它當作景帝及其爪牙的罪狀來讀呢？人謂司馬遷《史記》「文外無窮」，我看這就是一個絕好的例證。一言誅心，語妙天下；他的筆實在太巧，太可怕，太可愛了！

周亞夫的父親——絳侯周勃的遭際，與亞夫大體相同。他在為劉邦爭帝業中立下赫赫戰功，後來與陳平一道除呂安劉，更是功蓋天下。不幸，事果如蒯通說韓信所云：「勇略震主者身危，而功蓋天下者不賞。」周勃僅僅做了一個多月的丞相就被文帝巧奪相印；後來陳平死，他二次為相，不過一年又「免相就國（離開京師到封邑去定居）」，最後與兒子周亞夫一樣，被人以「欲反」二字誣告入獄。雖然借助兒媳婦（文帝之女）的關係走內線，出獄復爵，過了六年就鬱鬱以終。司馬遷用一篇「世家」寫父子兩人，在總體構思上，著意寫其「極似」又極力寫其「不同」。寫極似，同樣先肯定他們為漢王朝建功立業，忠心耿耿；然後同樣以「欲反」之罪陷入冤獄，結局悲慘。在全文結尾處司馬遷所作的評贊中說周勃的功勞「雖伊尹、周公何以加焉」，說周亞夫用兵「持威重，執堅刃，穰苴曷有加（超過）焉？」認為他們父子在文治武功上可以與歷史上的名相名將媲美而毫無遜色。人們對此不免要想：周公、伊尹、司馬穰苴，他們誰也不像周勃父子的結局那樣悲慘呀！為什麼到了漢代，有大功者都會無辜陷入冤獄呢？這樣自然會喚起讀者對周勃父子悲劇的根源進行深思，由感性的嘆嗟進入理性的求索。但司馬遷不僅寫父子相同的悲慘結局以寄覃思，而又極寫不同以顯其個性。寫其同，總結了一代歷史的教訓；寫其不同，顯示出《史記》的文學價值。「文學」即人學，以寫人為中心；寫人的作品，既重視人物的典型性，尤其重視人物的個性，要求努力寫出「這一個」，絕忌千人一面，眾口一音。司馬遷寫周勃，說其人「木強敦厚」、「椎而少文」、「不好文學」。主要性格特徵是質樸、不靈活、憨厚、粗魯。所謂「不好文學」、「椎而少文」的「文學」和「文」，都指不講究禮數、客套和文明行為，他是一個行伍出身而至高位者的典型。周亞夫與他明顯不同。他知禮而有節，嚴峻而自尊，堅毅而沉穩，胸懷大略，守正不阿。周勃在戰場上是無畏的英雄，在政治鬥爭中卻是膽小怕事的怯者；周亞夫相反，在戰場上隱忍善斷，在政治上敢於抗爭。試看：周勃初次為相僅一月，聽人家說他威震天下，受厚賞，處尊位，久之禍將及身，就害怕得立刻上書文帝請求歸還相印，使文帝順勢免去了他的丞相職位。後來就國居絳縣，聽說郡守郡尉到絳縣巡視（行縣）要見見他，就莫名其妙地「自畏恐誅，常被（同『披』）甲，令家人持兵以見之」。作為堂堂開國元勛，又從未犯任何罪錯，卻天天彷彿大難臨頭，惶惶然不安枕席。晚年被人誣告「欲反」下獄，獄吏問他為什麼想謀反，他竟然嚇得「不知置辭」（說不出話來）。周亞夫與父親不同，在平定七國之亂中他敢於設「委梁」之計，敢於「守便宜」、「不奉詔」，不救梁王，對皇親國戚他無所顧忌；景帝、太后所提廢立、封王之議，他敢於一一據理力爭而反對；「賜食」一節，他面對皇上，敢於拂袖離席以保護自己的尊嚴；獄中「簿責」，他昂然不對——周勃被誣「欲反」受審時「不知置辭」，是嚇得說不出話來；亞夫「簿責」不對，是對誣衊之詞不屑置辯，一怯一勇，截然不同。他最後絕食自殺，也表現了個性的剛強——不惜一死，自保清白，這和他父親無辜下獄後獻千金與獄吏以求計，送大量財物給薄太后之弟薄昭以求緩頰，截然不同，構成鮮明的對比。司馬遷在評贊中說亞夫「守節不遜，終以窮困」，十分精當。首先，他「守節」（恪守臣節），知法重禮；儘管數拂人君之意，卻都屬於「諍諫」。說他「不遜」，有人解「不遜」是不夠恭順。我認為「不遜」指他從不無原則地曲意順從君王之亂命。這正是大臣的品節，是忠誠與佞倖的分野。因此我以為，把「守節不遜」看成是司馬遷對周亞夫的「微詞」，並非確解；我意：這是肯定他敢於堅持原則，無所畏懼的性格。因此沈家本《史記漢書瑣言》說這四個字是「傷之至，非責之也」。

父子倆，一個老老實實，有大功而誠惶誠恐，小心避禍；一個稟性剛烈，敢於堅持正確意見，守正不阿。結果呢，懼禍者終不免於禍；守正不阿者同樣屈死獄中。這真是人間莫大的悲劇。司馬遷《史記》寫了不少這樣的悲劇典型，這自然與他自己下冤獄、受腐刑的遭際不無關係。周勃出獄後說：「吾嘗將百萬軍，然安知獄吏之貴乎？」司馬遷〈報任安書〉說：「當此之時，見獄吏則頭搶（碰撞）地，視徒隸（獄卒）則心惕息。」其語雖略異，其意其情不是如出一轍嗎？無怪乎清人吳汝綸《桐城先生點勘史記》卷五十七說：「此篇以功臣遭禍為主。『吾嘗將百萬軍，然安知獄吏之貴乎』，語絕沉痛。與條侯下獄事相影響（呼應），亦以自寓感嘆。」但是，司馬遷這層寓託，後代讀《史記》者並非人人都有如此深刻的理解。明代方孝孺《遜志齋集卷五・條侯傳論》認為，「周亞夫尤得大臣之體」、「確乎有大臣之風」，而司馬遷反詆（詆毀）之為「守節不遜，終以窮困」，是完全錯誤的。他引〈亞夫傳〉批評司馬遷「有良史之材而不達君子之道」。方孝孺不從通篇文章的鮮明傾向著眼，僅僅抓住「守節不遜」四字；而且對這四個字的理解又不夠通兌。他似乎完全不知道逼死周亞夫的是漢景帝，司馬遷是在漢景帝的兒子漢武帝朝為官；而且遷乃以「刑餘之人」的身分作《史記》，他有立言不能不用曲筆的苦衷。清人湯諧在其《史記半解》中的評論就遠較方孝孺深刻。他注意到此篇寫絳侯周勃略其「誅呂安劉」的大功，獨敘其功成自危，繫獄惕息（心跳氣喘，形容其恐懼之狀）；寫條侯周亞夫，著意寫其「剛直不容（不為景帝所容），感慨跌宕」。從取材的詳略，可以看出司馬遷寫這類悲劇人物，都兼寓「借他人酒杯，澆自家塊壘」的深意，我們讀此不能輕輕掠過。

勇略震主者身危
——〈淮陰侯列傳〉評賞

《孟子》云：「天將降大任於是人也，必先苦其心志，勞其筋骨，餓其體膚，空乏其身，行拂亂其所為，所以動心忍性，增益其所不能。」韓信為布衣時就曾經受過這種磨煉。他窮得沒飯吃，在河邊垂釣，靠漂絮的老婦人分給他一口飯吃才免於飢餓。他在街市上稠人廣眾之中受屠中少年侮辱，被逼著從此人褲下鑽過，一市人都笑他是個懦夫。韓信身材高大，經常身佩寶劍，為什麼甘心受此侮辱？司馬遷又何必把這些生活小事寫入一位在漢初歷史上起過重大作用的英雄人物傳記中？竊以為，其意在印證一條有關個人修養的真理：能忍人所不能忍，斯能為人所不能為。〈淮陰侯列傳〉以記述如許小事開篇，絕非有意唐突英雄，而是力圖通過人所難忍的生活磨煉，展示他那種「猝然臨之而不驚，無故加之而不怒」的異乎尋常人的大勇。

司馬遷記述韓信一生，重點寫了他的人品、才識和軍略；以三者融會貫通，塑造出一代大軍事家的完整形象。

寫韓信人品，著重知恩必報和以德報怨。當信始封楚王，回到故鄉時，他做的第一件事便是「召所以從食漂母，賜千金；……召辱己之少年令出袴（褲）下者，以為楚中尉」。報漂母以千金，常人且能為，事在人人意料之中；不殺辱己之少年，反而任命他為楚中尉，就絕非常人所能為，事出人人意料之外了。韓信絕非不知恥辱。在他看來，於此等人不足以言榮辱。而且，他以一布衣功成名就歸來，如何對待往昔的恩仇，人們正拭目以待。當年受此少年褲下之辱，「一市人皆笑」；今日以德報怨，同樣一市人皆知。故此舉不僅能得一人之心，且能得千萬人之心。我們這些兩千年以後的讀者正是通過這些小事，看到了這位歷史上統率千軍萬馬的英雄海一般浩瀚的胸懷和那種心存天下、不計錙銖的氣量。

韓信不僅僅是馳騁沙場的大將，而且善於審時度勢，具有駕馭全局的才識。他不僅僅是卓越的軍事指揮家，而且是目光深遠的戰略家。這是傳文稱揚韓信的第二個重點。當信以蕭何力薦，初拜大將時，劉邦問他「何以教寡人計策」，韓信對策就像後來諸葛亮的隆中對策一樣，對時局作了深刻、正確的分析，其所獻之策對劉邦日後勝項羽、奪天下起了深遠的影響。信居項氏軍中久，對項王的長處和缺點知之極深。他指出：項羽誠勇，但「不能任屬賢將」，是一種「匹夫之勇」；項羽見人有病則「涕泣分食飲」，卻捨不得以爵邑封賞有功之臣，故其仁也不過是「婦人之仁」。且羽在政略、戰略上均有嚴重失誤。首先，滅秦後不王關中以制天下，反而改都彭城，認為「富貴不歸故鄉，如衣繡夜行」。又封賞唯親，跟隨他滅秦的諸侯無不心懷不平。其次，羽遷逐義帝於江南，背盟棄約，引起諸侯各逐其主自王善地，在他的統治區域內造成極不安定的局面。第三，「項羽所過無不殘滅者，天下多怨，百姓不親附」。因此，項羽「名雖為霸，實失天下心，故曰其強易弱」。而漢王率仁義之師入武關，秋毫無所犯，與秦民約法三章，深得秦民擁戴。在作了如上對比分析後，韓信建議漢王反項羽之道而行，「任天下武勇之士，以天下城邑封功臣」，擴大自己的勢力；並建議漢王先取關中，定三秦之地以為根本。漢王用韓信策，不出半年，東出陳倉，盡得三秦地；第二年遂出函谷關而東，合齊趙之兵大規模進擊項羽，問鼎中原。

韓信對策，論劉項優劣，核心放在民心向背上，這是極有遠見的。他分析形勢，能於強中見弱，弱中見強，不為表面的、一時的得失強弱所蔽，可見他深具戰略眼光。後來劉項戰爭的發展，大抵都如信所言。司馬遷用了相當大的篇幅記述這一次君臣對策，使韓信與當時楚漢軍中無數勇將有鮮明的區別，顯示他作為戰略家高人一等的才識。

但是，作為漢軍統帥，韓信最突出的長處畢竟還是用兵行陣上卓越的指揮才能，這是司馬遷稱揚韓信的第三個重點。信領漢軍轉戰多年，指揮過無數戰役，〈淮陰侯列傳〉中只記述了木罌襲魏、赤幟破趙、囊沙敗齊三大戰役。這三大戰役取勝的共同特點是一個「奇」字。但三戰奇謀不同，司馬遷寫來千姿百態。木罌襲魏之戰發生在黃河岸邊。時魏王豹叛漢投楚，韓信領漢軍伐魏，與魏軍夾河對峙。信益為疑兵，故意陳船欲渡臨晉；暗中卻發精銳從夏陽以木罌渡黃河。木罌是用大木挖空製成的盛酒之器，腹大口小，塞其口可以浮水。信令軍士把木罌綁在身上浮水偷渡，突襲安邑。奇兵天降，魏王倉皇迎擊，大敗被俘。赤幟破趙之役發生在井陘口。信與張耳領兵數萬東下井陘，趙王陳餘聚兵二十萬以拒漢軍。大戰前夕，信趁黑夜先發輕騎二千人隱伏小山上，人執紅旗一面；他自率大軍出井陘口，背黃河立寨。次晨接戰，趙以兵多出擊，信佯敗，退入河邊營寨。軍士無法再撤，人人背水死戰，趙兵雖眾，無法破信軍，收兵回營壘。此時信之伏兵早已趁趙軍傾巢出擊時襲入趙營，盡拔趙幟，插上漢軍的紅色旗幟。趙大軍收兵，遙見營壘中遍插赤幟，以為漢軍已奪其營寨，收降了全部趙軍，於是軍心大亂，四散潰逃；信揮兵夾擊，大敗趙軍，殺死陳餘，生擒趙王歇。囊沙敗齊之役發生在山東濰水。時項王派大將龍且引軍二十萬助齊擊漢，與漢軍夾濰水對峙。戰前，信令其軍暗中製作一萬多個沙囊，在濰水上游投入河中堵塞流水，下游因而水涸；信率軍涉淺渡河擊齊楚軍。接戰不久，信軍佯敗，仍從淺水徒涉退，齊楚軍大舉跟蹤追擊。俟其半渡，信令上游掀開阻水沙囊，濰水驟至，將齊楚軍分割於兩岸，互不能顧，然後回師反擊。齊楚軍已渡者被圍殲，未渡者潰散。信揮軍急擊，殺楚大將龍且，齊王倉皇遁，楚軍二十萬被殲滅。

司馬遷記韓信軍略，只選上述三役，連韓信指揮三十萬漢軍及諸侯軍敗項王於垓下的輝煌戰績都未記入本傳，是因為這三役皆以少勝多，最能體現他用兵的韜略。據《漢書・藝文志》載，信有軍事著作《韓信》三篇傳世，並曾與張良一起「序次兵法」，無怪乎漢高祖劉邦也說：「連百萬之軍，戰必勝，攻必取，吾不如韓信。」

清代散文大家方苞〈書淮陰侯列傳後〉說：「太史公於漢興諸將皆列數其成功而不及其方略，以區區者不足言也。惟於信詳哉言之。蓋信之戰，劉項之興亡繫之，且其兵謀足為後世法也。」寥寥數語，深得史家之心。

綜上，韓信在戰略上有縱觀全局的才識，其為人有以德報怨的雅量，再加上臨陣奇謀屢出，指揮若定的軍事才能，一位歷史上傑出的軍事家的形象至此已經豐滿地樹立起來了。但是，他的悲劇也正伏因於此。正如清人金錫齡〈讀史記淮陰侯傳論〉說的那樣：「竊怪丈夫患無才，而淮陰竟以才死。」項羽未滅時，劉邦曾封信為齊王；羽破，「高祖襲奪齊王軍」。漢五年，徙齊王信為楚王。次年，因「人有上書告楚王信反」，漢王用陳平計，巡狩會諸侯，騙韓信至陳，縛信載後車，械繫信，至洛陽，赦信罪，降為淮陰侯。不久，又聞信「欲反」，高祖假其妻呂后之手，斬信於長樂宮之鐘室，且夷滅三族。天宇慘淡，一顆將星悄然殞落了，信死前僅僅留下一個忠告：「狡兔死，良狗烹；高鳥盡，良弓藏；敵國破，謀臣亡。」短短三語，足夠封建社會的忠臣良將沉思兩千年。（按：這三句話是高祖縛信置後車時韓信說的。）

韓信究竟是不是「欲反」？這是一個千古疑案，司馬遷寫得閃爍其詞。據傳文，韓信謀反事與鉅鹿守陳豨有關。陳離洛陽赴鉅鹿任，行前「辭於淮陰侯。淮陰侯挈（攜）其手，辟（避）左右與之步於庭」，言及高祖對豨的懷疑，勸豨反漢，並說：「吾為公自中（內部）起，天下可圖也。」後來陳豨果反，高祖親自領兵平叛，「信病不從（不隨高祖出征），陰使人至豨所曰：『弟（只管）舉兵，吾從此助公。』」當時信居洛陽，手中無兵權，他憑什麼助陳豨造反？傳文又說：「信乃謀與家臣夜詐詔赦諸官徒奴，欲發以襲呂后太子。」（趁黑夜假傳聖旨，赦免各官府的罪犯和奴隸，以此為造反兵力，襲擊呂后太子。）這反謀又是怎樣被發現的呢？——「其舍人得罪於信，信囚，欲殺之；舍人弟告變」。告發者原來是韓信府中一個死囚的弟弟！以上記述，司馬遷當是憑漢廷獄案記入傳中的，他自然不敢妄加可否。但他在本傳中另外留下許多蛛絲馬跡，以備細心的讀者思考。傳文始則曰：「信自度無罪。」繼則在傳末評贊中曰：「天下已集（安定），乃謀叛逆。」這就暗示：當天下紛亂，信手握兵權時他不造反，偏偏在天下已經安定之後造反，是不近情理的。又記信臨死之前的話說：「吾悔不用蒯通之計，乃為兒女子所詐，豈非天哉！」——蒯通曾力說韓信反，當時信未用其謀。現在說「悔不用蒯通之計」，不正表明他深悔沒有造反嗎？怎能說他「欲反」呢？司馬遷這些記載，朦朧隱約，他是在為韓信辨誣。

對韓信造反是否真實，古人辨之甚詳，下面略引數家以明其冤：

清人梁玉繩《史記志疑》說：「信之死冤矣！前賢皆力辨其無反狀。大抵出於告變者之誣詞，及呂后與相國（蕭何）致之耳。」金錫齡〈讀史記淮陰侯傳論〉說得更直截了當：「是知舍人弟告變，乃呂后陰為使之。」（舍人之弟告發的話，是呂后暗中派人教唆他說的。）金錫齡分析韓信冤獄非常深刻：「……當豨之過淮陰，則既辟（避）左右矣，絜手步庭之語，誰則聞之？……至所云夜詐召赦諸官徒奴以襲呂后太子之說，其誣尤甚。夫帝（高祖）之自討豨也，豈不計及洛陽為根本重地，使呂后太子擁重兵以居守乎？淮陰……縱欲為豨中（內）應，既無兵權，即盡赦諸官徒奴，為數幾何？且非所屬久練之兵，安能驅令為逆而可以濟事？……誅夷之日，乃置是謀之家臣不問，即使至豨所之人亦不問，豈法可加於無辜之三族，獨寬於共事之腹心？無是理也！」方苞〈書淮陰侯列傳後〉也說：「未聞獄讞而明讞征（證）其辭，所據乃告變之詞耳。」（未見正式的審訊紀錄和判詞，據以判罪的是告變者栽誣的話。）

的確，信之反，全出栽誣。但是，漢高祖為什麼必欲設此密謀置韓信於死地？晚唐詩人羅隱〈書淮陰侯傳〉一詩說得非常中肯：

寒燈挑盡見遺塵，試瀝椒漿合有神。莫恨高皇不終始，滅秦謀項是何人？

滅秦謀項者都是像韓信那樣胸懷韜略之士。劉邦「謀項」全仗韓信。信既有此偉略，留著他豈不是劉漢王朝的隱患嗎？清代詩人沈紹姬〈淮陰侯〉七律的首聯也說：

鼎足才堪角兩雄，當年應悔殺重瞳。

韓信才力足以敵劉、項兩雄，他冤死時一定後悔不應該消滅項羽（史言項羽為重瞳），而應該叛漢以謀鼎足三分。項羽一死，下一個必然要輪到他了。可見，劉邦誅殺功臣之謀早定，他不僅有一張黑名單，而且有一張絕密的時間表。

下面我們來評賞這篇著名列傳的藝術特色，先細賞蒯通說韓信的大段說辭。蒯通是齊之辯士，他在韓信於濰水以囊沙壅水之計擊破楚二十萬大軍，殺楚大將龍且，項羽派武涉說韓信反漢無效之後，進見韓信。蒯通的說辭長達一千五百來字，幾占全文四分之一，是《史記》中膾炙人口的記言之作。明人楊慎《史記題評》說：「此篇取譬反復，極人情所難言，此文漢初第一。」這話雖評全傳，從「取譬反復」四字看，主要當指蒯通說辭而言。蒯通把自己打扮成一個看相的江湖術士，既入見，請信屏退左右然後說：「相君之面，不過封侯，又危不安；相君之背，貴乃不可言。」入局即櫽括全旨，微露機鋒，語言充滿了試探性和暗示性。「面」「背」隱含正、反，喻指走正途與走反叛之道將有截然相反的結果。「貴乃不可言」五字吞吐隱約，耐人尋味。幾句話語妙如珠，使人不能不傾聽下去。接下來分析形勢：「天下之初發難也，俊彥豪傑，建號一呼，天下之士，雲集霧合，魚鱗雜遝，熛至風起（如火花迸發，狂風驟起）。當此之時，憂在亡秦而已（耽心的只有幾時滅亡秦朝一件事）。」上述數語寫陳涉大澤起義，既形象又有氣勢。下文寫暴秦既滅，劉、項爭天下，項王「兵困於京索之間，迫西山而不能進者三年於此矣」；至於漢王劉邦，「一日數戰，無尺寸之功，折北不救（屢戰屢敗，不遑自救），敗滎陽，傷（受傷）成皋，遂走（逃跑）宛葉之間」。他和項王一樣狼狽，兩人都陷入「智勇俱困」的境地。這一層分析劉、項相持的形勢，長句短句錯落，如駿馬下坡，一氣奔注，最後用「此所謂智勇俱困者也」一個判斷句猛然煞住，疾徐相間，或行或止，深富節奏感。劉、項既已兩敗俱傷，生靈塗炭，老百姓把希望寄託在誰身上呢？於是緩緩逗出：「以臣料之，其勢非天下之賢聖固不能息天下之禍。」辭鋒暗暗轉到韓信身上來了。蒯通認為，目前韓信正處於舉足輕重的地位，於是順勢推出中心論旨：「誠能聽臣之計，莫若兩利而俱存之，三分天下，鼎足而居，其勢莫敢先動。」結句猛然一頓，筆端挾千鈞之力。進一步分析韓信實力、地利、民望三方面的優勢，論斷信苟自立，天下必然「風走而響應」，用此以堅信「三分天下」之心。蒯通耽心韓信下不了決心，下面又用「蓋聞天與弗取，反受其咎；時至不行，反受其殃」，煽動韓信立刻行動。當信以「漢王待我甚厚」，自己不能「嚮利背義」以辭蒯通時，通進一步用眼前的和春秋時代的故事破醒他：楚漢戰爭中，常山王張耳與成安君陳餘本來是「刎頸之交」，後來反目成仇，耳必欲殺陳餘而後快。春秋時文種、范蠡輔助越王句踐存亡國，霸諸侯；及至越國強大，湔雪會稽之恥以後，句踐賜文種自殺，迫范蠡亡命江湖。這兩個活生生的例子證明：「患生於多欲而人心難測。」韓信與劉邦之間的恩義是極不可靠的。此時信仍不能下決心。蒯通估計韓信自恃功高，漢王不致加害於他，於是又用一小段精警的說辭打動韓信：

臣聞勇略震主者身危，而功蓋天下者不賞。臣請言大王功略：足下涉西河，虜魏王，擒夏說，引兵下井陘，誅成安君，徇（攻取）趙，脅燕，定齊，南摧楚人之兵二十萬，東殺龍且，西嚮以報。此所謂功無二於天下，而略不世出者也（才略世間所無）。今足下戴震主之威，挾不賞之功，歸楚楚人不信，歸漢漢人震恐，足下欲持是安歸乎？……

大段說辭，句句合於人情事理，句句為韓信設身處地，說喻百端，反覆曲盡，鋪張揚厲，酣暢淋漓，具有無可比擬的雄辯性和煽動力，千載以下讀之猶令人不能不心怦怦動。漢代散文，忌排偶而尚散句單行；忌匀稱而取錯落有致，忌平仄和悅而貴拗怒轉折；忌長句而尚短語。善為此體者，讀其文有咚咚然的鼓點聲和萬馬奔騰、暴雨擊瓦的氣象，必如此才得雄健之氣，剛勁之力。蒯通這段說辭，可謂深得此中三昧。

筆者認為，如此雄文，閱讀時必快讀以見其勢，領略文章的音樂美；又必須徐讀以味作者言外之音。傳文明記韓信不為蒯通說辭所動，筆者卻讀出了韓信心動的節律。蒯通的話稍停，韓信答曰：「先生休矣，吾將念之！」「念之」即考慮考慮，兩個字活活畫出他未嘗全無所動卻又未能斷然行動的心態。蒯通從話中聽出了韓信這種內心矛盾，數日後再說韓信，提出「故智者決之斷也；疑者事之害也」的論點，用「猛虎之猶豫，不若蜂蠆之致螫；騏驥之跼躅，不如駑馬之安步；孟賁之狐疑，不如庸夫之必至」，一連三個排句，力促韓信快下決心。而韓信呢？「韓信猶豫，不忍背漢」。司馬遷的筆真是曲盡人情，「猶豫」、「不忍」，把韓信搖曳不定的心神寫活了。天下文章之妙，於此極矣！

這篇列傳是《史記》中的精品，藝術上成就很高，可得而言者也很多；我只重點評賞了蒯通說辭，以見《史記》記言波瀾起伏、深雄雅健之妙。限於篇幅，其他就不一一具言了。

韓信果如蒯通所言，寃死劉邦之手；他的悲劇留給後人有兩種截然不同的效應：一種人，如劉禹錫〈韓信廟〉詩所云：「遂令後代登壇者，每一尋思怕立功。」後世助人打天下的武將，想起韓信的悲劇就會害怕立功。因為，功高必震主，震主必身危。至於留給後代帝王的效應，他們從劉邦殺韓信的史實中學到的是：狡兔既滅，走狗必烹！西漢不是因此而建立了兩百多年鞏固的基業嗎？假如留著韓信，誰知道會發生何種變故！你看，東漢劉秀建國後，不是「退功臣，進文吏」，用軟刀子把那些曾為他效死疆場的人一個個投閒置散嗎？宋太祖趙匡胤不是「杯酒釋兵權」，把為他打天下的功臣名將驅逐出了權力圈嗎？這兩位還算是比較文明的。至於明太祖朱元璋，誅殺宋濂、毒死劉基……這些都是他賴以奪天下的股肱，他在殺滅功臣上是「不肯走漏一個」。與劉邦比，在這一點上他算得青出於藍。

大概，人生多悲劇，因此悲劇英雄總是格外贏得騷人墨客的同情。翻開古人詩卷，題詠韓信的作品特別多。明代詩人駱用卿〈題韓信廟〉七律，曾被當時詩壇領袖李獻吉譽為「此題淮陰廟絕唱」：

逐鹿中原漢力微，登壇頻蹙楚軍威。足當躡後猶分土，心已猜時尚解衣。
畢竟封侯符蒯徹，幾曾握手到陳豨。英雄漫灑荒山淚，秋草長陵久落暉！

詩的首聯說：劉邦與項羽爭天下，起先劉的實力比項王微薄；後來劉登壇拜韓信為大將，由信領兵作戰，才多次挫敗項羽的軍威。次聯寫劉邦機狡權變：儘管他極不滿意韓信自封為假（代理）齊王，大罵韓信，張良、陳平躡足附耳以諫，又改口封信為真齊王，以籠絡韓信率兵破楚；他的心百般猜忌，表面上厚待韓信，使信以為漢王於我有解衣衣我、推食食我之恩。三聯說，韓信終不出蒯通所料，位不過封侯又危而不安；呂后誣信與陳豨攜手密謀，實在是無中生有。結聯慨嘆：韓信冤死，多少人到他墳上憑弔，淚灑荒山；漢高祖同樣難逃一死，他的墳墓（長陵）卻早已湮沒於荒煙蔓草之中，夕陽斜照，一派寂寞淒涼。這首詩概括韓信、劉邦終始，涵蓋深廣，結聯語浩蕩而意冷雋。後世之人重韓信而輕劉邦，這是漢高祖始料所不及的，也是統治者的淫威無法左右的。

李廣無功非數奇

——〈李將軍列傳〉評賞

我們現在要評賞的是〈李將軍列傳〉。又一幕漢代歷史上的大悲劇！又一座用熱情的歌頌和悲憤的控訴塑就的英雄形象！又一位才氣縱橫，曾為漢王朝出生入死最後卻被這個王朝逼得自殺身亡的典型！

自來讀〈李將軍列傳〉者無不慨嘆李廣「數奇」（命運不好），不得封侯。我卻以為，李廣自足千古，何取於裂土封侯！在我國古代，裂土封侯者該有多少？至今有誰記得他們的名字，承認他們的歷史功勛？至於李廣，我孩提時代就知道他受傷被俘奪得胡兒馬脫險歸來的傳奇故事，稍長讀《史記》至〈李將軍列傳〉，李廣留給我最深刻的印象不在他是否封侯而在他被迫自殺的大悲劇。正是由於這種悲劇的結局才使後人不僅在理性上，從崇敬民族英雄的角度上記得他，而且在感性上，從一個才氣縱橫之士被迫自殺的巨大不幸中為他不平，為他浩嘆，他的形象便由此活在人們心中。從這個意義上，我們甚至可以說：悲劇的命運不只作弄人，有時也可以成全人。試看，韓世忠和岳飛不都是南宋抗金的名將，民族的精英嗎？韓以老病死，飛以冤獄終。至今，這兩位愛國英雄誰的氏名更家喻戶曉？誰的形象在人們心目中更加高大？

顯然，司馬遷對李廣這位悲劇英雄懷有特殊的感情。這是因為，第一、他親眼見過李廣，「余睹李將軍，悛悛如鄙人（誠謹得像個鄉下人）」。最了解他，崇敬他，因此也最同情他；第二、他與李廣之孫李陵「俱居門下」（同為門下省侍中官），司馬遷入冤獄，受腐刑，皆因替李陵鳴不平而引起。不測的災禍把他與李廣祖孫緊緊綁在一起，司馬遷從自己的不幸中更加深刻地同情李廣的不幸。但是，他欽崇李廣並不是出於什麼私誼，而是出於對廣、對廣的子孫深刻特殊的了解。他站在歷史的高度審視自己所處時代的輝煌和黑暗，審視他在《史記》中所傳寫的人物的成功與悲哀，他要還歷史以公正。

這一點，只消品味一下文章的標題你便會有所領悟。《史記》列傳、世家中，標目或直呼其名，如〈廉頗藺相如列傳〉；或僅標其封爵，如〈淮陰侯列傳〉；或名爵連稱，如〈絳侯周勃世家〉，三者之中以直書名諱者最多。於李廣傳則不然。標其目曰〈李將軍列傳〉而不叱名書「廣」，顯然含有景仰崇敬之意。傳文說：「廣居右北平，匈奴聞之，號曰漢之飛將軍，避之數歲，不敢入右北平。」李廣傳標目〈李將軍列傳〉殆即本此。一位漢朝將軍，竟然博得敵人——匈奴軍將士卒的敬畏；以此標廣傳之目，不是對李廣最好的稱揚嗎？

李廣與司馬遷同時代而遷稍後於廣（遷較廣晚生約三十多年），司馬遷掌握的有關李廣事跡的第一手材料必定非常豐富；而廣的一生又極富傳奇色彩；為廣作傳，如何立骨，如何選材，使之既豐富翔實又中心突出，是此傳謀篇時首先要仔細斟酌的問題。司馬遷的辦法是：緊緊抓住兩條主線，把那些分散零星的史料貫串珠聯，以簡馭繁，使傳文既脈絡明晰又重點鮮明。主線之一是寫李廣才氣，另一寫廣「數奇」。才氣包含的內容非常廣泛，遷又以力寫廣之善射為骨，而以治軍簡易，仁愛士卒，深於軍謀，勇於負責為血肉。骨幹構成人物的基本輪廓，血肉則起反覆皴染的作用。篇中寫廣之善射共達十一處之多。始則曰：「廣家世世受射。」繼則曰：「廣以良家子從軍擊胡，用（因）善騎射，殺首虜多，為漢中郎。」可見，善射乃李氏的家傳，是李廣最初取得官職的手段。後來，寫廣射殺匈奴射雕者，射殺胡白馬將，被俘脫險途中射殺追騎，以及行獵射虎穿石，帶傷射虎。閒居則「射闊狹以飲」（與人比賽射箭的遠近來賭酒），並且說，他一生「專以射為戲，竟死（直到他死）」。另有兩處寫廣善射的原因及其射技的特點：「廣為人長，猿臂，其善射亦天性也。」「其射，見敵急（迫近），非在數十步之內，度不中不發；發則應弦而倒。」全傳總共不過三千來字，竟在十多處寫其善射，不僅寫出了他的武藝，而且表現了他的神勇。特別是「射虎穿石」一事，千古傳為美談：「廣出獵，見草中石，以為虎而射之，中石沒鏃，視之，石也。因復更射之，終不能復入石矣。」這故事極富傳奇性，且互見於他書（如《呂氏春秋》、《韓詩外傳》等），遷引以入傳，更突出了李廣的神射。從現代心理學角度看，瞬間產生的激情，可使人的力量大大超過平時，激情一過，力量便迅速消失。以此衡量，史公的話雖不無誇張，但決非徒為河漢之言。中唐詩人盧綸把它寫入樂府新詞〈塞下曲〉中：

林暗草驚風，將軍夜引弓。平明尋白羽，沒在石稜中。

「石稜」在這裡指石頭的縫隙。箭入石縫，就更近情理了，但是表現力也就削弱了。善讀書者，不會用科學的「真」來苛責藝術的「美」。

上面我們說過了〈李將軍列傳〉的主線之一：極寫廣之善射。下面分析另一條主線：如何寫廣之「數奇」。司馬遷的感慨悲憤，全寄於李廣數奇不遇中。傳文剛開頭，寫廣最初得官「為漢中郎」。中郎是內廷侍衛之類的武職，官位不高，但他常隨文帝出巡，文帝親見他在「衝陷折關及格猛獸」中表現出來的勇氣和武藝，慨然嘆曰：「惜乎，子不遇時！如令子當高帝時，萬戶侯豈足道哉！」後來武帝臨朝，廣從大將軍衛青擊匈奴，大將軍陰受武帝告誡，以為「李廣老，數奇，毋令當單于」。兩朝皇帝，一個說李廣「不遇時」，一個說他「數奇」，五字如鐵，鑄定了李廣一生悲劇的根源。司馬遷寫李廣「數奇」，也用了不少筆墨。李廣在景帝時參加擊吳楚叛軍，「取旗，顯名昌邑下」；卻因他接受了梁王私授的將軍印，「還，賞不行」，這是李廣一生數奇的開始。以後，馬邑設伏誘單于，他參加伏擊戰，不料事洩無功，二寫其數奇。他以衛尉為將軍出雁門擊匈奴，兵敗被俘，後雖生還，卻落得一個「論法當斬，贖為庶人」，三寫其數奇。復職後，出定襄擊匈奴，「諸將多以功封為侯，而廣軍無功」，四寫其數奇。三年後，以郎中令率四千騎與博望侯張騫共擊匈奴，廣軍少，偏偏遇上了匈奴主力四萬騎。幸賴他以超人的智勇組織部隊死戰，支撐了危局，卻因「軍功自如」（所殺得失相當），未得封賞，五寫廣之數奇。最後，廣從大將軍（衛青）「大出擊匈奴」，不意他被大將軍從先鋒調到右翼，終因「失道」、「後期」（中途迷路，遲於規定的期限到達前線），以致單于遁走，李廣不但無功，反而受「簿責」（依法審訊，追究罪責），他憤而自殺，最後以「數奇」終其一生。

為了突出李廣的「數奇」，傳文還用了一段文字，把他與其從弟（堂弟）作對比：

> 初，廣之從弟李蔡與廣俱事文帝。景帝時，蔡積功勞至二千石（指祿秩。漢分祿秩為十

五等，二千石屬三等，實得俸穀月一百二十斛），孝武帝時至代相。以元朔五年為輕車將軍，從大將軍擊右賢王，有功，中率（合於昇賞的標準），封為樂安侯。元狩二年中，代公孫弘為丞相。蔡為人在下中（當時論人之才德高下分為九等，下中屬第八等），名聲出廣下甚遠；然廣不得爵邑，官不過九卿；而蔡為列侯，位至三公。諸廣之軍吏及士卒或取封侯（李廣屬下的軍吏士卒有人得到封侯）。

這段文字更鮮明地顯示出李廣的不走運（即所謂「數奇」）。廣、蔡之比如此，千古孰能平？辛棄疾〈卜算子〉詞云：「千古李將軍，奪得胡兒馬。李蔡為人在下中，卻是封侯者！」他自然在借李廣之事為自己鳴不平，但所有的失意者都能從中照見自己的影子。

李廣究竟為什麼命運如此不好？請讀下面李廣與望氣者（望雲氣，觀天象以附會人事，預卜吉凶的人）王朔的對話：

廣嘗與望氣者王朔燕語（閒談）曰：「自漢擊匈奴而廣未嘗不在其中，而諸部校尉以下，才能不及中人，然以擊胡軍功取侯者數十人。而廣不為後人，然無尺寸之功以得封邑者，何也？豈吾相不當侯邪？且固命也？（難道我的骨相不應當封侯麼？還是我本來命該如此呢？）」

聽了李廣這段傾訴，王朔問廣生平是否有抱憾之事。李廣告以他曾誘降羌人（西部少數民族）八百餘人，同日殺之。王朔認為「禍莫大於殺已降」，並指出這就是他始終不得封侯的原因。

漢文帝說李廣「不遇時」；武帝說李廣「數奇」；司馬遷又引廣、蔡之比以證明廣「數奇」之實，再記王朔之言以定廣「數奇」之因；看來，李廣不封侯乃由於他命運不好，這已是歷史的定論了。但這究竟是不是司馬遷的由衷之言？對此我頗為困惑。文帝說廣「不遇時」，那意思是：他沒有出生在高祖打天下的時候。那時勇而有武藝的人大有用武之地，李廣將很容易立功封侯；現在朝廷與民休養，與民生息，憑武藝就很難立功封侯了。可就在文帝十四年，匈奴大入蕭關，李廣從軍擊胡，立功為漢中郎，此皆文帝所親見。他為什麼不重用李廣？唐代詩人崔道融詩云：

猿臂將軍去似飛，彎弓百步虜無遺。漢文自與封侯得，何必傷嗟不遇時？

這是對口是心非的漢文帝最辛辣的嘲諷。到了景帝朝，廣從亞夫將軍擊吳楚叛軍，「顯功名昌邑下」，當時他已有「李廣才氣，天下無雙」的美譽。後來廣轉戰邊郡，「皆以力戰為名」，景帝又為什麼不封賞他？及至武帝立，窮兵黷武，屢開邊釁，杜甫對他有「邊庭流血成海水，武皇開邊意未已」的批評。終武帝之世，與匈奴戰鬥不停，「廣自結髮與匈奴大小七十餘戰」，怎能說李廣「不遇時」，英雄無用武之地？我看，正由於有用武之地，多征戰之勞，而始終不得立功自見，這才是「飛將軍」最大的悲哀。司馬遷嫻於史事，最具史識，何以屢用「不遇時」、「數奇」的話，定此千古難平之案？司馬遷對當時有多少「殺已降」的將軍立了功，封了侯，他知道得一清二楚，他真能相信「望氣者」的話嗎？在漢代，「天人感應」之說流行，「不遇時」、「數奇」這類話自然有人相信；但我們今天讀〈李將軍列傳〉，對於此說究竟是司馬遷認同的由衷之言，還是他姑錄帝王之語而主意卻另有所在，就不能不作一番思考了。下面我引傳文對李廣參加的最後一次大戰的記述，讓我們共同分析、品味、論斷：廣之不封侯究竟是不是他命該如此，司馬遷是不是認同文帝祖孫的這種論斷。

大將軍、驃騎將軍大出擊匈奴，廣數自請行，天子以為老，勿許；良久乃許之，以為前將軍。廣既從大將軍青擊匈奴，既出塞，青捕虜，知單于所居，乃自以精兵走之（追逐單于），而令廣並於右將軍軍，出東道。東道少（稍）回遠，而大軍行水草少，其勢不屯行（不能群聚而行）。廣自請曰：「臣部為前將軍。今大將軍乃徙令臣出東道；且臣結髮而與匈奴戰，今乃一得當單于（今天才得到一次與單于正面作戰的機會），臣願居前，先死單于（先與單于決死戰）。」大將軍青亦陰受上誡，以為李廣老，數奇，毋令當單于，恐不得所欲。而是時公孫敖新失侯，為中將軍從大將軍。大將軍亦欲使敖與俱當單于，故徙（調動）前將軍廣。廣時知之，固自辭於大將軍，大將軍不聽，令長史（軍中文官，幕僚之長）封書與廣之幕府曰：「急詣部，如書！」（通知李將軍迅速到右將軍部去，按命令執行）。廣不謝大將軍而起行，意甚慍怒而就部，引兵與右將軍食其（姓趙，名食其）合軍出東道。軍亡（無）導（嚮導），或失道（有時迷路），後大將軍（到達時落後於大將軍規定的期限）。大將軍與單于接戰，單于遁走，弗能得而還。……

從上引傳文可以看出：這是一次與單于決戰的大好機會，就因為右翼（東路）趙食其和李廣的人馬未能如期趕到截斷單于退路，致令單于逃走，師出無功。這究竟是誰的責任？漢武帝給李廣的任命是擔任「前將軍」（先鋒主將），這自然是李廣難得的立功機會。大將軍衛青卻不顧李廣一再請求，強行將他調到右翼，出東道。衛青如此調動，目的有兩個：一、他已從俘虜口中知道單于（匈奴王）所在，想親率兵逕取之以獲顯功，免此功落入李廣之手。二、公孫敖是衛的救命恩人，剛剛因罪失去侯爵，現在正擔任中將軍從衛青出征；衛青想給他一個立新功、復侯爵的機會。調開了前將軍李廣所部，中將軍就處於先鋒位置，立功的機會就多了。由此可知，衛青將李廣調到右翼，顯然擅違君命，圖報私恩。這一調動不僅斷送了李廣「先死單于」的機會，而且將他陷入萬難之境。走東道，路遠而迂迴，加上沿途水草缺乏，部隊不能多列並進（不屯行），速度自然緩慢。再加上沒有嚮導，有時迷失路途，走了不少彎路，這樣就無法按規定的時間與大將軍的主力分進合圍以擊單于，讓單于輕輕跑掉了。坐失機宜，衛青把責任都推到「失道」、「後大將軍」的李廣和趙食其身上。而且「青欲上書報天子曲折」，終於逼得李廣憤而自殺。從這段最詳盡的記述中，我們不難看出李廣不得封侯究竟是不是由於「不遇時」和「數奇」。本來，這樁公案李廣完全可以與衛青在武帝前陳述分辨，當著皇上揭發衛青欺君上、報私恩的種種罪行，他又何必自殺呢？須知，衛青何許人？他是漢武帝的小舅子，寵后衛子夫的親弟弟，武帝胞姊平陽公主的丈夫。至於驃騎將軍霍去病，則是衛青姐姐衛少兒所生，是衛青的親外甥！李廣如果與他們在皇帝面前論是非，爭曲直，他能討得公道嗎？細讀〈李將軍列傳〉，你會發現，司馬遷一方面標榜「不遇時」、「數奇」之言，彷彿他真正認同李廣的悲劇根源乃緣於命運，出於天意；一方面又用具體的史實讓讀者得知釀成李廣悲劇的真正原因，言在此而意在彼。司馬遷僅僅是武帝名下一個小小的史官，何況他還是「刑餘之人」，他不可能事事秉筆直書。曲折見意，讀者自明是非。

宋人黃震可謂善讀《史記》者。他在其《黃氏日鈔》中說：「看〈衛霍傳〉須合〈李廣傳〉看。衛、霍深入（匈奴）二千里，聲振夷夏，今看其傳，不值一錢。李廣每戰輒北，困躓終身，今看其傳，英風如在。史公抑揚予奪之妙，豈常手可望哉！」事實的確如此。稍涉漢代歷史者無不知衛青和霍去病是當時抗擊匈奴的主帥，但若一讀《史記・衛將軍驃騎列傳》，立刻會發現，傳文中毫未記述他們有何過人的才識勇力，他們的一生毫無光彩。衛傳起筆就掀他醜惡的家史，說他是鄭季的私生子，冒充姓衛；繼又記述他入宮為官靠的是其姊乃武帝之寵后。又說，這位寵后衛子夫本是平陽公主家歌女，武帝偶至其姊平陽公主家，衛子夫侍候武帝更衣時，兩人發生性關係而後入宮，封為皇后。《史記》很少如此發人隱私，寫衛青真正做到了「不隱惡，不虛美」（班固讚《史記》之語）。至於記載衛青抗擊匈奴的戰功，無非每役羅列一大串參戰者的名字，記錄「斬首××」，毫未言及他個人如何運籌帷幄、如何立朝治軍的事跡，倒是每一戰役結束，一定要把漢武帝為之揄揚的長篇溢美之辭一字不漏寫進傳文中；賞賜之豐，又皆遠出於常格。衛傳臨近尾聲時，司馬遷引寧乘說大將軍之詞云：「將軍所以功未甚多，身食萬戶，三子皆貴為侯者，徒以皇后之故也。」這就是衛青一生的總結。寫到霍去病，入筆不久就說：「軍亦有天幸，未嘗困絕也。」指出霍去病靠的是「天幸」。他除了一句話「匈奴未滅，無以家為也」永為後世傳誦外，傳文對他個人的才具、勇武、德業無任何直接的、突出的紀錄。倒是在傳尾著實寫了一筆：「然少而侍中（年輕時就在內宮伺候皇帝），貴不省士（自奉尊貴而不關心士卒）。」出戰時，武帝給他派去太官（御廚），攜帶食物數十大車；戰役結束，他命令把剩餘的糧食肉類全部扔掉，「而士有饑者。其在塞外，卒乏糧，或不能振（士兵缺糧，有的餓得站不起來），而驃騎尚穿域蹋鞠（畫地作球場，踢球取樂），事多類此」。這就是驃騎將軍霍去病的德行！傳文又說：「大將軍衛青為人仁善退讓（這是空話，並無事實），以和柔自媚於上，然天下未有稱也。」這後兩句是實實在在的貶詞，毫無隱諱地指出衛青是一個靠陰柔逢迎來討好皇帝的佞臣，天下沒有人稱讚他。兩位元戎，一個是漢武帝的小舅子，一個是皇后的外甥，封賞位極三公，其實一錢不值。讀其傳，只覺得他們僅僅有一個名字，有一個影子；讀〈李將軍列傳〉，才覺得其人英姿颯爽，才氣縱橫，血肉飽滿，言行無不具有鮮明的個性。他不僅精於騎射，其治軍之道也很獨特——「及出擊胡，廣行無部伍行陣，就善水草屯，舍止（起居）人人自便；不擊刁斗以自衛，幕府省約文書籍事（軍中文書簿籍一概從簡）……然其士卒亦佚樂，咸樂為之死」。他與士卒同甘共苦——「廣之將兵乏絕（缺糧缺水）之處，見水，士卒不盡飲，廣不近水；士卒不盡食，廣不嘗食」。這些地方，與霍去病截然相反。將〈李廣傳〉與〈衛霍傳〉對讀，你會發現：這位「太史公」愛憎何其分明！他表現愛憎的手段，又多麼筆曲而達，言近而遠！

李廣算是倒了一輩子霉，但他一生也有一件快意事，在歷代文人墨客中廣為傳誦。他被匈奴生俘、歸來「贖為庶人」後，閒居藍田。美人不忘畫眉，他依然以射為樂：

頃之家居數歲，廣家與故潁陰侯孫屏野居藍田南山中射獵。嘗夜從（帶領）一騎出，從人田間飲。還，至霸陵亭，霸陵尉呵止廣。廣騎曰：「故李將軍！」尉曰：「今將軍尚不得夜行，何乃故也！」止廣宿亭下。居無何，匈奴入，殺遼西太守，敗韓將軍，韓將軍徙右北平。於是天子乃召拜廣為右北平太守。廣即請霸陵尉與俱（一同赴任），至軍而斬之。

「尉」不過是縣級武官，區區小吏，他仗著守護文帝陵（霸陵）這份皇差，把誰都不放在眼裡。李廣這位視萬千匈奴如蟻螻的百戰將軍，失職後竟然受他的呵叱，被他扣留在驛亭中過了一夜，真所謂「虎落平陽被犬欺」！傳文中插入這麼一個小故事，對廣生平本來無關宏旨，卻大大增強了廣一生宦海浮沉的蒼涼感慨。從此，這故事便成了文人抒昇沉窮達之感最常用的典故。晚唐大詩人李商隱有〈舊將軍〉一絕：

雲臺高議正紛紛，誰定當時蕩寇勛？日暮霸陵原上獵，李將軍是舊將軍！

這首小詩憤世諷時，指出佞倖之徒無功爭祿，吵嚷紛紛；像李廣這樣的真正有功之臣，反被屏居山野，還得受區區小吏霸陵尉的侮辱。有人說此詩借漢言唐，寫李德裕征回紇有功而未得封賞事，李商隱是為他鳴不平。

南宋大詞家辛棄疾有〈八聲甘州〉一闋，寫他夜讀〈李廣傳〉不能寐時的心情，也用了這個故事：

> 故將軍飲罷歸來，長亭解雕鞍。恨霸陵醉尉，匆匆未識，桃李無言。射虎山橫一騎，裂石響驚弦。落魄封侯事，歲晚園田。……

這首詞把李廣霸陵受辱和射虎穿石兩件事揉合在一起，借他人酒杯，發抒自己壯志難酬的苦悶。〈李將軍列傳〉評贊中謂李廣「悛悛如鄙人，口不能道辭」，稼軒乃引評贊中「桃李無言，下自成蹊」的話，來形容李廣在霸陵受辱，口不能對的情態。可見，李廣的悲劇是中國古代許多懷才不遇者共同的悲劇。這些人中間隱然有一個寫作此傳文的司馬遷在。

雞鳴狗盜亦千秋

——從〈孟嘗君列傳〉看《史記》、《戰國策》的異同優劣

孟嘗君田文，戰國時齊之貴公子。其父靖郭君田嬰，據《史記》說，乃齊威王少子，宣王異母弟（歷史學家認為此說不可信）。齊國地處今山東省東北部，東臨大海，背負泰山，物產富饒，商業發達。南鄰魯國，是孔子、墨子、孟子的出生之地；都城臨淄稷下，為荀子講學之邦，是當時的文化中心。再加上西距虎狼之秦道里遙遠，秦兵一時鞭長莫及，因此它曾一度與秦分庭抗禮。孟嘗君為齊相十餘年，以養士名動諸侯。但自北宋以後，他的名望遠不如信陵、平原、春申三公子，原因在於王安石一篇〈讀孟嘗君傳〉貶之為「雞鳴狗盜之雄」，批評他雖好養士其實不足以言「得士」。王安石此文不足百字，卻寫得筆勢馳驟，如挾風雷，沈德潛譽之為「千秋絕調」，對後世影響巨大，孟嘗君從此負屈千年。其實，王文主意在引士

以自重，立論並非全面、公允。他說：「不然，擅齊之強，得一士焉，宜可以南面而制秦。」這未免把士的作用誇張過分了。如果用這個標準來衡量，不特孟嘗君，戰國另外三位以養士著名的貴公子哪一個又稱得上「得士」？他們誰也沒有因士之力佐其君「南面而制秦」！推而廣之，蜀漢諸葛亮可算歷史上最傑出的「士」吧？他也未能佐先主南面而制孫曹，完成興漢大業。可見，王安石文中的「士」只是他理想中的人物，也隱然有夫子自道一層意思。他和我國古代許多史論家一樣，把個人在歷史發展上的作用看得太高了。如果問一句：你荊公自然是千古一士。宋神宗那樣信任你，你又何曾佐之除積弊，興宋業呢？倘使荊公聞此，只怕也要啞然若失，無辭以對了。

這就涉及到給「士」這個概念作出界定的問題。春秋戰國之世，士是王侯將相、農工商賈以外一個最活躍的社會階層。什麼人夠得上稱之為士，其標準也不是一成不變的。春秋末戰國初，處士橫議，百家爭鳴。凡聚徒講學，著書立說，積極參與政治活動，為醫治社會弊端開出自己的處方如孔、墨、孫武、楊朱者，都是士的傑出代表。降及戰國中期，百家之中以遊說見長的縱橫家，奔走諸侯之間，遊說國君卿相，逞其智辯，縱橫捭闔，出奇謀異策，或傾人之國，或運亡為存；爾虞我詐，暮楚朝秦。在他們的操縱下，諸侯七國，今日合縱，明日連橫，錯綜複雜的政治構局使「士」這一階層空前活躍，發揮了極大的作用，他們往往成為王者之師。蘇秦、張儀是這一時期士的典型。到了戰國後期，秦與山東（此指華山以東）六國對峙，七國之間進入你死我活、存亡續絕的鬥爭階段，諸侯國公子大都養士以自重。凡有一技之長，智勇超絕者，皆為收錄，給其衣食，待以上賓，以備緩急之用。這是又一類型的「士」。他們不受國君封拜，沒有守土牧民之責；不必為一國一君出力，而為一人一家劃謀。如毛遂之於平原君，侯生之於魏公子。有的則為主人輕生死，出勇力，如屠者朱亥之椎擊魏將晉鄙。此時「士」的概念，不論內包外延，都與前期有所不同。

隨著大局的變化，「士」的地位也不斷發生變化。早在戰國中期，重士之風已盛，士的自我期許值也上升了。《史記．魏世家》記載：魏太子路遇他父親魏文侯之師田子方，太子引車避讓，下車拜謁，田子方了不為禮。太子感到受辱，不禁問：「富貴者驕人乎？且（抑且）貧賤者驕人乎？」田子方回答：「亦貧賤者驕人耳。夫諸侯而驕人則失其國，大夫而驕人則失其家。貧賤者行不合，言不用，則去之楚越，若脫屣然（就像脫掉一隻破鞋那樣簡單）。」到了戰國後期，重士之風愈熾。《戰國策．齊策四》有如下記載：

齊宣王見顏斶，曰：「斶，前！」（斶，你過來！）斶亦曰：「王，前！」（王，你過來！）……王忿然作色曰：「王者貴乎？士貴乎？」對曰：「士貴耳，王者不貴。」

從上述兩個小故事中可以清楚地看出：「士」是古代的自由職業者。這些人胸懷偉略，挾策求售，動輒以「合則留，不合則去」傲視人主，一言九鼎，覆雨翻雲。諸侯親貴大量養士，並非僅僅出於為國儲才，也有自己的政治目的。一方面，以此沽禮賢下士之美名；另一方面，藉此輩以增強自己的實力，鞏固自己的權位。趙國平原君在國家危亡之際去楚國謀合縱以卻秦，楚王畏秦國之威，猶豫徘徊，日出言（議論）縱，日中不決。就靠了平原君門下士毛遂「按劍歷階而上」，以五步之內與王俱死脅迫楚王，才促成縱約，邯鄲圍解，趙國以存。這大功勞自然記在平原君名下，實際上全賴毛遂的口舌之勞。這就是養士而得士之力的典型事例。

於此可見，戰國後期的「士」，是不拘一格的人才。唯其不拘一格，故能適用於各種環境，應付各類事件。「雞鳴狗盜」即其一端。正由於孟嘗君養士「於士無所擇」，即不拘一格，兼收並蓄，他才憑門下士雞鳴狗盜之術以脫於強秦，這有什麼不好呢？

《史記・孟嘗君列傳》記述這個故事，非常生動傳神，下面我稍作介紹：

孟嘗君之父田嬰為齊相十一年，受封邑於薛地（當時國君厚賞親貴功臣，視其功業之大小，劃出一定的城域封給他，以其地之歲入為其私產，這地域就是此人的封邑，也稱「采邑」、「食邑」）。嬰死，孟嘗君田文嗣立於薛，「招致諸侯賓客及亡人有罪者（因犯罪逃亡在外的人），皆歸孟嘗君。孟嘗君舍業（給以舍居之地，生活之資）厚遇之。」從此，他以養士傾動諸侯。秦昭王聞其賢，欲招致以為己用，於是向齊王提議：秦齊修好，願以其弟涇陽君嬴市（音ㄈㄨˊ）為質於齊，以換取孟嘗君田文質秦。戰國時代，諸侯國之間的外交路線經常變化；兩國互以親貴為質，以確保彼此互不背叛，是常見的外交手段。齊王不敢拂秦王之好意，準備接受這個建議；孟嘗君也決意去秦，以申信好。這件事後因蘇代（《戰國策》作蘇秦）之諫，沒有立即成行。直到齊湣王二十五年，孟嘗君終於入質於秦。秦昭王準備任用他為秦相。有人用「孟嘗君賢，而又齊族也。今相秦，必先齊而後秦」諫阻昭王。昭王悟，頓改初衷。他深知，如此賢才，不為我用，終必為我患。於是囚繫孟嘗君，準備殺害他。孟嘗君雖身處異國，內線消息靈通；探知昭王已蓄此心，於是走昭王寵姬的內線，請她在昭王面前為之求情，釋放自己。這位寵姬答應了，卻提出一個苛刻條件：要孟嘗君送她一件狐白裘以為報償。狐狸腋下之毛為白色，豐滿細密，是禦寒佳品，天下珍稀。孟嘗君本有此物，奈入秦之初已獻秦昭王，再沒有第二件以饜彼姬之欲。正在為難之際，他帶去的一個位居下座的門客善為狗盜之術，乘夜暮擬狗的動作潛入秦宮倉庫，把原先獻給秦昭王的那件狐白裘偷出來了。次日，孟嘗君以獻寵姬，果然獲釋。他深知夜長夢多，事久必變，乃更改通行證件，變易姓名，與門客乘車連夜逃出秦都，半夜逃到了秦國邊境函谷關。按關法，守關吏必待雞鳴然後開關。這時秦廷已發現孟嘗君宵遁，派騎兵急追，如果等到雞鳴，勢必追及。又多虧了一位門客擅長口技，學為雞鳴，引起附近公雞啼叫，關吏才啟關放行。待到追兵馳至，孟嘗君已經遠走高飛，追之無及了。本傳在敘述這個故事後，有如下幾句話：

始，孟嘗君列此二人於賓客，賓客盡羞之；及孟嘗君有秦難，卒此二人拔（拯救）之。自是以後，客皆服。

「賓客盡羞之」自然是羞與此輩為伍。但是，在孟嘗君生死緩急之際，這些自視甚高的門客曾未見出一言一策以紓難。他們是不是胸懷偉略，足以佐人君「南面而制秦」呢？終孟嘗君之世，也未見這些門客的任何實績。倒是那為高士所不齒的雞鳴狗盜之徒，在緩急之際出人主於虎口之危。讀史至此，不能不深服孟嘗君養士兼收並蓄的遠大目光。

從這個故事可以看出，孟嘗君養士與另外幾位戰國名公子不同。在戰國四公子中，唯魏國信陵君能尊重身居賤者的夷門侯生和屠者朱亥以及毛公、薛公之流；至於楚之春申君養士，以三千朱履誇富於平原君，結果自己落得個身首異處的下場，也未聞有一士為之防範於前，報仇於後。趙國的平原君好客養士，「賓客至數千人」；及至赴楚定縱，連二十個「勇力文武備具者」也無法湊齊。無怪乎信陵君說：「平原君之游（與士交遊），徒豪舉耳，不求士也。」

試讀下面一段話，可以更清楚地看出孟嘗君養士的特點：

（孟嘗君）食客數千人，無貴賤一與文等。孟嘗君待客坐語，而屏風後常有侍史，主記君所與客語，問親戚居處。客去，孟嘗君已使使存問，獻遺（音ㄨㄟˋ，餽送）其親戚。

「無貴賤一與文等」七字是他養士最突出的特點，一是不分貴賤；二是門客的生活日用與這位貴公子完全平等。這是連信陵君也做不到的。對此，司馬遷記述了一個小小的故事以加深這七個字的分量。有一次，孟嘗君與其門客共進晚餐，有人遮蔽了火光，門客無法看清孟嘗君的飯菜，這位門客便懷疑孟嘗君吃的一定是不同的飯菜，因而發怒，放下碗請辭行他適。孟嘗君問清原因之後，端了自己吃的飯食遍示門客，與門客完全一樣；發怒者一見，不禁慚愧而自殺以死。顯然，門客所爭不在飲食之精粗，而在主人待客是不是真誠平等。他不惜一死表現出來的自慚自責，反襯出孟嘗君待客之誠和他偉大的人格力量，能使士為知己者死。這件事傳開以後影響很大，從此，「士以此多歸孟嘗君。孟嘗君客無所擇，皆善遇之。人人各自以為孟嘗君親己也」。

由於孟嘗君以誠敬平等待門下士，他得士之力也就非常突出，舍人魏子是一個典型。孟嘗君相齊時，曾請魏子替他到薛地收取租糧；魏子多次往返，始終空手而回。孟嘗君怪而問之。魏子說：我遇到一位賢者，以其貧，私下裡把收到的租糧送了他。孟嘗君聽了，怒而斥退魏子。數年後，有人在齊湣王前誹謗孟嘗君，說他心懷異志，陰謀篡奪。不久，齊國又出了田甲劫持湣王的未遂政變，孟嘗君在混亂中逃匿。事平，湣王越發懷疑孟嘗君暗中策劃了這次政變。孟嘗君深恐禍將及己，逃匿不敢出。曾經收受魏子贈粟的那位薛地賢者感孟嘗君舊恩，主動上書湣王，證明孟嘗君絕無弒奪之謀，自己願以生命作擔保；隨即赴齊都臨淄，自殺於宮門外，以一死為孟嘗君辨誣。湣王聽了大驚，派人對田甲之事作徹底調查，證實此舉確與孟嘗君毫無關涉，便立刻召回孟嘗君復為齊相。但孟嘗君託詞有病，自請歸老薛地，不願再與這個昏王合作了。

在《史記．孟嘗君列傳》裡，最膾炙人口的是關於門客馮驩的記載。這段史實在《戰國策．齊策四》中也有詳細的記述，但兩書所記不盡相同，側重點不一。二者對參，將深受啟發。（按：《戰國策》作「馮諼」，本文統稱馮驩。）

《史記》描繪馮驩初見孟嘗君時的形象是「初，馮驩聞孟嘗君好客，躡蹻而見之」——腳穿草鞋去見孟嘗君。這是他給主人的第一印象——他是一個出身貧賤的寒士。孟嘗君一見面就問：「先生遠辱，何以教文也？」（承蒙先生老遠地來見我，有何見教呀？）馮驩的回答是：「聞君好士，以貧身歸於君。」他不正面答覆「何以教文」，只說自己出身貧窮，好像他只是一個因為窮才來這裡混飯吃的寒士。孟嘗君最初對他的接待規格是「置之傳舍十日」（傳舍為專供下等門客居住的處所）。為了對這位新來門客作進一步的了解，十天之後孟嘗君問傳舍長：「客何所為？」（這位客人都幹了些什麼？）傳舍長報告：這位先生很窮，身邊僅僅有一長劍，劍柄握手處還是草繩纏著的。並說：他曾經彈鋏而歌「長鋏歸來乎，食無魚」。於是，孟嘗君讓馮驩搬入幸舍（中等門客所居），吃飯有了魚肉。五天後，聽說這位門客又在彈鋏而歌「長鋏歸來乎，出無輿（馬車）」，孟嘗君又讓他遷居代舍（上等門客所居，出則有車）。又過了五天，聽見傳舍長說馮驩還在彈鋏而歌「長鋏歸來乎，無以為家（沒法養活家口）」，孟嘗君聽了很不高興。

這則記載，《戰國策》與此大同小異，無三遷居舍之事，只說孟嘗君聽了三次彈鋏之歌後命令左右：「食之，比門下之魚客。」「為之駕，比門下之車客。」及聞「無以為家」，孟嘗君問：「馮公有親乎？對曰：有老母。孟嘗君使人給其食用，無使乏。」《史記》既說孟嘗君對來歸之客「舍業厚遇之」，又說：「孟嘗君待客坐語，而屏風後常有侍史，主記君所與客語，問親戚居處。客去，孟嘗君已使使存問，獻遺其親戚。」就不當待客有三舍之分，更不應聽到馮驩「無以為家」之歌而心中不悅。這樣記述，未免前後矛盾，孟嘗君的個性也就不統一了。從文字看，《史記》也不如《戰國策》所記生動傳神。

但《史記．孟嘗君列傳》有大大超過《戰國策》的地方，具體表現在敘寫馮驩收債於薛和為孟嘗君營三窟兩個部分。這兩部分又正是傳文的主體，是刻劃人物應當著力的地方。

《史記》寫馮驩收債於薛用了三百來字篇幅，有記有論，有人物形象，有事件場景，精神氣血貫注，異彩紛呈；而《戰國策》於此卻只用了寥寥四五十字記其矯命焚券。事畢歸來，《戰國策》謂聽說馮驩焚券，「孟嘗君不悅，曰：『諾！先生休矣！』（先生你算了罷！）」《史記》的記載與此不同。孟嘗君聽了馮驩一番議論，「乃拊手（鼓掌）而謝之」。這樣寫，孟嘗君從善如流的個性顯得更加鮮明完美。

《史記》是這樣記述馮驩收債於薛這個故事的：

> 孟嘗君為齊相，封食邑萬戶於薛。其食客三千人，邑入不足以奉客，使人出錢（放債）於薛。歲餘不入（無法收回），貸錢者多不能與其息，客奉（供養）將不給（無法供給）。

這幾句話很重要，是故事發生的主因，與《戰國策》所記有本質上的差別。它表明，孟嘗君雖「封食邑萬戶於薛」，但這筆收入全部用作門客的生活奉養，而且入不敷出，這才放債求息以補其不足。可見他放債並非存心斂財肥己，而是以此行義。《戰國策》所記僅說：「誰習計會，能為文收債於薛乎？」放債的目的不明，孟嘗君就成了高利貸者了。馮驩臨行，問主人：「以何市而返（收了債買什麼東西回來）？」孟嘗君漫不經心地回答：「視吾家所寡有者。」收了債還不知派什麼用場，任門客自由選購，足見他放債是「損不足以奉有餘」。與《史記》的記載對讀，讀者不難發現，《史記》描繪的孟嘗君，遠比《戰國策》寫得更加高大。

寫馮驩赴薛地收債的過程，《戰國策》的記載是：

驅而之薛，使吏召諸民當償（應還貸款者），悉來合券（古代債券一式兩聯，各持其一，中縫有標記，合以驗證）。券偏（同「遍」，全部之意）合，起，矯命（假託孟嘗君的命令），以債賜諸民，因焚其券，民稱萬歲。

照此記載，馮驩把所有債券一起焚毀了。《史記》的記述大不相同：

馮驩馳行，至薛，召取孟嘗君錢者皆會，得息錢十萬。乃多釀酒，買肥牛，召諸取錢者能與息者皆來，不能與息者亦來。皆持取錢（借錢）之券合之。齊為會，日（天天）殺牛置酒。酒酣，乃持券如前合之。能與息者與為期（有力償還而眼前拿不出錢的與之約定償付期限），貧不能與息者取其券而燒之，曰：「孟嘗君之所以貸錢（借錢給你們）者，為民之無以為本也（是因為你們沒有經營的本錢）。所以求息者，為無以奉客也。今富者以要期（約定償還日期），貧賤者燔（燒）券以捐（放棄）之。諸君強飲食（強飲食：儘量多喝多吃些）。有君如此，豈可負（背棄之意）哉！」坐者皆起，再拜。

《史記》這段文字，寫得聲色畢顯，場景如見；而且針線綿密，合情合理。馮驩處理債務，把對象分為三類。一類，有現金可以償付息錢者，全部收齊，「得息錢十萬」；二類，有能力還債但又一時拿不出來的，與之約定償付日期；三類，根本無力償付者，把債券當眾燒毀，本息一筆勾銷。這樣處理，既得息十萬，完成了「充客奉」的任務；又令有力償還者定期償付而不致催逼苦民；至於完全無力償付的人，乾脆焚其債券，以寬貧民之憂。如此處事，井井有條，面面俱到，顯示出馮驩卓越的才能。特別是當借款人會齊之際，馮驩鄭重申言：孟嘗君當初之所以借錢給你們，是為了濟民之緩急；收取息金，是為了充門客的日用。足見孟嘗君放債取息，都是義舉，絲毫沒有為個人斂財的意圖。若按《戰國策》所記，馮驩矯命為孟嘗君市義而返，但對放債取息目的未作任何說明，使孟嘗君居於以利始而以義終的尷尬地位。門客焚券市義，主人放債貪息；貶損主人，抬高門客，這樣寫合乎情理嗎？自然，《戰國策》一書收錄策士之言，側重突出策士；《史記》為孟嘗君立傳，應該突出傳主。但《戰國策》益此損彼；《史記》則使主客相得益彰，收綠葉紅花之效，這中間自有軒輊，無庸諱言。單就寫馮驩來說，《戰國策》記其矯命焚券，總令人對他產生放肆、孟浪的看法；《史記》寫的馮驩，使人佩服他的計慮周詳，是一個真正的智者形象。於此可見，《戰國策》之言未免失之兩傷，而《史記》所言，可謂兩全其美了。

收債歸來，餘波蕩漾，《戰國策》、《史記》的寫法，也各有千秋。《戰國策》說：孟嘗君怪馮驩歸來之疾（迅速），因問：「以何市而返？」驩答以：「君家所寡有者以義耳，竊以為君家市義。」孟嘗君進一步問：「市義奈何？」（義如何買法？）馮驩說：「今君有區區之薛，不拊（同『撫』）愛其民，因而賈利之（用商賈放債的手段向薛人索利）。臣竊矯君命（假傳您的命令），以債賜其民，因燒其券，民稱萬歲。乃臣所以為君市義也。」孟嘗君不悅，曰：「諾！先生休矣！」

《戰國策》如此記述，又失之偏頗。馮驩斷言「君家所寡有者以義耳」，就放債求息一事而言，固無不當；但孟嘗君門下養士三千人，這不是最大的義舉嗎？即以對馮驩的態度而論，聞驩彈鋏三歌，三次改善對他的供奉；聞驩有老母，使人「給其食用，無（通『毋』）使乏」，不也夠重義嗎？怎能說「君家所寡有者以義耳」？

下面，我們再看看《史記》的寫法：

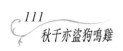

孟嘗君聞馮驩燒券書，怒而使使召驩。驩至，孟嘗君曰：「文食客三千人，故貸錢於薛。文奉邑少（封邑之所入少），而民尚多不以時與其息，客食恐不足，故請先生收責（責求、索取）之。聞先生得錢，則以多具牛酒而燒其券書，何？」馮驩曰：「然，不多具牛酒則不能畢會（全部會齊），無以知其餘不足（有的人有餘錢，有的人不足）。有餘者為要（約）期；不足者，雖守而責之十年（即使坐守責討十年），息愈多。急，則以逃亡自捐（主動擺脫債務）之，終無以償。上則為（通『謂』）君好利而不愛士民；下則有離上抵負之名（下民將負債逃亡，而使您落得個逼迫貧民離鄉背井的名聲），非所以厲（同『勵』，勸勉之意）士民，彰明君聲也。焚無用虛債之券，捐（拋棄）不可得之虛計（空帳），令薛民親君之善聲也。君有（又）何疑焉？」孟嘗君乃拊手（拍手）而謝之。

馮驩這段話，處處為孟嘗君著想，不但充滿了務實精神，而且顯示出智者辯才無礙的風貌，可謂光采動人。《史記》通過這段話，把馮驩之智，孟嘗君之明，都鮮明活脫地表現出來了。與上引《戰國策》對比，高下是非常明顯的。自然，《戰國策》和《史記》之言，各有所本。《史記》作者司馬遷運用古籍以記古事，又往往有選擇，有加工。觀其異同高下，正見出司馬遷的史才、史識和史筆。

齊湣王惑於秦楚之毀（譭謗），以為孟嘗君名高其主，而擅（獨攬）齊國之權，遂廢（廢而不用，指罷相）孟嘗君。《戰國策．齊策四》除了記述馮驩為孟嘗君市義之外，還記述了他為之「營三窟」的策略。孟嘗君罷相後，被放歸封邑薛地，馮為之遊說於梁（即魏國），借梁惠王準備以重金聘孟嘗君為相以抬高他的身價，促使湣王重新召回孟嘗君，再為齊相。《史記．孟嘗君列傳》也有類似的記述，但所用史料不同。馮驩不是去梁而是西入秦說秦王，秦王決定以車十乘、黃金百鎰（二百兩）以迎孟嘗君，將大用之。這時馮驩又迅速返齊，以告齊王；並說：孟嘗君一旦為秦所用，則天下歸心於秦，將大不利於齊。這話嚇壞了昏庸的齊湣王。恰好此時秦國迎接孟嘗君的使臣車輛已入齊境，證實了馮驩的話。於是，齊王趕快召回孟嘗君，復其相位，「又益以千戶（加封食邑一千戶）」。上述記載，究竟是去秦還是去梁，無法確考。我們看重的是：馮驩是在孟嘗君失勢去位，門客盡散的時候為他劃策的，最能體現孟嘗君待士之誠終於得士之力。

傳文快近結尾了，司馬遷通過孟嘗君罷相復相的昇沉變化，寫了一段感慨深沉的文字，這是《戰國策》中沒有的。孟嘗君罷相歸薛，「諸客盡去」，後來恢復相位，迎接他重返國都臨淄的只剩下馮驩一人。孟嘗君無限感慨地說：「文常好客，遇客（款待門客）無所敢失……

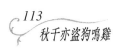

客見文一日廢，皆背文而去，莫顧之者。今賴先生得復其位，客亦有何面目復見文乎？如復見文者，必唾其面而大辱之。」馮驩指出他這話的錯誤，隨之說了一段極富人生哲理的話：

夫物有必至，事有固然。……生者必有死，物之必至也；富貴多士，貧賤寡友，事之固然也。君獨不見夫趨市朝者（趨市朝者指趕集市的人）乎？明旦（天亮）側肩爭門（城門）而入；日暮之後，過市朝者掉臂而不顧。非好朝而惡暮（並非喜愛早晨厭惡傍晚），所期物忘其中（希望購買的東西已不在市中）。今君失位，賓客皆去，不足以怨士而徒絕賓客之路。願君遇客如故。

大凡趨炎附勢的人，對居於炎、勢者必有所求。一旦所求之物不復存在，他們自然會像日暮過市朝者一樣「掉臂而不顧」。這是人之常情，有什麼值得生氣的呢？司馬遷在〈孟嘗君列傳〉結尾時引出馮驩這一番議論，不僅透析人情，而且語言蒼涼感慨，無限煙波。就在這種蒼涼感慨的氣氛中全文戛然而止，引發讀者無窮感喟，不盡唏噓。這正是太史公散文的詩化色彩，是《戰國策》決不具備的，也是秦漢之際諸家散文無法企及的。

翩翩濁世佳公子
——〈平原君列傳〉評賞

平原君趙勝，趙武靈王之子，惠文王親弟。他曾任惠文王和孝成王兩朝宰相，是趙國王室的宗親貴冑，與魏公子信陵君無忌一樣，以好客養士名重諸侯。《史記》為他作的傳記卻與魏無忌不同，後者專記信陵君一人，前者是平原君和虞卿合傳；且虞卿部分占全文十之六，平原君只占十之四。就在這四成中又重點記述毛遂、李同二人，其中記毛遂文字在四成中占了一大半。名為〈平原君虞卿列傳〉，實際上專記平原君者不過三四百字。記毛遂、李同時雖也有平原君穿插活動於其間，但他只是一個串場角色而不是主要人物。可見，在司馬遷看來，平原君趙勝事跡可稽可述者不過如此。

〈平原君列傳〉寫毛遂事跡大段文字是《史記》中膾炙人口的篇章，大中學國文讀本多選作範文，另標〈毛遂自薦〉題目，獨立成篇。這段文字以「秦之圍邯鄲，趙使平原君求救，合從（同『縱』）於楚」開篇。秦圍邯鄲事在長平戰敗秦殺趙卒四十五萬人之後。此時趙國力大虧，趙都邯鄲朝不保夕；雖諸侯舉兵援趙抗秦，一時遠水救不了近火。當時諸侯中實力最強又與秦有世仇者莫過於楚，趙王派平原君赴楚請求合縱抗秦，這策略自然正確。但楚畏秦威，不願與之為敵，惹火燒身。平原君此行，事關趙國存亡，要完成這項使命難度很大。他決定在門下三千士中挑選「勇力文武備具」者二十人作隨員，挑來挑去僅得十九人，「餘無可取者」。正當他為難的時候，一位居其門下三年而平原君從不知其姓名的毛遂主動出來請纓了。他願在趙國危難關頭「備員而行」。此時平原君與毛遂有一段精彩的對話：

平原君曰：「先生處勝之門下幾年矣？」毛遂曰：「三年於此矣。」平原君曰：「夫賢士之處世也，譬若錐之處囊中，其末（尖尖）立見（同「現」）。今先生處勝之門下三年於此矣，左右未有所稱誦，勝未有所聞，是先生無所有也。先生不能，先生留。」毛遂曰：「臣乃今日請處囊中耳。使遂蚤（同「早」）得處囊中，乃穎（禾穗）脫而出，非特其末見而已。」平原君竟與毛遂偕，十九人相與目笑之而未廢（通「發」）也。

素以養士自詡的平原君對處自己門下三年的毛遂竟然毫無所知，責任究竟在誰身上？他不自責無知人之明，反而斷言毛遂一無所長（是先生無所有），可見他察人待士何等疏慢！他譏諷毛遂如錐處囊中不能顯露鋒芒，三年不見出人頭地，語氣居高臨下。「先生不能，先生留。」出語專斷，盛氣淩人。毛遂卻從容作答，充滿了自信：「要是您早日讓我處在您的布囊中（意為早日用我），我的才能會像禾穗整個兒從苞葉中挺拔出來一樣，充分顯現，豈止露出尖尖而已！」反唇相譏，把自己不能展其所長的責任推到平原君頭上，語言不亢不卑，委婉得體。平原君終於無辭以應，同意毛遂湊足二十人之數偕行赴楚：「十九人相與目笑之而未廢（發）也。」非常傳神，把他們的懷疑、輕蔑寫得活靈活現。平原君之輕慢，十九人之鄙夷，都為下文作了精彩的反襯。

到了楚國，司馬遷寫了冷冷一筆：「毛遂比（音ㄅㄧˋ，等到）至楚，與十九人議論，十九人皆伏。」此語看似閒文，實際是隱括深廣的伏筆。試想，平原君一行到了楚國，廷見之前，一定是要充分設想談判中可能發生的種種情況，仔細研究對應的策略。研究時各陳己見，眾說紛紜，千言萬語，用「與十九人議論」一語概括，筆墨何等精練！正由於毛遂的發言使十九人傾服，下文「十九人謂毛遂曰：『先生上！』」才有根源。也正由於著此一語，我們才深知後來毛遂按劍廷爭大段語言都出於事先充分準備而非偶然。《史記》敘事言簡意賅，針線綿密，可於此等處見之。

合縱的談判果然十分艱苦。楚王出於自身利害的考慮，遲遲不肯定盟。楚廷上猶疑支吾，趙都邯鄲中水深火熱；看來，談判要取得突破，必須用非常的舉措打開僵局，再不能這樣磨磨蹭蹭下去了。在這至關緊要的時刻，「十九人謂毛遂曰：『先生上！』毛遂按劍歷階而上。」文情至此，風雲突變。「按劍」，武士準備決鬥的姿勢；「歷階」，快步跨上臺階。（歷：越過。《孟子》：朝廷不歷位而相與言，不踰階而相揖。「歷階」謂從下至上皆越等無連步，說見《儀禮》賈疏。）在嚴肅的國事談判中，侍從「按劍歷階而上」，觀其舉止，倉皇匆遽；窺其情狀，義憤填膺，這自然是向著楚王而發的。妙在毛遂「縱之利害，兩言而決耳。今日出而言縱，日中不決，何也」這幾句火辣辣的話，卻是當著楚王的面向平原君說的。這就顯得話既聲色俱厲，又不致唐突楚王，不失主客君臣的禮節。楚王見平原君侍從中突然上來這樣一個行動魯莽的人，他也不直接叱責毛遂，而是責問平原君：「客何為者也？」（這人是幹什麼的呀？）顯然，談判的對手是平原君，對其隨從他不屑與之對話。當平原君告以「是勝之舍人也」——原來此人只不過是個家臣！楚王便赫然震怒，正面叱責毛遂：「胡不下！吾乃與而（同『汝』）君言，汝何為者也！」「客何為者也」、「汝何為者也」前後兩句話，一字之別，語氣截然不同。前者對平原君說，是疑問語氣；後者對毛遂說，是命令語氣。前者出於外交禮節，如現代語言「這人是幹什麼的」；後者出於大國之君的威嚴，應譯為「你是什麼東西」。在這種叱責之下，毛遂更被激怒了，他「按劍而前」，直逼楚王身邊，面對面回敬楚王：「王之叱遂者，以楚國之眾也。今十步之內，王不得恃楚國之眾也。王之命懸於遂手。吾君在前，叱者何也？」——你敢於叱責我，依仗的無非是楚國兵多將廣。現在在這十步之內，兵將再多也起不了作用。毛遂深知此輩君王色厲內荏的本質，他們最怕的是一對一的拼命，因此用「王之命懸於遂手」鎮懾楚王，先煞煞他的威風；說完又加一句：「吾君在前，叱者何也？」你當著我主公的面叱責我，就是侮辱我的主公，就是侮辱我們趙國。這樣就把楚王推到喪失外交禮節的被告席上，保衛了國家的尊嚴。然後慷慨陳詞，用歷史事實闡明大國不應藐視小國，小往往可以勝大的道理。商湯憑方圓七十里的土地起家，最終奪得天下；周文王以百里之地，臣服諸侯。「豈以其士卒眾多哉！誠能據其勢而奮其威」（難道他們憑藉的是兵多將廣嗎！真正的原因是他們能把握形勢，振奮國威）。這話承上啟下，且暗蓄機鋒。承上者，喝破楚王恃其人眾、夜郎自大的愚昧；啟下者，逗起下文楚數敗於秦的國恥，給楚王當頭一盆冷水降溫，並藉此挑起秦楚之間的新仇舊恨，激發楚王與趙合縱共禦強秦的決心。至於「機鋒」，指毛遂論述小國可以勝大時，隱然自位於古之聖者商湯文武的儔類，把楚王與夏桀商紂這些暴君並列，這層意思並不挑明，讓他自己去咀嚼品味，所以說「暗蓄機鋒」。

歷數秦楚舊怨，又是一段精彩絕倫的文字：

> 白起，小豎子耳。率數萬之眾，興師以與楚戰。一戰而舉（攻取）鄢郢（楚之都城）；再戰而燒夷陵（楚國先王陵墓所在）；三戰而辱王之先人（應指楚懷王受秦相張儀之騙入秦三年後客死於秦事。但此事在秦取鄢郢、燒夷陵之前，且並未經過戰鬥。列於「三戰」，意在加強語勢，其事則不可實指）。此百世之怨而趙之所羞，而王弗知惡（羞恥）焉。合縱者為楚，非為趙也。吾君在前，叱者何為？

這段話有理有據，語勢奔騰，鏗鏘有力。歷次領兵伐楚者都是秦國名將白起，毛遂一張口先貶抑他，稱之為「小豎子」（猶現代語「小子」），說他率領的不過「數萬之眾」，卻使楚軍三次敗北。楚既敗於秦軍，毛遂貶白起，貶秦軍，就是加倍的貶抑楚軍。寫三敗，前兩役實有其事，第三仗並非事實，用楚懷王之死拼湊而成，無非故意以此羞辱和激怒楚王，挑起他聯趙抗秦的決心。末了又加一句：「此百世之怨而趙之所羞，而王弗知惡焉！」（連我們趙國人都引以為恥，你楚王竟然不知羞辱！）這話越發煽起了楚王復仇的怒火。毛遂這番話既有無法否認的雄辯性，又有強大的煽動性。在此基礎上得出「合縱者為楚，非為趙也」的結論，反客為主，好像不是趙國要求楚國合縱，而是楚國應該主動請求與趙聯合以報「百世之怨」。既然如此，「吾君在前，叱者何為」？逼得楚王再無退路，不得不低頭受命：「唯唯，誠若先生之言，謹奉社稷而縱！」（是的！是的！事情確實像先生說的那樣，我願傾全國之力與你們趙國合力抗秦！）至此，毛遂已經勝利了。但他耽心楚王變卦，又補上一句：「縱定乎？」楚王曰：「定矣！」楚王不得不再一次明白承諾，再無反覆的餘地了。於是，毛遂趁熱打鐵，要楚王左右立刻「取雞狗馬之血來」。毛遂奉（同「捧」）銅槃（同「盤」）而跪進楚王曰：「王當歃血而定縱。次者吾君，次者遂。」歃血，把三牲之血塗抹嘴唇上，是當時訂立盟誓的儀式，就像今天訂立國際條約時要簽字換文一樣。毛遂大功告成，司馬遷再添一筆：「毛遂左手持槃血而右手招十九人曰：『公相與（一個接一個）歃此血於堂下。公等碌碌，所謂因人成事者也。』」這一筆，進一步把毛遂躊躇滿志的形象活鮮鮮畫出來了。本來，定縱之事，只須主其事者平原君與楚王歃血；毛遂自作主張，添上自己；還指示十九人一一參加，一則堅楚王之心，二則藉此充分展示自己「穎脫而出」的形象，確定自己無可動搖的地位。無怪乎平原君回到趙國後連連說：「勝不敢復相士。勝相士多者千人，寡者百數，自以為不失天下之士，今乃於毛先生而失之也。毛先生一至楚，而使趙重於九鼎大呂（禹鑄九鼎，周廟有大呂之鐘，都是象徵國家權力的重器）。毛先生以三寸之舌，強於百萬之師。勝不敢復相士！」遂以為上客。

〈平原君列傳〉中「毛遂自薦」這段文字，記述所及包括平原君、楚王在內共二十二人，但我們讀後，彷彿楚王及十九人都只是一些影子；平原君也不過是一個看戲拍巴掌的觀眾，給我們留下深刻印象的只有毛遂一人。他獨操事柄，慷慨議論，調動了整個場面，指揮看主客雙方，唇吻畢見，神采飛揚。至於那位趙國貴公子，以養士名重諸侯的平原君，使秦之前則昏昏然不辨魚龍，斷然拒絕毛遂的請纓，連連說「先生不能，先生留」，鄙夷門下，傲視群僚；待到縱議既成，勝利返趙，又反覆用「勝不敢復相士」，表現無限自悔、自失和傾服。全部傳文中，平原君說話不多，「先生」二字九次出現。無怪乎清人徐與喬《經史辨體》評論這段文章時說：「寫得生氣勃勃，使千載下赫赫若當時情事。乃其傳聲像形，則在重沓用字、複句回顧間。」

平原君卒賴毛遂之力與楚定縱，楚王接著派春申君將兵救趙；與此同時，魏國信陵君也矯命奪得晉鄙軍以救邯鄲。但援兵尚在途中，邯鄲日趨危急，居民已經到了「易子而食」的地步，形勢依然十分嚴峻，平原君心急如焚。這時，趙都客館司事者的兒子李同出來向平原君建議：「邯鄲之民炊骨易子而食，你後宮卻養著上百的女人，穿綢著緞；你飯桌上有吃不完的糧食和魚肉，老百姓連糟糠都不得一飽；邯鄲臣民恥為秦虜，有人削尖木棍當武器與秦兵拼死戰鬥，你卻依然坐擁珍器，音樂自娛。倘若秦破邯鄲，滅趙國，你還能享受這些東西嗎？倘若趙國得以保全，你還怕享受不到這些麼？假使你下令將後宮婦女夫人以下者編組於士卒間，把你的家財全部拿出來犒賞戰士，戰士正處在危苦之中，你這樣作最容易贏得他們的感戴，為你拼命保衛邯鄲。」平原君接受李同的建議，組成敢死隊三千人反擊秦軍，秦軍因此退卻三十里，贏得了寶貴的時間。緊接著楚魏救兵趕到，秦國不得不罷兵，邯鄲之圍解，趙國又得保全。趙王論功行賞，當然會把全趙之功記在平原君身上；至於我們這些後世的讀者卻藉司馬遷之筆記住了毛遂、李同這些小人物。毛遂曾謂十九人：「公等碌碌，所謂因人成事者也。」平原君趙勝不同樣是因人成事者嗎？當然，他是這次抗秦鬥爭的卓越組織者，他的存趙之功不可沒；他從善如流的美德，也應該給以公正的評價。

本傳開頭還記述了一個故事：平原君後宮美人譏笑樓下過路的跛腳人，此人受辱投訴，請殺美人；平原君口諾而終不果行，其門下士以其重色輕士而紛紛離去。後來平原君斬此美人之頭以謝跛者，流失的門下士又一個個回歸。這則故事看上去無關大旨，其實司馬遷是藉此以反映戰國時代一種社會風氣，表明諸侯貴公子如何重士，士又是如何看重自己，擇主而事，擇木而棲。這種風氣的形成自有其特定的社會背景。戰國時代是中國歷史上大分裂的時代，諸侯紛爭，各自為政，不斷組合，不斷兼併，強凌弱，眾暴寡，爾虞我詐，戰伐不停。諸侯國有大小，力有強弱，物有豐歉，地有貧腴。強者思併弱以自廣，弱者思結鄰以自固。要自廣、自固，國力之外，首重人才。於是，為國者蓄才以圖強，居親貴者養士以自保。司

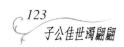

馬遷在〈春申君列傳〉中說：「春申君既相楚，是時齊有孟嘗君，趙有平原君，魏有信陵君，方爭下（動詞，禮遇之意）士，招致賓客，以相傾奪，輔國持權。」這裡說的戰國四公子都是王室親貴，對朝政影響極大。在〈平原君列傳〉中他又說：「是時齊有孟嘗，魏有信陵，楚有春申，故爭相傾以待士。」「相傾」是壓倒對方之意。平原君不惜用殺美人以謝跛腳者來爭取士的回歸，便是「相傾」的典型實例。至於「輔國持權」則是「相傾」的目的。「士」這個階層以奇策勇力事人，大多數沒有什麼國家觀念，往往朝秦暮楚。「士為知己者用」而必為其祖國鄉土所用。但上述四公子養士的目的、手段和效果又不盡相同；《史記》為四公子立傳，評價也因而各異。春申、平原、孟嘗三傳題目都稱呼他們的封邑（如黃歇，封邑為春申，故標其傳為〈春申君列傳〉），獨獨魏公子無忌不標封邑信陵而標〈魏公子列傳〉，意在表明信陵君養士的目的是為國求賢，不是為他個人。至於齊國孟嘗君田文，王安石認為，他收養的不過是「雞鳴狗盜之徒」；其得士之力，也不過為他個人市義營三窟。他的可取之處僅僅是「食客數千人，無貴賤一與文等」。當他被齊王廢棄後，諸客皆去，可見收養的不過是一班勢利之徒。他失去相位後甚至不惜勾結秦國宰相，勸秦王進攻自己的祖國——齊國；魏昭王用他為相，他又聯秦趙之力協助燕國攻破齊國，他心中何曾有祖國二字！至於楚之春申君，司馬遷在他的列傳一開始，採錄了他上秦昭王書全文，他在上書中唆使秦攻韓魏，嫁禍於人，以鄉為壐。後來他任楚相，用李園之計，與園之女弟私通有孕，然後獻給楚王，生子為太子，暗移楚祚。結果反害了自己，被李園陰伏武士刺死，落得身首異處、為天下笑的下場。他號稱養士，以三千珠履與平原君競誇豪富，卻不能以士之力保全自己的性命，死後也不見三千士中有人為他報仇。至於本傳中的平原君，司馬遷在〈魏公子列傳〉中就借信陵君之口說過：「平原君之游（與士交遊），徒豪舉耳，不求士也。」只要我們細讀〈平原君列傳〉，就懂得此中的皮裡陽秋。即以毛遂論，他處平原門下三年而平原竟完全不知有此人，必待赴楚定縱後才後悔「吾不敢復相士」；信陵君卻於監門、屠狗者中識侯生、朱亥為非常人，親自駕車去迎接這兩個不為人知的下層人物。平原君與信陵君，一視寶玉為珷玞，一識和璧於璞石，兩相比較，軒輊判然。無怪乎平原君赴楚，三千門客中竟挑不出二十個「勇力文武備具」的隨員。再看，趙都邯鄲有處士（有才德而隱居不仕的人）毛公、薛公，身懷偉略，混跡於博徒賣漿（酒）者流中，平原君長居於此，竟不識此二人；信陵君在邯鄲為客，結識二人而與之遊，平原君還因此看不起信陵君，稱信陵君為「妄人」。後來秦伐魏，二人力勸公子歸魏抗秦，成就了信陵君的千秋令名。從這事例中不難看出：一個有目無珠，一個慧眼識馬。無怪乎〈平原君列傳〉結尾處太史公曰：「平原君，翩翩濁世之佳公子也。然未睹大體。鄙語（俗話）曰：利令智昏。平原君貪馮亭邪說，使趙陷長平兵四十餘萬眾，邯鄲幾亡……。」「馮亭邪說」事見〈白起王翦列傳〉。秦昭王四十五年，派白起率軍攻韓，上黨告急。郡守馮亭建議以上黨之地獻趙，轉移矛盾。趙之平陽君以為不可受，平原君卻說：「無故得一郡，受之便（便宜）。」趙受上黨，果然秦趙結怨，戰於長平，秦斬趙四十五萬人，招致後來秦圍邯鄲，趙國幾亡的慘禍，這還不足以證明平原君是個不識大體、利令智昏的人嗎？所謂「翩翩濁世佳公子」，正如明人楊慎所云：「言在濁世為佳公子，清世則否矣。褒貶在言外。」

晚唐著名詩人李賀〈浩歌〉詩有句云：

不須浪飲丁都護，世上英雄本無主。買絲繡作平原君，有酒唯澆趙州土！

李賀此詩意在發抒英雄不遇明主的感慨。他認為，古之平原君虛己下士，深可敬慕；今日既無此人，唯有買絲繡其像而奉之，取酒澆其墓而弔之。（按：平原君死葬洞州而不在趙州。詩人以平原君為趙之公子，因此說「唯澆趙州土」。）李賀不過借他人酒杯澆自己塊壘，並非作史論以評價趙勝之為人。後來，清代大詞人納蘭性德作〈金縷曲〉贈好友顧貞觀，演化李賀詩意：

德也狂生耳。偶然間、緇塵京國，烏衣門第。有酒唯澆趙州土，誰會成生此意？不信道、竟逢知己。青眼高歌俱未老，向樽前。拭盡英雄淚！君不見、月如水。

共君此夜須沉醉，且由他、娥眉謠諑，古今同忌。身世悠悠何足問，冷笑置之而已！

尋思起、從頭翻悔。一日心期千劫在，後生緣、恐結他生裡。然諾重，君須記。

這詞是納蘭性德的代表作。他又名納蘭成德，因此詞中有「德也狂生耳」、「誰會成生此意」之語。詞中自序珍惜友情、不滿現實的感情，筆勢馳驟；「有酒唯澆趙州土」用意與李賀詩相近。李賀與納蘭性德都是才華蓋世的短命文人。好詩、好詞，雖立意不在評價平原君，倘平原君地下有知，亦當引為最大的安慰。但自古人以文傳，這種百世歸心的藝術效應，還應歸功於司馬遷為之傳聲繪影的千秋妙筆。

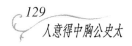

太史公胸中得意人

——〈魏公子列傳〉評賞

青年時代初中讀書，每逢假期，總要遵父母之命到離家不遠的一位宿儒家去學習古詩文。一師一徒，耳提面命，獲益良多。記得有一年暑假，老先生專門給我講授司馬遷《史記》。篇幅較短的文章上下午各講一篇，長的一天講一篇，一個假期共講了三十多個單篇，還用兩三天時間講了《史記》的體例和後人對這部書的評論。老先生講授的原則是重文輕史，愛吟誦；有些篇章他講得特別起勁，鬚眉皆動，唱嘆情深，使我受到很強的感染。給我印象最深的篇章，〈魏公子列傳〉是其中之一。學過此文後，我覺得在戰國時代以養士名聞諸侯的四公子中，就數這位魏公子信陵君人格最高尚，形象最完美，列傳的文章也最出色。抗戰期間看到了舞臺上演出的郭沫若新編歷史劇〈虎符〉，後來又看到以如姬為主角的電影〈絕代佳人〉，信陵君那種愛國重義的精神，更深刻感動了我。我認為，這篇傳文展示了這位信陵公子忠、信、仁、義的美德和從權達變的處事才能，他可以算得是中國知識分子的楷模。中年以後，自己當上了教師，講授中國古代散文《史記》一段時，我總愛用〈項羽本紀〉、〈屈原賈生列傳〉、〈李將軍列傳〉、〈遊俠列傳〉和〈魏公子列傳〉等名篇作例文，愛其人以及其文，認為這些文章都是中國古代散文中的精華，永遠閃耀著靈光瑞彩，令人百讀不厭。這裡我選說〈魏公子列傳〉中竊符救趙一部分。請先讀原文：

魏公子無忌者，魏昭王少子而魏安釐王異母弟也。昭王薨，安釐王即位，封公子為信陵君。

公子為人仁而下士，士無賢不肖皆謙而禮交之，不敢以其富貴驕士。士以此方數千里爭往歸之，致食客三千人。當是時，諸侯以公子賢，多客，不敢加兵謀魏十餘年。

魏有隱士曰侯嬴，年七十，家貧，為大梁夷門監者。公子聞之，往請，欲厚遺之。不肯受，曰：「臣脩身絜行數十年，終不以監門困故而受公子財。」公子於是乃置酒大會賓客。坐定，公子從車騎，虛左（坐車時左邊為上位），自迎夷門侯生。侯生攝敝衣冠，直上載公子上坐，不讓，欲以觀公子。公子執轡愈恭。侯生又謂公子曰：「臣有客在市屠中，願枉車騎過之。」公子引車入市，侯生下見其客朱亥，俾倪，故久立，與其客語，微察公子。公子顏色愈和。當是時，魏將相宗室賓客滿堂，待公子舉酒；市人皆觀公子執轡；從騎（跟隨的騎士）皆竊罵侯生。侯生視公子色終不變，乃謝客就車。至家，公子引侯生坐上坐，徧贊賓客，賓客皆驚。酒酣，公子起，為壽侯生前。侯生因謂公子曰：「今日嬴之為公子亦足矣！嬴乃夷門抱關者也，而公子親枉車騎自迎嬴；於眾人廣坐之中，不宜有所過，今公子故過之。然嬴欲就公子之名，故久立公子車騎市中，過客以觀公子，公子愈恭。市人皆以嬴為小人，而以公子為長者能下士也。」於是罷酒。侯生遂為上客。

侯生謂公子曰：「臣所過屠者朱亥，此子賢者，世莫能知，故隱屠間耳。」公子往數請之，朱亥故不復謝，公子怪之。

魏安釐王二十年，秦昭王已破趙長平軍，又進兵圍邯鄲。公子姊為趙惠文王弟平原君夫人，數遺魏王及公子書，請救於魏。魏王使將軍晉鄙將十萬眾救趙。秦王使使者告魏王曰：「吾攻趙旦暮且下，而汝諸侯敢救者，已拔趙，必移兵先擊之！」魏王恐，使人止晉鄙，留軍壁鄴，名為救趙，實持兩端以觀望。

平原君使者冠蓋相屬於魏，讓（責怪）魏公子曰：「勝所以自附為婚姻者，以公子之高義，為能急人之困。今邯鄲旦暮降秦而魏救不至，安在（怎能體現）公子能急人之困也？且公子縱輕勝，棄之降秦，獨不憐公子姊邪？」公子患之，數請魏王，及賓客辯士說王萬端。魏王畏秦，終不聽公子。

公子自度終不能得之於王，計不獨生而令趙亡，乃請賓客，約車騎百餘乘，欲以客往赴秦軍，與趙俱死。

行過夷門，見侯生，具告所以欲死秦軍狀。辭決而行。侯生曰：「公子勉之矣，老臣不能從。」公子行數里，心不快，曰：「吾所以待侯生者備矣，天下莫不聞；今吾且死，而侯生曾無一言半辭送我，我豈有所失哉？」復引車還，問侯生。侯生笑曰：「臣固知公子之還也。」曰：「公子喜士，名聞天下。今有難，無他端而欲赴秦軍，譬若以肉投餒（餓）虎，何功之有哉？尚安事客？然公子遇臣厚，公子往而臣不送，以是知公子恨之復返也。」公子再拜，因問。侯生乃屏人間語，曰：「嬴聞晉鄙之兵符常在王臥內，而如姬最幸，出入王臥內，力能竊之。嬴聞如姬父為人所殺，如姬資之三年，自王以下欲求報其父仇，莫能得。如姬為公子泣，公子使客斬其仇頭，敬進如姬。如姬之欲為公子死，無所辭，顧未有路耳。公子誠一開口請如姬，如姬必許諾，則得虎符奪晉鄙軍，北救趙而西卻秦，此五霸之伐也。」公子從其計，請如姬。如姬果盜晉鄙兵符與公子。

公子行，侯生曰：「將在外，主令有所不受，以便國家。公子即合符，而晉鄙不授公子兵而復請（請示）之，事必危矣。臣客屠者朱亥可與俱，此人力士。晉鄙聽，大善；不聽，可使擊之。」於是公子泣。侯生曰：「公子畏死邪？何泣也？」公子曰：「晉鄙嚄唶宿將，往恐不聽，必當殺之，是以泣耳，豈畏死哉？」於是公子請朱亥。朱亥笑曰：「臣乃市井鼓刀屠者，而公子親數存之，所以不報謝者，以為小禮無所用。今公子有急，此乃臣效命之秋也。」遂與公子俱。公子過謝侯生。侯生曰：「臣宜從，老不能。請數公子行日，以至晉鄙軍之日，北鄉（向）自剄，以送公子。」公子遂行。

至鄴，矯魏王令代晉鄙。晉鄙合符，疑之，舉手視公子曰：「今吾擁十萬之眾，屯於境上，國之重任；今單車來代之，何如哉？」欲無聽。朱亥袖四十斤鐵椎，椎殺晉鄙。

公子遂將晉鄙軍。勒兵，下令軍中曰：「父子俱在軍中，父歸；兄弟俱在軍中，兄歸；獨子無兄弟，歸養。」得選兵八萬人，進兵擊秦軍。秦軍解去，遂救邯鄲，存趙。趙王及平原君自迎公子於界，平原君負韊矢（弓箭、箭袋）為公子先引。趙王再拜曰：「自古賢人未有及公子者也！」當此之時，平原君不敢自比於人。

公子與侯生決，至軍，侯生果北鄉自剄。

從上引原文知道，「信陵君竊符救趙」寫的是戰國時代諸侯抗秦鬥爭中的一段史實。就文中敘錄的歷史事件來說，「救趙」是文章的中心，寫信陵君禮賢下士大段文字全為救趙張本。從傳記文學角度觀察，前半幅寫「下士」，後半幅寫「士為之用」，兩者都為了刻劃信陵君這位戰國時代的名公子。《史記評林》錄明代人茅坤之言曰：「信陵君是太史公胸中得意人，故本傳亦太史公得意文。」我們評賞的重點就在看作者如何寫他胸中的得意人。至於信陵君為什麼會成為司馬遷胸中得意人，也將略加論列。

後世論信陵君，多以為他的「下士」不同於平原君的「徒為豪舉」；也不同於孟嘗君的網羅雞鳴狗盜之徒。好像他的「下士」，完全出於天性，並無功利目的。其實未必如此。我們把「下士」這一行為放在當時歷史背景下考察，不難發現，這些諸侯國的宗室親貴「禮賢下士」都不是沒有目的的。當時諸侯紛爭，互相殺伐，進則欲併吞友鄰與國以廣霸業，退則求所以安社稷，保邦家。在一國之內，也是爾虞我詐，互相爭奪；作為宗室貴近，為了鞏固自己的政治地位，或養士以延譽國中，或廣蓄羽翼以備非常之變，信陵君又何嘗能夠例外？他高出於諸公子的地方，在於他的「下士」除了上述目的以外，還體現了為國求賢，為國儲才。他一生功勛卓著的事業，在於抗秦存趙。魏、趙唇齒之邦，唇亡則齒寒，救趙即所以保魏，這是很淺顯的道理。司馬遷寫信陵君，突出的正是他愛國精神的一面。在列傳的開頭，司馬遷寫道「當是時，諸侯以公子賢，多客，不敢加兵謀魏十餘年」；在救趙之後，列傳又記述他「留趙十年不歸，秦聞公子在趙，日夜出兵伐魏」。後來信陵君歸魏，又記述他將五諸侯兵破秦於河外的事跡。全傳的結尾還補了一筆：信陵君死後十八年，秦「擄魏王，屠大梁」，終於滅亡了魏國。司馬遷這樣選材，顯然意在表明信陵君一身繫魏國之安危，以突出他愛國者的高大形象。這樣，他自然站得比楚之春申君、趙之平原君、齊之孟嘗君等貴公子高出一籌。這是司馬遷寫其「胸中得意人」的立足點。《荀子》論「臣道」，把人臣分為幾類，其中有一類：「有能抗君之命，竊君之重，反君之事，以安國之危，除君之辱，功伐足以成國之大利，謂之拂。」拂讀如「弼」，即輔弼之意。他這裡說的就是信陵君。荀子認為，這種人雖然違抗國君的命令，盜竊國君的重器，反對國君的行事，卻能夠安定國家於危亡之中，雪除國君蒙受的恥辱，其功業又足以成全國家的大利，他就算國家的輔弼之臣。荀子強調的也是信陵君對於國家的偉大貢獻。他與信陵君是時代相近的人，他的評斷最有權威性。

其次，信陵君為國求士，其態度又確實與其他幾位以養士聞名的公子不同。司馬遷對這一點，最為賞識，用筆最多，也寫得最出色。文章一開頭便說：「公子為人仁而下士，士無賢不肖皆謙而禮交之，不敢以其富貴驕士。」可見他對於「士」是不分等第、身分、地位的，他總是平等待人，謙虛有禮。這就與平原君大不相同。當然，信陵君結交這些人，也並非毫無選擇。他很注重對自己準備主動結交的「士」作周密考察。他以厚禮待侯生、朱亥，這兩個人後來果然在關鍵時刻起了重要作用。司馬遷這樣寫，就顯得他的「胸中得意人」具有高人一等的識力，即所謂「慧眼識英雄」。

信陵君是如何「仁而下士」、「以禮交士」的呢？對於這一點，〈魏公子列傳〉寫得最突出。寫信陵君親迎侯生於市井，筆法特細，是本文前半部分最精彩動人的地方。侯生，一個大梁（魏首都，今河南開封）守城門的老頭，內裡卻是個心懷偉略的隱士。他和信陵君同居首都，近在咫尺，自然早聞公子「下士」之名，卻從不主動干謁這位公子。顯然，他持身謹慎，在動盪的戰國政局中，他要擇主而事，擇枝而棲。首先，公子送他一份厚禮，他一口拒絕了。通過這事，信陵君越發看中了他，親自帶車騎迎接他出席特地為他舉辦的盛大宴會。侯生對此自不能無動於衷，但他還要一再考驗公子的誠意。當時公子自己駕車，虛左（讓出左邊的座位。戰國時以左為尊）以待侯生，侯生卻特地穿戴一套破舊的衣帽（敝衣冠），毫不謙遜地坐在尊位上，「欲以觀公子」（想看看公子的態度）。車行途中，又提出要公子駕車送他到屠宰市場上看望一個朋友——屠者朱亥，橫生枝節。到了朱亥家門口，故意「久立，與其客語」，旁若無人，一次又一次考驗公子。公子的反應是：「執轡愈恭」、「顏色愈和」、「色終不變」。與此同時，司馬遷又不斷調轉筆來，寫公子府中「置酒大會賓客」、「魏將相宗室賓客滿堂，待公子舉酒」的場面。當屠市見朱亥時，夾敘「市人皆觀公子執轡；從騎皆竊罵侯生」的場景。一邊賓客滿堂，佇候公子迎客歸來入席；一邊慢慢吞吞，左顧右盼，若無事然。兩個場景，烘托映襯，就像電影蒙太奇手法一樣，畫面交叉出現，極富戲劇效果。及至迎接侯生的車到，滿堂賓客已經等了半天，都要看看公子今天請的是什麼貴客。公子請侯生上坐，以讚揚的口吻把侯生介紹給他的客人時，賓客看到的竟然是這樣一個衣冠破舊的看門老頭，自然要大吃一驚。這一驚，說明大大出於他們的意料之外。妙就妙在這「賓客皆驚」四字。這些將相宗親，原不過是一班「以貌取人」，有眼無珠的俗客，滿座俗眼「皆驚」，正襯出信陵君別具慧眼，像九方皋那樣，識寶駿於牝牡驪黃之外。這公子迎侯生赴家宴一段，把侯生、信陵君和滿座賓客以及「市人」、「從騎」全都寫活了，我們讀著好像親臨其境，親見其人。

「竊符殺鄙」一節是本文後半部分最激動人心的文字，司馬遷把他胸中「得意人」寫得「精神氣血，無所不具」。強秦是諸侯六國共同的敵人，趙、魏是唇齒相依的鄰邦，趙國平原君是信陵君的親姐夫。當趙都邯鄲被秦包圍，危在旦夕的時候，平原君夫婦馳書求救於魏安釐王和信陵君，這對信陵君及其門客都是一個考驗——緩急之際，他們能起什麼作用。偏偏，魏王早已派老將晉鄙率十萬大軍救趙，秦王聞訊馳書魏王，以「移兵先擊之」相威脅，阻止魏軍援趙。魏王怕引火燒身，速令晉鄙停止進軍。文情至此，雨驟風狂；信陵君的人格威望受到了嚴峻的挑戰。一方面，平原君一再求救於他；另一方面，他又無法說服魏王促晉鄙迅速進發。迫於公義私情，他準備帶領手下的死士同赴秦軍拚命，與趙國共存亡。這當然是悲壯的選擇，卻也是一條「以肉投餒虎」的下策。偏偏此時，曾受公子殊遇的侯生，竟匿而不見。直到公子車騎赴趙，路過夷門見侯生，主動告以準備慷慨赴死時，侯生依然漠然無動於衷說：「公子勉之矣，老臣不能從。」讀文至此，不禁心頭一冷，以為趙必亡，魏必危，公子必死；而深恨人心若水，交道難論。卻不料公子狐疑，去而復返，願聞過於侯生。因為，侯生的冷漠出於人情之外，公子以為自己一定有什麼地方得罪了他。這時，引出侯生「竊符殺鄙，奪兵救魏」一番奇策高論，真如水窮雲起，路轉峰迴。至此，公子赴死之念頓消，用侯生之謀；如姬果然冒死為公子盜得晉鄙軍符，朱亥也為公子效命椎殺晉鄙，信陵君奪得統率大軍的兵權，援兵至而趙圍解，侯生則如約「北鄉自剄」以報公子，公子終於完成了卻秦存趙的不世功業。如姬之所以冒死竊符，是為了報公子殺仇之大恩。寫如姬，寫侯生，寫朱亥，都是為了突出士的作用。士樂為公子用，願為公子死，又無不是著力刻劃公子的品節高義，禮賢下士，深得人心。文章從禮遇侯生開始，緩緩寫來，到強秦圍趙，風雲頓起；及至竊符殺鄙，救趙解圍，侯生自剄，則四方輻輳，全文結穴。信陵君謀國之忠，急人之義，得士之力，都得到淋漓盡致、入木三分的刻劃，一個崇高、豐滿的形象，終於矗立在歷史舞臺上，呈現在讀者心目中。

以上評賞了本文在人物形象塑造上的藝術成就，下面再分析這篇傳記在取材、結構上的特色。

這篇人物傳記是現實主義和浪漫主義手法交相為用的傑作，是史料和「旁搜異聞」的和諧統一，在材料的取捨增刪上極具匠心。舉例來說：卻秦存趙原非信陵君一人之力。當時楚國的春申君也曾率諸侯兵救趙。當信陵君援軍未至邯鄲時，趙國平原君也曾散家財，募三千死士與秦戰，卻秦軍三十里，贏得了苦撐待援的寶貴時間。現在，司馬遷都歸美於信陵君一人，其他則用「互見法」記述在平原君等人的本傳中，這樣安排材料就客不妨主，突出了信陵君的主人公形象。寫信陵君禮賢下士，則採用以典型概括一般的手法，只寫了侯生、朱亥以及後段的毛公、薛公等數人。對這極少的幾個人，寫法也不一樣，或詳或略，或實或虛，或隱或顯。寫侯生，作為士的典型，不厭其詳，結合竊符救趙，幾乎用了全傳一半的篇幅。朱亥也是「士」，卻只用了「公子往數請之，朱亥故不復謝，公子怪之」寥寥十六字帶過。後段還寫了毛公、薛公，是公子客居趙國時結交的「士」，同樣著墨不多。但，寫朱亥儘管寥寥十六字，卻又決不是可有可無的閒筆。在一篇傳記中，選擇哪些典型事例，引入哪些關鍵人物，都取決於刻劃主人公形象的需要而定。如朱亥，不能多寫卻又不能不寫。不寫他，則信陵君不能椎殺晉鄙而奪得兵權，侯生的奇策無法實現，主人公信陵君一生最主要的功業——卻秦存趙也就無法完成。救趙成功之後，信陵君因矯命殺晉鄙奪兵權一事得罪了魏王，留趙十年不敢歸國，文章又寫了他在趙國結交的「士」毛公、薛公兩人。不寫這兩個人不僅無法用平原君輕視這兩個出身微賤的「士」，反襯信陵君「士無賢不肖皆謙而禮交之」的高義，也無法展現信陵君在祖國處於危亡時捐棄前嫌，毅然歸魏卻秦的愛國胸懷，更無法通過毛薛二公的規勸表現信陵君從善如流的美德。再如，如姬竊符一事，神祕驚險，本可寫成一大段極富傳奇色彩的文字；司馬遷僅僅用「如姬果盜晉鄙兵符與公子」一句話帶過。顯然，如果細寫盜符經過，如姬成了這大段文字的主角，不但橫生枝節，而且喧賓奪主。又如，侯生何以知「晉鄙之兵符常在王臥內」？為什麼他對信陵君曾為如姬報父仇的事那樣清楚？魏王寵幸如姬，宮幃之事，侯生又何從知道？這些，文中都無一語涉及。就因為敘寫這些事與刻劃信陵君並無直接關係，故而不書。從這些地方可以看出，這篇列傳對敘寫的取捨詳略有周密的選擇安排。須知，夜空之中，如無流星數點，則不能襯出夜月的高潔皓明；星光太多太亮，又必然繁星掩月。只有主次分明，詳略得所，才能突出中心人物。在這一點上，〈魏公子列傳〉不失為完美的典範。

最後還要對這位信陵君為什麼會成為司馬遷「胸中得意人」稍加論述。司馬遷在他的〈報任安書〉中說過「士為知己者用，女為悅己者容」的名言。他感慨世無知己，嘆「何窮達之易惑，信美惡之難分」（〈感士不遇賦〉）。當他身陷冤獄的時候，他發現「交游莫救，左右親近不為一言」，他熱切希望統治階層中出現信陵君那樣禮賢下士的人物，使得有抱負的人都能展其奇策才力，建功立業。因此，他把信陵君當作自己的「胸中得意人」。自然，司馬遷這種理想是注定了無法實現的，就連他的「胸中得意人」信陵君，臨了終於因讒被毀，寄憤於醇酒婦人，鬱鬱病酒以終，成了項羽、李廣一類悲劇英雄，這真是時代的大哀。

三千珠履說斯人

——〈春申君列傳〉評賞

戰國四君，或稱戰國四公子，指齊孟嘗君，趙平原君，魏信陵君，楚春申君。他們都是以養士傾動諸侯的風雲人物，雖不曾為一國之君，實際上左右一國之政。把這四人相提並論的首先是《史記》作者司馬遷。他在〈平原君虞卿列傳〉中說：

> 是時齊有孟嘗，魏有信陵，楚有春申，故爭相傾以待士。

在這篇〈春申君列傳〉中又說：

> 春申君既相楚，是時齊有孟嘗君，趙有平原君，魏有信陵君，方爭下士，招致賓客，以相傾奪，輔國持權。

這四人雖都號為「君」，出身並不全同。孟嘗君田文是齊威王之孫；平原君趙勝是趙惠文王弟；信陵君魏無忌是魏昭王少子、安釐王異母弟：這三位都是王親貴胄。春申君出身則不同。本傳說：「春申君者，楚人也。名歇，姓黃氏。游學博文，事楚頃襄王。」他是在止秦攻楚、歸太子完兩件大事上立了大功，太子完繼立為考烈王後才受封為春申君的。雖累功為楚相二十五年，但畢竟是庶姓臣工，與其他三君以父祖之蔭受封者顯然不同。

春申君是一個充滿了矛盾的人物。一方面，他有過人的才智，有大功於楚國，對六國合縱抗秦事業作出過很大的貢獻；另一方面，他晚年以惡行穢德搆禍，謀奪楚祚，被人暗殺於宮禁之中。司馬遷把他的功過完整地記述在這篇〈春申君列傳〉中，以致史論家、明人淩稚隆認為「春申君殆兩截人」——一生前後判若兩人。

〈春申君列傳〉敘寫前期的春申君著重記述了他「止秦攻楚」、「歸太子完」和將諸侯兵救趙邯鄲幾件大事；寫其晚年，記述了他用李園之謀，以致「身死棘門，為天下笑」的不光彩下場。他死不得善終，身首異處，這結局與其他三君也是截然不同的。

按《史記》本傳，春申君止秦伐楚是通過上書秦昭王實現的；按《戰國策・秦策四》所載，則是面說昭王。《史記》記述此事，入筆先寫當時楚國面臨的嚴峻形勢：秦將白起領軍伐韓、魏，敗之於華陽，俘虜了魏軍主帥芒卯，韓、魏向秦軍投降；秦昭王乃令白起併韓、魏之軍合力以攻楚。這次戰役前，白起將秦軍伐楚，已奪得巫地和黔中郡，攻下楚都鄢郢，進逼竟陵；楚頃襄王不得不遷都陳縣以避其鋒。在這危急存亡、千鈞一髮之際，春申君奉頃襄王命使秦，上書昭王，曉以利害，打消了昭王聯韓、魏以攻楚的意圖。春申君憑什麼說動箭在弦上的秦昭王改弦易轍？他憑的是：書辭處處為秦國計得失，卻無一言為楚國求寬緩。他先極言稱美昭王，迎合其自大貪婪的野心；然後向他痛陳合兵伐楚是錯誤的決策。彷彿他不是楚國的說客，而是秦廷忠心耿耿的謀臣，使秦昭王不能不飄飄然信其言，入其彀中。

〈上秦王書〉一上來就提出中心論點：「兩虎相鬥，駑犬受其弊。」「受其弊」即乘雙方疲困，從中牟利之意。喻秦、楚為「兩虎」，尊秦不卑楚，這比喻就很得體。但在具體辯析中，他只誇秦強而不言楚大。他分析秦國大好形勢時說：

> 今大國之地，遍天下有其二垂（同「陲」，邊地。此言秦國已占有西北兩大邊），此從生民以來萬乘之地未嘗有也。

接下去又用大量歷史事實，讚頌秦昭王「之能」、「之功」、「之威」，並說：昭王統治下的秦國今天已經：

注（斷）齊韓之要（腰），絕楚趙之脊，天下五合六聚而不敢救（諸侯多次拼湊聯盟以抗秦，卻畏秦之威不敢互救）。

這段話把秦昭王捧到了天上，昭王看了自然舒服。在取得這樣的心理效應之後，黃歇進一步陳辭，勸昭王：

持功守威，絀攻取之心而肥仁義之地，使無後患，三王不足四，五伯（霸）不足六也。

意思是，昭王您如果能鞏固已有的業績和威望，收斂攻城略地的雄心，充實仁義之道，則禹、湯、周文三王將不難成為四王，春秋齊桓、晉文等五霸不難變為六霸了。即您也將列名於王、霸。

接下去，〈上秦王書〉又舉「智氏見伐越之利而不知榆次之禍，吳見伐齊之便而不知干隧之敗」的歷史教訓來告誡昭王：

今王妒楚之不毀也，而忘毀楚之強韓魏也，臣為王慮而不取也。

春秋末期，晉國智氏聯合韓、魏以伐趙，圍晉陽，即將攻下，韓、魏突然叛變，智伯被擒殺於榆次。吳王夫差多次伐齊，放鬆了對早已為自己所滅亡的越王句踐的警惕，致使句踐乘機襲吳，吳王夫差兵敗自殺於干隧（今蘇州）。現在昭王您容不得楚國，一定要滅亡它，卻忘記了毀滅一個楚國實質上助長了韓、魏兩國。

為什麼不應該助長韓、魏兩國？春申君將辭鋒轉到秦國與韓、魏的關係上來。過去秦國多次侵淩韓、魏，留下刻骨的仇怨；現在您聯合與秦國有累世之宿怨的韓、魏以伐楚，您就不擔心韓、魏中道叛秦以報舊仇宿怨嗎？請看——春申君替秦王想得多麼周到，考慮得多麼深遠！好像，他此刻擔心的只是秦國的得失而不是楚國的安危。

〈上秦王書〉還進一步替秦國分析了進伐楚國的路線。如果從西北進軍，一定要通過韓、魏的國土，能不擔心韓、魏襲其後，斷其歸路嗎？如果從西南進軍，要經過楚國隨水右壤；那裡是水澤山林，即使占領了，得到的也只是不毛之地，空有敗楚之名而無得地之實。再說，秦軍伐楚，齊、趙、韓、魏一定會趁機出兵助秦。一旦秦、楚兩軍形成拉鋸戰，四國將大肆掠奪楚國的財富和土地。秦兵即使破楚，也不過肥了齊趙四國。那時，四國由此而富強，足與秦國分庭抗禮。特別是四國中的齊、魏，將成為天下強國。他們現在假裝聽命於秦，甘供驅使；一旦強大了，就算他們自己不能稱帝，至少阻止秦國稱帝的力量綽綽有餘。秦滅一楚國，卻扶植出另外兩個強國，秦王您稱帝於天下的初衷能夠實現嗎？

秦聯韓、魏以伐楚的負面效應是如此昭然若揭，是不是散其盟、止其伐楚就是上上之策？

不！春申君進一步提出建議：「臣為王慮，莫若善楚（與楚親善）。」他把秦、楚聯合的前景描繪得天花亂墜，無怪乎秦昭王曰：「善！」於是乃止白起而謝（辭謝）韓、魏，約（楚）為與國——友好盟國。楚國終於化險為夷。

春申君第二大功勞是從秦國救回楚太子完。秦楚親善之後，他與楚太子完入質於秦。（按：不春秋戰國時代，兩國結盟，互不侵犯，雙方必以親貴為人質，以保證對盟誓信守不渝。）不久，楚使通報頃襄王重病，太子完應歸國侍疾；一旦君薨，即將繼位為國君。但秦王不允太子完歸國。太子完向來與秦相應侯昭睢友善，春申君乃言之應侯：如秦放回太子，一旦太子繼位，決不會忘記秦王這份舊恩，更加與秦親善，秦國將得到一個最可靠的大國為友好鄰邦。如果不放太子完回國，頃襄王死，楚必另立新君。那時，太子完成了普通平民，縱使長留秦國，也起不了「人質」的作用。而且，楚國新立之君與秦素無交往，不會聽命於秦國。這對秦國來說是失策的。應侯認為春申君的話有理，即將此意轉告秦昭王。昭王許以「令楚太子之傅（輔佐幼主的老師）先往問楚王疾，返國而後圖之」。春申君見昭王無意放歸太子，就與太子商量，建議太子隨通報頃襄王病情的使者一道逃歸楚國；他自己則留秦，以一死與之周旋。太子完果然化裝成楚使者的馬伕，混出函谷關回到楚國。春申君留守住所，天天在昭王面前為楚太子告病假；估計太子已遠去，秦兵追之無及時，才主動向昭王稟告太子已歸楚，他自己願以死抵罪。昭王聞之大怒，想令春申君自殺。應侯向昭王進言：一旦楚太子繼承王位，必重用黃歇。不如赦其罪允其歸國，以鞏固秦、楚之盟。秦王終於放黃歇歸國。三月後，頃襄王死，太子完繼位，乃用黃歇為相，封之為春申君，賜淮北之地十二縣；後又改封於江東，建都吳墟（今蘇州）。上海市的黃埔江舊稱春申江，即從此得名。

春申君為楚相之五年，秦圍趙邯鄲，春申君率諸侯兵往救，趙國以存。又三年，他領兵北伐滅魯。此時楚國威大振，春申君的事業如日中天；他的私欲也一天天膨脹，終於走上了毀滅的道路，落得個「身死棘門，為天下笑」的下場。釀成這幕悲劇的契機是考烈王患了不育症，引起權臣佞倖覬覦王位。

考烈王無子女，春申君憂慮考烈王死後會引發爭立的內亂，於是派人選送許多育齡美人進獻，始終無效。趙人李園之妹年輕貌美，園欲獻之於楚王以希恩寵，又擔心楚王沒有生育能力，於是在春申君身上打主意。他先投春申君門下作舍人（家臣）以親近他，然後故意請假返里，誤期始歸。春申君問他緣何失期，李園編造謊言，說齊王派人至其家求娶其妹，自己必須陪侍齊使，因此誤期。春申君聽了猛然心動：齊王求娶的這個女人一定是天生麗質，因求見她一面。園欣然送妹入相府。春申君一見鍾情，將她留在家中，很快就讓她懷上了身孕。李園知道了，立即通過妹妹向春申君獻謀，趁她入相府不久，懷孕之事誰也不知道，把她進獻給楚王。如果產下男孩，繼承王位，則楚國一切皆春申君所有。春申君利令智昏，竟然接受了這個意見，獻此女於楚王。後來果產一子，楚王大喜，立為太子，封其母為王后，李園遂以國舅當權。李園深恐此事敗露，陰養死士欲殺春申君以滅口。這一切雖然嚴守祕密，但是，「國人頗有知之者」。

楚王重病，春申君門客朱英向他進言，李園可能向他下毒手，他請求春申君任他為宮中侍從（郎中）；一旦楚王死，李園以國舅身分，必然入宮，朱英就在宮內先殺了李園。但春申君不聽其言，毫無戒備。十七天後，考烈王死，李園果先入宮。等到春申君入宮，李園預伏武士殺春申君，將頭擲於棘門（即宮門。棘，通「戟」。宮門插戟）之外。接著又派人殺了春申君一家。

司馬遷列春申君於戰國四君，是從養士聞名諸侯著眼的。從養士規模看，他完全可以與其他三君並列。本傳載：趙國平原君派門客使楚見春申君，春申君盛情款待。趙國使者想在春申君門客面前誇耀，穿戴特別豪華，以玳瑁為簪，刀劍外匣全都嵌鑲珠寶。不料，春申君「門客三千人，其上客皆珠履」——穿的鞋子全用珠寶裝飾，使平原君之客自愧不如。這不過一件小事，司馬遷還錄入傳，實有深意。他曾借信陵君之口說：「平原君之游（與士交遊，即指養士），徒豪舉耳，不求士也。」可見，司馬遷對以養士為豪舉驕人者深為不滿。在這一點上，春申君更甚於平原君。〈春申君列傳〉特意將「三千珠履」之事選錄入傳，表明春申君其實是一個以富貴驕人的非常庸俗的人。他誇示富貴，才會無休止地追求富貴，當了丞相還想當太上皇（國君之父），擁有整個國家。

既然以養士為豪舉，真正的「士」自然不會投向他的門下。因此，李園陰蓄死士殺春申君以滅口之謀「國人頗有知之者」，春申君養士三千，除朱英曾作過推測外，竟無一人得此消息。他被刺殺之後，三千客中也無一人為他報仇。

有人說，戰國四君中，平原、信陵、孟嘗皆曾藉士之力以成功業，唯有春申君功業全憑他個人才智得來。言下之意，其他三君皆因人成事者，春申君畢竟才高一等。對此我持不同看法。我認為，彼三君養士，能知人善任，成其功業；唯獨春申君養士，竟不能保其身首。這究竟顯示了他的才智高人還是暴露了他無知人之明、無用人之術呢？

本文開頭說過：凌稚隆評春申君為「兩截人」；清人潘世恩甚至說：

> 自來文人好為議論，不顧事之有無，而妄造臆說，以取悅人之耳目，遂使賢否（音ㄆㄧˇ，壞人）混淆，是非顛倒，往往而然。獨惜司馬遷以良史之才，而幾同於穢史也。

這位先生滿腔義憤為春申君鳴不平。他認為，有大功於楚的春申君決不會作暗移楚祚那種醜事；那都是附會之辭，或者出於「臆說」（主觀想像的話）。按此說推論，則凡有大功者必無大惡，好人永遠不會做壞事。依我看，這位先生大概是一位典型的「拘儒」，他不懂得或者不承認人性的複雜性和可變性。司馬遷為春申君作傳，必有史料根據，怎能信口開河，創為臆說以取悅人之耳目？潘評既憤憤然為春申君辯誣，他為什麼不拿出證據來？立論而全憑推想，那倒真正是「臆說」了。我認為，把春申君寫成「兩截人」，正好表現了一個性格複雜多變的歷史人物的本來面目。須知，他決不是什麼「賢人」、「聖者」，他只是戰國末期一位權臣、能相。人的一生往往既有大得，也有大失；有明智之日，也有昏耄之時。這在歷史上、現實生活中是司空見慣的。春申君確有過人的才智，為卻秦存楚作出過卓越的貢獻；但這種才智又害了他，使他敢為人所不敢為。在列國紛爭時代，長期出入宮禁的重臣，看慣了帝王的尊榮而思「彼可取而代也」者，決不止項羽一人。這篇列傳最成功的地方就在於它寫的是一個有血有肉、偉大與卑微並存的活生生的人，而不是一尊十全十美的神。兩千年來，《史記》以其「不虛美、不隱惡」的特點炳耀史壇。惡是客觀存在的，隱惡的結果往往助長了惡行。我們中國幾千年的歷史就吃虧在「為尊者諱，為賢者諱」這兩句自欺欺人的話上。

上面，我評賞了本文立意取材上的佳勝。就語言藝術說，本文也有許多值得稱道的地方。全文記言多於記事。文首的〈上秦王書〉便是議論縱橫、文彩煥然的名篇。下文我對此略加評賞。秦昭王聯韓、魏以伐楚，目的是掃除統一天下的障礙，實現稱帝中國的野心。春申君上書秦昭王，中心意圖是止秦伐楚。為了止秦伐楚，必先間離秦與韓、魏的關係，力陳韓、魏很可能中途叛秦。為了論證韓、魏必將叛秦，春申君上書中著重闡明秦國與韓、魏的不世之仇。他用了誇張、精警的語言，對這種仇恨作了怵目驚心的描繪：

王無重世（累世）之德於韓、魏，而有累世之怨焉。夫韓、魏父子兄弟接踵而死於秦者將十世矣。本國殘，社稷壞，宗廟毀。刳腹絕腸，折頸摺頤，首身分離，暴骸骨於草澤，頭顱僵仆，相望於境，父子老弱係脰束手為群虜者相及於路。鬼神孤傷，無所血食。人民不聊生，族類離散，流亡為僕妾者，盈滿海內矣。故韓、魏之不亡，秦社稷之憂也。今王資之與攻楚，不亦過乎？

這段話盡情渲染秦軍對韓、魏人民的瘋狂蹂躪。「本國殘，社稷壞，宗廟毀」三短句，無非寫國破家亡一層意思；三復其辭，繁音促節，顯示出當時韓、魏兩國地動山搖、土崩瓦解的嚴峻形勢，聲情契合。接下去寫被秦軍屠殺的韓、魏人民——「刳（剖）腹絕（斷）腸，折頸摺頤（面頰），首身分離，暴骸骨於草澤，頭顱僵仆，相望於境」一連用六個短句描繪被殺者各種姿態，構成了一幅慘絕人寰的畫面。寫完死者，再寫生俘——「父子老弱係脰束手為群虜者相及於路」（老弱被俘者被束著頸項、綁住雙手，一個接一個出現在道路上）這裡換用一個長句，顯示被俘者隊伍之長。人既如此，鬼神又何能安於泉壤？——「鬼神孤傷，無所血食」。兩國之民或殺或俘，還有誰來祭奠鬼神？因此他們也感到孤傷，連血食也得不到了。秦國把韓、魏變成了一個鬼哭神愁的世界，那仇恨能不深嗎？但是，韓、魏之民並未被斬盡殺絕，許多人逃亡到了國外——「人民不聊生，族類離散，流亡為僕妾者，盈滿海內」。倖存者四處流浪，海內無處無之。他們都是秦仇的身受者、目擊者，是復仇的種子。今天你們秦國聯合他們來進伐楚國，就不怕引火自焚嗎？

這段文字，窮形盡相，反覆鋪陳，真令人怵目驚心。重章疊句，反覆鋪陳，本是漢代辭賦慣用的手法，散文中不多見。司馬遷以此施之於傳記文學，卻取得了動搖人心的藝術效果。他的句子不斷變化，忽短忽長，忽駢忽散，縱橫揮灑，以情馭文；但見其奔騰馳驟而無辭賦複沓板滯之病，司馬遷真善於化腐朽為神奇。

〈上秦王書〉結尾，春申君向秦王提出了「臣為王慮，莫若善楚」的建議，憑空設想秦、楚聯合的大好形勢，同樣是精彩絕倫的妙文——「秦楚合而為一以臨（對付）韓，韓必斂手（縮手不敢動）」……「若是而王以十萬戍鄭（陳兵於鄭。此時鄭地屬韓），梁氏（魏國）寒心」、「王一善楚，而關內兩萬乘之主（指韓、魏）注地於齊（謂可驅使他們向齊索地），齊右壤（東部）可拱手而取也。王之地一經兩海（橫跨東西），要約（控制）天下，是燕、趙無齊、楚，齊、楚無燕、趙也（謂四國自顧不暇，無法互相支援）」、「然後危動燕、趙，直搖齊、楚（使燕、趙面臨危亡而動搖驚恐，齊、楚也震撼不安），此四國者不待痛（痛擊）而服矣」這段說辭用了「斂手」、「寒心」、「一經兩海」、「要約天下」、「危動燕、趙」、「直搖齊、楚」等一連串形象鮮明、動人心魄的語言，造成淩厲無前、如長江大河奔騰直下的氣勢，當年既動秦王之心，今天讀起來也足以搖我輩之魄。文情之妙合無間，真令人嘆為觀止。

〈上秦王書〉曾以單篇收錄在《戰國策》、《春秋後語》和《新序》諸書中。司馬遷把它歸在春申君名下，必有所據。但歷時兩千年，難免竄奪增益之誤，以致文中時、事均有可疑者。史料殘缺，不可確考，只能留待他年根據新發現的地下史料重新考訂了。

江蘇蘇州、湖南常德都有春申君墓。可能都是衣冠塚。因為，他被殺於楚都壽春，不在蘇州或常德。但蘇州是他的封邑所在；常德古為楚之要地，春申君之所行經。兩地為之築墓，可見後人景慕之深。近年，常德修起了十里詩牆，建起了宏偉壯麗的春申閣。斯人不泯，魂兮歸來！

市中無處訪荊卿

——〈刺客列傳・荊軻傳〉評賞

日本漢學家齋藤正謙評司馬遷《史記》曰：「子長（司馬遷字）同敘智者，子房（張良）有子房風姿，陳平有陳平風姿……敘刺客，豫讓之與專諸，聶政之與荊軻，才一出語，乃覺口氣各不相同……讀一部《史記》，如直接當時人，親睹其事，親聞其語，使人乍喜乍愕，乍懼乍泣，不能自止。」他稱美《史記》中的人物語言各具個性，富於形象感。的確，〈刺客列傳〉一共寫了五位刺客，皆人中豪傑之士，個性卻各不相同。五人之中，以荊軻寫得最為完美。我青年時代讀《史記》，就崇敬荊軻那種無所畏懼的大勇，喜歡他意氣縱橫的男兒性格。儘管後來進一步研習《史記》，把力量放在弄通司馬遷如何「究天人之際，通古今之變，成一家之言」上，但荊軻刺秦王和魏公子竊符救趙那些富於戲劇性的情節，印象始終深刻難忘。也許，這就是時下所說的藝術魅力罷！但我寧願說：傳中人物巨大的人格力量對我具有永恆的魅力。

陶淵明〈詠荊軻〉一詩說：「燕丹善養士，志在報強秦。招集百夫良，歲暮得荊卿。君子死知己，提劍出燕京……其人雖已沒，千載有餘情。」他和我們這些讀者一樣，深為傳中人物那份情所感動。但荊軻刺秦王的動機，是不是果如陶詩所言「君子死知己」呢？或者，像清代詩人梁佩蘭〈易水行〉所說：「祖龍（秦始皇）膽落荊卿死，一死可以報太子」呢？清代另一詩人張弘敏〈詠史〉甚至說：「嗟哉報丹心，空與日月俱。」讀此我不禁有惑。荊軻刺秦王假如僅僅為了「報丹」，則不過出於感恩知己的一片私情，又怎能與「日月俱」（和日月並存千古）呢？讀〈荊軻傳〉，首先必須正確理解這個有關大是大非的問題。

傳文前段說，荊軻是衛國人，曾「以術說衛元君，衛元君不用。其後，秦伐魏，置東郡，徙衛元君之支屬於野王（今河南沁陽）」。荊軻究竟用什麼「術」，說衛元君以何等事，傳文中雖沒有交代，但「徙衛元君之支屬於野王」一句，分明表明衛元君不用荊軻之謀，招致秦兵入侵，釀成國滅族徙之恨。可見荊軻所言，必然關乎抗秦存衛的大計。又，荊軻在燕市，與狗屠及善擊筑者高漸離痛飲，酒酣擊筑高歌，「已而相泣，旁若無人者」。他如此狂歌痛哭，悲從何來？能令人不想到國破家亡，請纓無路的苦悶嗎？他受燕太子丹之託赴秦廷行刺，是由於聽了燕丹如下一席話：「今秦有貪利之心，而欲不可足也。非盡天下之地，臣海內之王者，其意不厭（不滿足）。」又說：「秦舉兵南伐楚，北臨趙；……諸侯服秦，莫敢合從（縱）。」因而提出「以天下之勇士使於秦，劫（劫持）秦王，使悉反諸侯侵地（全部歸還他侵略的諸侯土地），若曹沫之與齊桓公，則大善矣。則不可，因而刺殺之，彼秦大將擅兵於外而內有亂，則君臣相疑，以其間（縫隙，引申為機會）諸侯得合從，其破秦必矣」。這大段說詞中，說的全是抗秦存燕，「悉反諸侯侵地」的國家存亡之偉略，諸侯合縱之大計。荊軻聽了這些話才毅然許諾為之效命，能夠說他之所以赴秦是出於報太子丹的私恩嗎？不錯，太子丹確曾「尊荊卿為上卿，舍上舍；太子日造門下，供大牢具（供應最豐盛的筵席），異物間進（稀世珍寶不時進獻），車騎美女恣荊軻所欲，以順適其意」。但這是荊軻接受入秦使命之後的事，並非先如此厚待他才應允赴秦。由此可以推斷：軻之刺秦，是出於一心繫國家安危、生靈塗炭的正義，出於反抗暴政、存亡續絕的公心，而不是什麼「報丹」的私義。明乎此，才不致扭曲荊軻高大的歷史形象，唐突古代英雄。

現在我們進一步探討荊軻失敗的原因，對此也歷來有誤解。誤解來自傳文結尾魯句踐說的「嗟乎，惜哉！其不講刺劍之術也」那句話。於是，陶淵明有「惜哉劍術疏，奇功遂不成」的嗟嘆；黃仲則有「盜名原不諱，劍術本難精」的開脫之詞；梁佩蘭甚至說：「為謀不成實天意，祖龍膽落荊卿死。」認為刺秦不果是由於天不絕秦。這純然是荒唐無稽的宿命論。其實，傳文始則曰：「荊卿好讀書擊劍。」再則曰：「然其為人沉深好書，其所游諸侯（指諸侯之國，非諸侯之人），盡與其賢豪長者相結。」強調他愛好讀書、遍結賢豪一面，顯示他是個有政治抱負的志士；雖也曾說他「好擊劍」，並沒有說他是搏擊刺劍的高手，他所恃的不是「匹夫受辱，挺身而起，拔劍而鬥」那種個人之勇，而是明大義，尚氣節，以天下國家為己任的大勇。更何況，太子丹本來就與他有約，此行上上之策是效曹沫之於齊桓公，生劫秦王使之盡反諸侯地；刺殺秦王只是出於不得已的第二種選擇。荊軻受傷後說過：「事所以不成者，以欲生劫之，必得約契以報太子也。」可以確認：功敗垂成，不在劍術。須知，工於技擊，精於劍術者，天下滔滔；至於持大節，懷大勇，以一身任除暴安良之重任，安天下之反側者，才是事所難能，最為可貴的真英雄。（按：上文「報太子」的報是回覆之意，非報答之意。）

其實，真正的悲劇是：荊軻和太子丹都幻想把春秋時期人君重然諾的故事搬到戰國末年來重演。春秋時，齊桓公率師與魯戰而三勝，魯被迫割遂邑之地媾和，齊魯會盟於柯地。魯將曹沫在盟會上以匕首劫持齊桓公，桓公被迫承諾歸還全部侵地。當時的齊桓公正挾周天子以令諸侯，他不肯自隳諸侯盟主的威望，才如約歸還了侵地。現在時過境遷，秦王即使在刀劍脅迫下承諾盡反侵地，過後也一定會背盟毀約。清馮廷槐〈荊軻故里〉詩說得好：「一卷輿圖計已粗（不周密），單車竟入虎狼都。」張弘敏〈詠史〉對此看得更深刻：「劍術莫論疎，荊卿一何愚！生劫萬乘主，此事大難圖。惟彼虎狼秦，變詐實多虞。誑楚絕齊交，終不致商於；焉能反侵地，信義申匹夫？」秦惠王欲伐齊，患齊楚從親，派張儀赴楚，答應割商於之地六百里以賂楚絕齊。秦伐齊之後，不兌現割地之諾言，又怎能期望這種侵略國家今天說話算數，歸還侵地，申匹夫之信義呢？太子丹以「劫秦王」為上策，實在昧於時勢。說「荊卿一何愚」，倒不如說「燕丹一何愚」，才釀成了這個歷史上的大悲劇。

正因為其事是歷史上的大悲劇，其文才有強大的、動人心魄的力量。殘暴的秦王逞淫威於一時，不出十年席捲六國大地，多少大國望風披靡，有幾人敢於直面抗秦，批其逆鱗？燕丹以彈丸之地，荊軻以尺寸之兵，不顧生死，西入咸陽，謀所以劫秦王政於朝會之際，以存弱燕之國，報亡衛之仇，那種勇敢的精神能不炳耀千秋嗎？那不是與「精衛銜微木，欲以填滄海」一樣偉大嗎？屈原之永為後世崇敬，不也在於他那種抗秦懷楚的愛國精神嗎？屈原之謀不用，終於自沉汨羅；荊軻之事不成，終於血灑秦廷，他們都是人間正氣，華夏英雄，是我們中華民族的脊梁。他們都失敗了，但是，歷史從來不以成敗論英雄。

上面，我簡略地評析了荊軻刺秦王的歷史意義和社會意義，否定了歷來的「報丹」之說。但〈荊軻傳〉之所以傳誦千古，又不僅在於其人其事具有何等重大的歷史意義和社會意義，而在於司馬遷把其人其事寫得鮮明活脫，動魄驚心，給讀者留下了永不磨滅的印象。《史記》寫得最成功的篇章多是悲劇英雄的傳記。司馬遷傳寫此輩人物，總是飽蓄崇敬的感情；在寫作技巧上，最突出之處在於寫場面善於營造悲劇氣氛；寫人物善於描摹英雄意氣。〈荊軻傳〉在這兩方面提供了範例。

讓我們先看〈荊軻傳〉在描繪歷史大事的場景中如何營造悲劇氣氛。這裡以易水送別一節為例，略加評賞。

易水在燕南趙北，是兩國交界之地；太子丹送荊軻入秦，到這裡無法再往前送了。親友言別，長亭分手，尚不免黯然銷魂；現在送行的人誰都知道，荊軻此去，無論事之成與不成，都絕無生還之望。因此，此際分攜，不是生離，而是死別。且荊軻赴死，其義關乎一國之存亡，萬民之憂樂，因此這種死別又是人間最壯烈的死別；送者、行者，人人心上都飽含著悲憤之情，壓著一個沉重的鉛塊。司馬遷寫這場人間最悲壯的死別，和〈項羽本紀〉「垓下之圍」中的別虞姬一樣，在語言道斷之後，繼之以色彩和音符。語言、色彩和音符，人類發抒感情的三種主要藝術手段，在易水送別中融為一體。那送行者身上穿著的喪服雪一般慘白的顏色，那激越的擊筑聲和著變徵（音ㄓˇ，樂調名，其音悲涼）音調的悲歌聲，釀成無比悲壯的氣氛，不僅催落了送者、行者的熱淚，也催落了千古讀斯文者的熱淚。至於語言，荊軻唱的歌詞僅僅兩句，後一句「壯士一去兮不復還」直接抒情，前句「風蕭蕭兮易水寒」為後一句造境設色，以發展那早已釀造得濃濃的悲劇氣氛。試想：蕭蕭西風，吹寒易水；人心慘戚，似水尤寒。此刻的易水之寒與送者、行者的心理感應融匯一體，混合在激楚的擊筑聲和變徵的樂曲旋律中，縈繞在那一片白茫茫的喪服上：人生至此，誰能不愴然淚下？司馬遷只用了幾句話，已經使讀者悲不能勝。但此別畢竟是英雄之別，壯士之行；於是樂曲旋律一轉：「復為羽聲慷慨」，送行者形色突變，由「士皆垂淚涕泣」變為「士皆瞋目（憤怒地瞪著眼），髮盡上指冠」，滿腔悲憤化作熊熊火燄，照送著荊軻的背影，「就車而去」。慷慨赴死的決心，凝鑄在斬釘截鐵的「終已不顧」（始終不回頭看一看）的形象中，荊軻終於「飛蓋入秦廷」，一去不復還了。從此，「風蕭蕭兮易水寒」永遠成了男兒之別常常引用的歌詞。你聽宋代詞人辛棄疾的高唱：

易水蕭蕭西風冷，滿座衣冠似雪；正壯士、悲歌未徹。
啼鳥還知如許恨，料不啼清淚長啼血！誰共我、醉明月？

〈賀新郎・別茂嘉十二弟〉

你再聽初唐詩人駱賓王的送行曲：

此地別燕丹，壯士髮衝冠。昔時人已沒，今日水猶寒！

〈於易水送人〉

你再聽聽明代詩人何景明的高歌：

寒風夕吹易水波，漸離擊筑荊軻歌。白衣灑淚當祖路，日落登車去不顧！

〈易水行〉

每當我記誦起這些詩詞，眼前就浮現出易水送荊軻的場面，記起了司馬遷〈刺客列傳・荊軻傳〉這篇千古奇文，低吟清人黃景仁名作〈都門秋思〉中的警句：

臺上何人延郭隗？市中無處訪荊卿！

以上，我著重評賞了易水之別中如何釀造悲劇氣氛；下面再說說司馬遷在〈荊軻傳〉中如何寫英雄意氣。意氣是人的神情、姿態的總和，是內在精神品質和外觀形象的綜合表現，是人身上很難指實而又宛然具在的素質。自來寫美人，意態難工；寫英雄，意氣難盡。司馬遷寫來卻舉重若輕，毫不費力。當荊軻與人論劍，與人相博（下棋）時，他甘受對方的「怒目」和「怒叱」，司馬遷用「嘿而逃」三字，形象地寫出他貌似怯懦，其實是不屑計較的大度。當軻在燕市與狗屠同聽高漸離擊筑時，寫軻與此輩在鬧市之中無端歌哭，旁若無人，不僅顯示傷心人別有懷抱，而且傳出他的慷慨之意，偃蹇之氣，彷彿是那位口唱「知我者謂我心憂，不知我者謂我何求」《詩經．王風．黍離》之曲的歌者。當太子丹向他盡吐腹心，委以非常之任時，司馬遷寫他並未立刻作答，而是「久之」而後辭以「恐不足任使」，顯示荊軻如孔子所說「仁者其言也訒。為之難，言之得無訒（話難出口之態）乎」《論語》的處事周密，不輕然諾的沉深氣度。在秦廷，他「笑顧舞陽」，生死關頭，方寸不亂，在「圖窮匕首見（現）」之際，軻「因（順勢）左手把秦王之袖，而右手持匕首揕之」，更顯得「靜若處子，動如脫兔」。而且，這種搏擊的姿勢，他見樊於期時已經說過；足見在燕都未發的時候，他連這些細節都已考慮成熟，臨事之時，動作一點也不走樣，更見出他鎮定如山的意氣。及至身被八創，不但無恐懼之色、呻吟之聲，反而「倚柱而笑」，「箕踞以罵」，對秦君臣無比蔑視，對自己的行動無比自豪。顯然，站在歷史的高度審視自己的成敗，他完全可以欣慰地迎接死神，完全有資格以笑罵面對眼前這位暴君。他知道，自己是暫時的失敗者，又必然是終古的勝利者。這一笑一罵，更把他的縱橫意氣，磊落胸懷，表現得淋漓盡致，澄澈通明。現實中的人，文學作品裡的典型形象，如無意氣，則毫無生意；意氣飛動者，才是活生生的人物，神形兼備的典型。以此衡量〈荊軻傳〉，其藝術成就，實不愧為千秋圭臬，百代楷模。

最後，我還想就〈荊軻傳〉的藝術成就多說幾句。我非常欣賞傳中的陪襯手法。這篇傳記寫了不少人。荊軻自然是中心人物，其他則如眾星拱月，起了很好的陪襯作用，使荊軻形象越發顯得高大昂揚。像上文說到的秦舞陽，顯然是荊軻的反襯，以怯襯勇。本來，在荊軻臨行之前，心有所待，故遲遲不發。他待的是另外一位勇士作刺秦的副手；顯然，他一開始就不放心秦舞陽。是太子丹疑軻改悔，以「丹請得先遣秦舞陽」的話激怒了荊軻，逼他匆匆偕舞陽上路。果然，舞陽臨事而怯，盡失其度。足證荊軻當初遲遲，實在是出於深謀遠慮；荊軻處事的深沉周密，又與太子丹之急於事功構成正反映襯。至於論劍者蓋聶，善博者魯句踐，都是反襯人物。沒有他們就無法顯示荊軻心懷偉略、不屑小怨的磊落襟懷。說到傳中另一位人物高漸離，更是荊軻的影子，只是他的社會地位比軻低，隱於市井，不像軻那樣「其所游諸侯（之國），盡與其賢豪長者相結」。傳中幾個重要場合，如慷慨歌燕市，易水送荊卿，我們都能聽到高漸離的擊筑聲。特別是荊軻刺秦王失敗後，秦滅燕，「盡逐太子丹、荊軻之客」，高漸離埋名隱姓，在宋子縣幫人家做傭工，以擊筑之技，在當地出了名。事聞於愛聽這種器樂的秦始皇，召其獻技，得經常出入深宮。後來被人識出他的本來面目，乃刺客荊軻的好友，秦王耽心他為軻報仇，又愛聽他的演奏，於是弄瞎他的雙眼，仍命其不時擊筑以供娛樂。漸離久蓄誅秦之志，苦於無法接近秦王；現在有了機會，便在筑的空腔中灌注鉛汁，當演奏中接近秦王時舉筑猛擊。可惜因眼睛看不見沒有擊中，自己反被誅殺。他也是一位胸懷磊落、心蓄大志的英雄，在本傳中起了正面陪襯荊軻的作用。試想，如果荊軻一死這篇傳記就匆匆結束，讀者該會感到多少遺憾未盡，多少餘恨徬徨？現在有高漸離筑擊秦王之事繼其後，就顯得餘音繚繞，令人頓生「可以浮一大白」的連翩浮想。（按：蘇子美曾經用《漢書》下酒。一日，讀〈留侯世家〉至良募力士於博浪沙中以大鐵椎擊秦始皇誤中副車時，十分惋惜地說：「惜乎擊之不中！此處可以浮一大白。」）〈荊軻傳〉由於有了為刺秦王死事的田光、樊於期、高漸離這些嶔崎磊落，不顧生死的勇士，更顯出暴秦是天下共同的敵人，人人欲誅之滅之而後快。有這些人拱列周圍，荊軻刺秦的偉業才越發顯示出為民除暴的正義性質。這些人雖然一個個慷慨赴死，同樣名垂千古，死重泰山。正如繁星滿天，其亮度雖大小不一，卻都在閃著光。〈刺客列傳〉還記述了專諸刺王僚的故事。那是為了爭奪王位，吳公子光派專諸於魚腹藏劍以行刺。專諸刺僚，其功竟成；荊軻刺秦，其事不果。但兩千多年來，有多少人還知道專諸刺僚之事？至於荊軻刺秦王，凡有中等文化者幾乎無人不知，凡有血氣者無不為之扼腕嘆息。易水一曲，正如項王的垓下之歌，至今迴盪在中國歷史長河的上空，傳誦在志士仁人的口端筆下。明末神童、烈士夏完淳有感於軻的磅礴浩然之氣，他弔古傷今，唱出了另外一曲〈易水歌〉，請聽尾聲：

荊軻磊落殊不倫，漸離慷慨得其真。長安無限屠刀肆，猶有吹簫擊筑人！

這四句詩的大意是：殘暴的統治者儘管有那麼多的屠刀，反抗者是殺不絕的。人民要報仇，要消滅他們的決心是阻止不了的。這是對荊軻刺秦的社會意義、歷史意義最好的概括——人民永遠不會饒恕暴君！

是非頗謬於聖人

——〈遊俠列傳‧郭解傳〉評賞

司馬遷在《史記》中為那些失敗的英雄，「流血五步，伏尸二人」的刺客，地位卑微的弄臣和優伶，以及「不愛其軀，赴士之厄困」的遊俠所寫的傳記，是全書中膾炙人口的名篇；寫來精神氣血，無所不具，形象光彩奪目。只要讀過這部書的人——哪怕只讀過選本，總不能忘記屈原、項羽、信陵君、李廣、荊軻、郭解這些大大小小的悲劇人物。司馬遷何以對此輩情有獨鍾，稱揚備至？後世的讀者又何以樂於接受他這種歷史觀、價值觀而歌哭隨之，不能自已呢？探討這個問題涉及到接受美學，很有趣味。

筆者無意深探這個需要專門研究的課題，我只打算從傳記文學的角度與讀者共賞《史記》中的赫赫名篇〈遊俠列傳〉中的〈郭解傳〉。

遊俠是一種什麼人物？按現代青年人的理解，定然是飛簷走壁、來去無蹤的武林高手。

抱著這樣的期待讀〈遊俠列傳〉，你會大失所望。司馬遷沒有一句話寫到這些人的什麼武藝。這位西元前出生的史學家、傳記文學家，看來遠比今天科技發達時代的某些人更有科學頭腦，他至少懂得一個簡單的真理：「劍，一人敵，不足學。」那麼，司馬遷對遊俠最為傾心的究竟是哪一方面呢？還是聽他自己說：

今遊俠，其行雖不軌於正義，然其言必信，其行必果，已諾必誠（已經答應了的事一定忠誠踐約），不愛其軀，赴士之厄困。既已存亡死生矣（使亡者存，死者生），而不矜其能，羞伐其德（不誇自己的能耐，以稱揚自己的德行為可羞）。

看來，司馬遷讚賞的是遊俠捨己為人、無私無畏的品德。司馬遷這種觀點可說是獨具慧眼。在當時，儒、法、卿相無不否定遊俠。司馬遷之前，法家韓非斥遊俠為「五蠹」（五種危害社會的蛀蟲）之一。他認為：「儒以文亂法，俠以武犯禁。」兩者都是推行法治的障礙。司馬遷之後，著作《漢紀》的儒者荀悅說：「立氣勢，作威福，結私交以立于世者，謂之遊俠。」他認為這種人是「德之賊也」（道德風尚的破壞者）。東漢史學家班固在其所著《漢書》中為司馬遷立傳，也說遷「是非頗謬於聖人。……序遊俠則退處士而進奸雄，……此其所以蔽也」。「蔽」，昏聵不明是非之意。倒是班固這句話歪打正著——「是非頗謬於聖人」。司馬遷的偉大就在敢於與「聖人」持不同的是非觀念。他毫無保留地稱揚儒法帝王所不容的遊俠，實際上是對當時社會思潮——獨尊儒術的大膽否定。他歌頌遊俠急人之事，捨己為人，意在批判漢代上流社會的世態炎涼，自私卑怯；他歌頌遊俠敢於「扞文網」（違犯當時的法網），意在否定漢武帝殘酷的專制統治。他在這篇列傳中記述儒者公孫弘等羅織罪名殺害郭解，意在揭露儒家口稱仁義，中實酷虐的虛偽本質。對當時社會上種種不平之事，司馬遷胸中自有獨特的、明確的是非觀；這種是非觀不但「頗謬於聖人」，有時甚至是直接針對「聖人」而發。司馬遷對當時的儒生極為不滿，在這篇〈遊俠列傳〉中，對儒家的抨擊可謂不遺餘力；俠儒對寫，涇渭分明。儒家口口聲聲倡言「仁義」，司馬遷卻在本傳中假鄉里俗民之口加以揭露和嘲笑：「何知仁義，已饗其利者為有德。」（誰知道什麼仁義不仁義，只要自己能身受其利的事就是好事。）繼而又進一步滿懷憤憤之情肯定《莊子》「竊鉤者誅，竊國者侯，侯之門仁義存」的著名論斷為「非虛言也」，這何止是「頗謬於聖人」，而是在直接揭穿「聖人」及其門徒口是心非的虛偽本質了。

說上面這段話，目的在於闡明司馬遷寫作〈遊俠列傳〉的思想傾向。這種傾向，司馬遷在〈遊俠列傳〉的前段序論部分用了占全文三分之一的文字反覆宣揚；限於篇幅，本文沒有收錄。但必須略作如上的陳說，使我們進入評賞之前對整篇文章的主題先有一個總體把握。

請記住，我對本文的評賞限於傳記文學範疇而不涉及歷史科學，我著重論析的是司馬遷寫這篇列傳運用了哪些藝術手法。因此，在剖析文章結構時，也著眼於藝術架構。從藝術架構看，〈郭解傳〉可分為前後兩大部分。前部分先用三個典型事例勾勒他的基本輪廓，後部分寫他「徙家茂陵」及逃亡出關所作所為，給「輪廓」敷金傅粉，完成人物形象的全面塑造。

三個典型事例之一是郭解如何處理他外甥被殺事件。有人在酒筵上殺了他的親外甥，他姐姐又棄屍大道以羞辱郭解，想激怒他出面為外甥報仇。這種事落到誰身上也將忍無可忍，何況「陰賊著於心」（感情不外露，內心狠辣），「慨不快意，身所殺甚眾」（心中感到憤慨，或遇到使他不痛快的人就親手把他殺了，這樣殺死的人很多）的郭解呢？出乎人們意料之外，這一次郭解非常冷靜，首先不動聲色，只在暗中派人偵查凶手的住處。凶手知道逃匿不可能，何況事情是郭解的外甥挑起來的，於是他主動出首，將詳情告訴郭解。這時郭解才知道，他外甥仗解之勢欺負別人，強迫灌人家喝過量的烈酒侮辱對方，凶手才在一怒之下殺了他。於是，郭解對前來請罪的凶手說：「公殺之固當，吾兒不直。」（您殺他是對的，我外甥沒有道理。）將凶手放走了。中國人最講戚族倫常，但凡事涉親故，是非往往就被扭曲變形；郭解卻只問是非曲直，不計親疏。這在封建社會是何等難得的品德！

事例之二，記郭解胸懷。每逢他外出，見到他的人向來敬而避畏。有一天，發現有人「箕踞視之」（蹲著身子直視郭解，這在當時，是倨傲不恭的表現），手下打算殺了此人。郭解卻說：「他與我同居一地卻不敬畏我，一定是由於『吾德不修』（我的道德品行有不周到的地方）。」非但不殺此人，反而暗中囑咐地方小吏：「以後輪到此人服徭役，請你們給他免了。」後來「箕踞視之」者得知地方官吏從不徵召他服徭役的原因，感動得向郭解「肉袒請罪」。從這件事可以看出，郭解不但嚴於自律，且能以德報怨。胸懷如此，無怪乎「少年聞之」，「愈益慕解之行」了。

事例之三是他替洛陽兩家「相仇者」居間調解的故事。這兩家積怨極深，當地許多「賢豪」（有名望的紳士）出面替他們和解，兩家均拒不接受。後來有人到軹城請郭解出面。郭解居然使雙方勉強聽從調解。這事證明郭解的威望遠遠高出洛陽賢豪之上。郭解卻唯恐榮名及於己身，他從家裡到洛陽來調停此事，是「夜見仇家」；事成之後離開洛陽，又是「乃夜去，不使人知」，白天根本沒有在洛陽露面。臨走時叮囑兩仇家：「你們再一次去請本地賢豪出面，接受他們的調解，握手言和，不必說是聽了我的話才言歸於好。」他這樣做是為了尊重洛陽賢豪的聲譽，自己雖畢其功卻不居其名，充分展示了「不矜其能，羞伐其德」的高尚情操。自古以來，掠人之美、貪天之功者何可勝數！對比郭解，這些人應該愧殺！

由於諸如此類的事例，「諸公以故嚴重之，爭為用（高度尊重他，爭著為他效力）」；「邑中少年及旁近縣賢豪，夜半過門，常十餘車，請得解客舍養之」。這裡說的「解客」，指郭解家中收養的那些犯法亡命之徒。此時郭解已經成了邑中少年和鄰縣賢豪崇拜的偶像，大家爭著效法他，把敢於仗義救人看作無上的光榮，往往深夜帶來上十輛大車到郭解家中，請讓出一部分亡命者給他們帶回去供養。由於郭解收養的人大多負案在身，正受追捕，因此邑中少年前來接人的時間往往選在夜闌人靜之際。試設想，十多輛車，一大群人，「夜半過門」，行動多麼詭祕，氣氛多麼緊張！讀這一小節文字，彷彿置身於月黑風高之夜，萬籟俱寂之時，親見郭解家門口人影幢幢，車馬隱約，幾句話寫來極富傳奇色彩。

郭解一生可寫之事一定很多，以上選錄三事，是經過精心挑選、組織的。第一例，寫解甥被殺，意在表現他能正確處理親友是非之辨；第二例善待「箕踞視之」者，意在表明他內省諸己的功夫；第三例洛陽解仇，表明他善於尊重別人，有功不居的品德。三件事從三個不同側面進行勾畫，人物的基本輪廓畢現，而且立體化了。

這篇文章第一部分用的全是正面鉤勒手法；下面第二部分寫徙家茂陵，則改用烘托反襯，對人物的刻劃進入更深的層面。

茂陵在漢都長安之西不遠。漢武帝接受縱橫家主父偃的建議，把關外富豪家產超過三百萬錢的人家強迫遷居茂陵，以「內實京師，外銷奸猾」——說白了，怕這些人圖謀不軌，迫令他們遷居京都附近，便於管制。郭解家居河南軹城，其家產並無三百萬錢，本不在徙家之列；但由於他名聲極大，縣吏仍將他列名上報。

大將軍衛青（漢武帝妻舅）出面在武帝前為解說情。武帝說：「布衣權至使將軍為言，此其家不貧。」衛青的話反而起了負面效應，更加堅定了武帝必徙郭解的決心。顯然，「內徙」著眼不僅僅在此人有多少家財，還在於他有多大的操縱社會的能量。這正是「外銷奸猾」的立意之所在。試想，當時徙家茂陵者該有多少？又有幾人能以布衣（普通老百姓）而勞大將軍衛青為之說情？又有幾人由武帝親自過問？這一筆不正烘托出郭解以布衣之俠名重京都嗎？解徙家時，軹城「諸公送者出千餘萬」——郭解家產不足三百萬，現在他搬家，人家為他餞行送的錢竟達千餘萬之多，這不正烘托他的俠行高義是如何傾動人心嗎？他徙家茂陵後，「關中賢豪知與不知，聞其聲，爭交歡解」——爭先恐後與這位新遷來的俠士交朋友，這又是一筆濃墨重彩的烘托。

郭解終於從河南軹城遷家到茂陵去了。但他依然無法安居，一系列殺人案件牽涉到他身上。他在軹城被列入內徙者名單上報，始作俑者是當地一個姓楊的縣掾（縣令以下的屬吏）。解家已徙，解姪出於洩恨，把這位縣掾的頭砍了。不久，縣掾之父楊季主又被人暗殺。楊家裡的人上皇都長安向朝廷告狀，又被人暗殺於京城之內。聯繫上文「少年慕其行，亦輒為報仇，不使知也」，這接二連三的命案，雖非郭解指使所為，甚或亦不為郭解所知，卻又都與他有密切的關係，烘托出郭解如何受人尊敬，他被列入徙家名單之事，有多少人暗中為之鳴不平，不辭殺仇以代為洩恨。寫殺仇，筆筆是寫郭解。

寫得最激動人心的是他逃亡到山西臨晉一段文字。當漢武帝聽說不斷有人為郭解報仇，殺人居然追殺到京城長安、天子腳下來了，自然赫然震怒。抓不到真凶，就下令逮捕郭解。解聞風逃到山西臨晉。其地濱黃河，有臨晉關（即蒲關）扼其要衝。「臨晉籍少公素不知解；解冒，因求出關❶」。此時的郭解是被通緝的「欽犯」，他化裝蒙面去見素未謀面的當地俠士籍少公，請他設法讓自己逃出臨晉關。籍少公果然冒著危險把郭解送出了關，郭解輾轉逃到山西太原。他「所過必告主人家」（但凡途經留宿之地，一定要把下一站將往何地、宿何人家告訴留宿的主人），以備追捕者如果責問主人，他可以據實以告，避免承擔罪責。即使在亡命天涯、生死攸關的時刻，郭解依然處處為人家著想，深恐連累別人，這一筆寫出他為人何等

❶ 解冒，因求出關：「冒」字舊說紛紜。有釋為「冒昧」者，有釋為「假冒他人之名者」，都說不通。郭解所怕的不是籍少公而是追捕他的吏卒，又何必假冒他人姓名去見籍？須知籍之所以願為郭解出力，直至付出生命，皆因感解之俠義；如冒用他人之名，籍少公怎能如此？按：《說文》：「冒，冢而前也。」「冢，覆也。」故釋為「蒙面以見」。之所以要蒙面，是防吏卒認出他來。

光明磊落！正是由於他不願隱瞞行蹤以累人，跟蹤追捕者才順藤摸瓜找到了籍少公。這位起先「素不知解」的籍少公為了掐斷線索以保全郭解，竟自殺以滅口。一個人的嘉行高義足以使素不相識者為之殉身無悔，此其人必有異乎尋常的不可企及的人格力量。如此烘托，郭解的形象越發高大，愈益輝煌。

以天下之大，何處不可寄郭解一身？但他既不肯連累別人以換取自身的安全，最終必然要落入法吏偵卒之手。他被捕了。但那些殺人復仇之事既非他所為，他甚至根本就不知道。他確曾「慨不快意，身所殺甚眾」，但那都是在大赦令頒布以前所為，依法不能再治他的罪。審訊者久不能決，派人到他故鄉進行調查，軹城人多稱頌郭解是賢者，只有一個儒生向調查者說：「郭解專以奸犯公法，何謂賢？」這話被郭解的故人知道了，立即「殺此生，斷其舌」。又是一樁新的人命案，使郭解的問題變得更加複雜了。但「吏以責解，解實不知殺者」——他已經被捕入獄，獄外發生的事，又怎能責怪他呢？審訊此案的法吏依然無可如何，只好「奏解無罪」。朝廷上議論此案，「外寬內深」的儒者、獄吏出身的御史大夫公孫弘說：「解雖弗知，此罪甚於解殺之。」定郭解應處「大逆無道」之罪，不只殺了郭解，且全家族滅。在郭解一生的最後時刻，司馬遷細寫為郭解量刑定罪之事，一石二鳥：既以公孫弘之流陷解於死來揭露儒者的舞文弄法，漢武帝的嚴酷殘忍；又以這些統治者必欲置郭解於死地來烘托他的聲威力量，因為，留著他會使朝野寢饋難安。以一布衣而能使帝王卿相寢饋難安，此人當是何等震懾天下的人物，這不是最大的烘托嗎？

最後一小段論贊「太史公曰」，照例應對傳中人物作全面的評價；作者卻運用反襯手法，為郭解的形象頰上添毫。傳的前段已經寫過「解為人短小精悍，不飲酒」，結尾處再補一筆「吾視郭解，狀貌不及中人，言語不足采者」。司馬遷與郭解同時而稍後，又曾同居茂陵，親眼見過郭解。補此一筆，加強了史事的真實性；而且，寫其「長不滿七尺」，正是用來反襯他「心雄萬夫」。司馬遷為張良作〈留侯世家〉，寫了他「運籌策帷帳中，決勝千里外」的謀士風儀，最後卻說：「余以為其人計魁梧奇偉；至見其圖，狀貌如婦人好女。」用的也是這種反襯手法。司馬遷看重的不是人物的武功勇力，人物的外在美；他看重的是人物的人格力量，人物的內在美。他著力稱揚的是郭解的品德節概和精神世界，以及那種獨來獨往、敢作敢為的反抗精神。

清人劉熙載《藝概．文概》論太史公文說：「……第論其惻怛之情，抑揚之致，則得之於《詩三百》及〈離騷〉居多。」明代茅坤甚至說：「讀〈遊俠列傳〉即欲輕生。」「即欲」二字充分顯示出〈遊俠列傳〉有極強的感發力量。作品的感發力量只可能來自作者深厚強烈的感情。這就道出了這篇列傳在藝術上善用烘托、反襯手法之外的又一個特色。列傳第一大段議論遊俠品德時，始則曰：「布衣之徒，設取予然諾，千里誦義，為死不顧世，此亦有所長，非苟而已也（他們也有自己的長處，其榮名不是隨便得來的）。」再則曰：「此豈非人之所謂賢豪間者邪？」（這些人難道不是賢豪中傑出的人物嗎？）接下去又說：「俠客之義曷可少哉！」一直使用抒發強烈感情的反問句式和感嘆句式。當說到上層社會排斥遊俠，則曰：「然儒墨皆排擯不載，自秦漢以來，匹夫之俠湮沒不見。」然後補足一句：「余甚恨之！」表現出對儒墨的痛恨和對遊俠不能留芳史乘的無限惋惜。特別是本傳結尾處，用「於戲（嗚呼）惜哉」四字終篇，寄寓無窮感慨，無限不平。儒者斥之、陷之，武帝、公孫弘誅之、族之，司馬遷卻無限深情地痛之、惜之，而且唱嘆再三，情深一往。無怪乎《史記抄》引董份贊〈遊俠列傳〉之言曰：「咨嗟慷慨，感嘆惋悒，其文曲至，百代之絕矣！」董份評賞，也側重在此文感情強烈上，認為這篇列傳達到了傳記文學上難乎為繼的最高水平。

鬚眉畢動　聲色如生

——〈廉頗藺相如列傳〉評賞

《史記》名篇〈廉頗藺相如列傳〉標題僅列二人，其實是廉、藺與趙奢、李牧四人合傳。這四位趙國文武精英的活動時間自趙惠文王當國中期始至秦滅趙止，歷四君五十五年。五十五年中，面對虎狼之秦，趙國經歷了從撐持危局、一度中興到終歸敗滅的艱難歲月。始則因趙惠文王不次起用藺相如，使趙得不辱於暴秦；繼之廉頗、趙奢攻齊伐魏，大破秦軍於閼與之下，趙國中興；終以孝成王用趙括代廉頗為將，兵敗長平，數十萬眾被阬殺，趙國元氣大傷；隨後趙王遷聽讒，殺良將李牧，秦破趙國，虜趙王，趙終於落得個臣死國滅的下場。廉藺四人的昇沉起伏緊緊連繫著趙國的隆替興衰，顯示了人才的巨大作用，給後世為國者留下深刻的教訓和啟迪。學習歷史的目的在於以古鑒今，〈廉藺列傳〉在這方面的作用是十分明顯的。司馬遷將廉藺四人合為一傳，立意在於以趙之興亡為鑒，垂訓後世，要重用良才，杜絕姦佞。

基於這樣的立意，這篇傳記抉擇四人史事，以智勇保國為旨歸。這是我們閱讀本傳首先要牢牢掌握的貫串全文的主線。由於廉藺保國存趙的事跡最為突出，故四人合傳以廉藺為主名，所記最為詳盡。又由於藺相如完璧歸趙、澠池折秦王、引避廉頗三事表現了良臣的氣度節概，故傳文最後的「論贊」僅僅言及相如一人「威信（同『伸』）敵國，名重泰山」，而無一語涉及廉趙李。眾人中擇寫四人，四人中突出二人，二人中著重一人，於此可以領悟司馬遷是何等善於審擇史料，謀篇布局。我評賞此文，也就以廉藺部分為限。這不僅因為二人事跡突出；從文學角度看，本傳寫廉藺文字，也最為生動精警，而於藺相如尤甚。

藺相如出身低微，是趙宦者令繆賢的「舍人」（宦官頭子的家臣）。秦昭王聽說趙惠文王得楚和氏璧，「使人遺（音ㄨㄟˋ，致送）趙王書，願以十五城請易（交換）璧。」顯然，和氏璧雖稀世之寶，價值終竟有限；秦昭王之意，在藉此欺侮趙國，進行訛詐，興起事端，其用心十分險惡，不僅僅在於一璧。正因為如此，趙王才感到左右為難：把和氏璧給了秦國吧，受欺示弱，引來後患無窮；不給吧，秦國必以此為藉口，兵戎相見，趙國兵力又不是秦國對手，禍患將不旋踵而至。正當趙國君臣惶惶不知所措的時候，出身卑微的藺相如在繆賢介紹下挺身而出。他分析形勢，得出「寧許以負秦曲」（寧可答應將璧送給秦國，置秦於理虧的地位）的結論。讀者也許要說：這算什麼良謀奇策？把秦國推到被告席上有什麼實際意義？要了解這一點須連繫當時複雜的鬥爭形勢。戰國後期，天下諸侯無不在強秦威脅之下，山東六國乃用蘇秦之謀合縱抗秦，趙王曾一度為合縱之長。到趙惠文王時，合縱雖因張儀之間已經破散，依舊時分時合；秦國最害怕的是合縱的再度形成。如果秦國為一和氏璧處於理虧的被告席上，說不定會激起山東諸國再度合縱以抗秦，這對秦國統一天下的大業無疑是極不利的。於此可見，「寧許以負秦曲」決不僅僅是讓秦人負理曲之名而內疚神明，而是具有深遠戰略意義的謀劃。趙王贊成這種作法，問「誰可使者」時，藺相如又勇敢地臨危受命，作出「城入趙而璧留秦。城不入，臣請完璧歸趙」的承諾。他這種不顧個人安危，受命於危難之際的勇氣，遠在趙國諸臣之上。司馬遷筆下的藺相如，一出場就顯得智略忠勇高人一等，光彩照人。

接著寫相如獻璧，一上來就點明「秦王坐章臺見相如」，風雲頓起。「章臺」是秦都的離宮別館，秦王娛樂賞心的地方。藺相如是趙國外交使節，秦王不在大殿上以國賓之禮接見，卻在章臺接見他，顯然存心輕侮趙國。相如隱忍獻璧，秦王不與他談以城易璧的事，卻將璧「示美人及左右」，目無趙國使臣，進一步侮慢趙國。司馬遷不記秦王一言，只寥寥幾筆鉤勒獻璧的地點、場面，秦王之心已經昭然若揭了。這時藺相如為了國家和個人的尊嚴，理應起而抗爭；但他不動聲色，只佯言「璧有瑕，請指示王」。躊躇滿志的秦王毫無戒備地將和氏璧交還給藺相如，這時相如才以與璧共存亡的決心怒斥秦王，文章進入高潮：

> 相如因（順勢）持璧卻（退後）立倚柱，怒髮上衝冠，謂秦王曰：「大王欲得璧，發書至趙王。趙王悉召群臣議，皆曰：秦貪，負（倚仗）其強，以空言求璧，償城恐不可得，議不予秦璧。臣以為，布衣之交尚不相欺，況大國乎？且以一璧之故逆（拂逆、違背）強秦之歡，不可。於是趙王乃齋戒五日，使臣奉璧拜送書於庭。何者？嚴大國之威以修敬也。今臣至，大王見臣列觀（一般的臺觀，指章臺），禮節甚倨（傲慢），得璧復傳之美人以戲弄臣。臣觀大王無意償趙王城邑，故臣復取璧。大王必欲急臣，臣頭今與璧俱碎於柱矣。」相如持其璧睨柱，欲以擊柱。

這段文字是全傳的精華，《史記》中膾炙人口的片斷。第一，補敘趙國廷議，說明趙人對秦國的陰謀有清醒的認識，此行是有充分的準備而來的；第二，說趙王齋戒拜送，強調趙國尊重秦國，反襯秦王此時的輕慢無禮，使雙方形成鮮明對比，以貶斥秦王；第三，表明自己寧為玉碎，不惜與璧共存亡的決心，以絕秦王之望，奪秦君臣之氣。相如一席話，義正詞嚴。傳文描繪他的形象：「持璧卻立倚柱」、「怒髮上衝冠」，進而「持其璧睨柱」。「倚柱」、「睨柱」，一字之別，感情強化的層次，何等鮮明！這幾個畫面，彷彿現代電影中的定格特寫，鬚眉畢張，光芒四射，而且預示下一個驚人舉動頃刻即將出現在章臺的殿堂之上，逼得秦王連忙「辭謝固請」——承認自己不對，堅請相如不要以璧擊柱，並召有司按圖劃定十五城予趙。正義終於戰勝了邪惡，本想輕侮趙國使臣的秦王反受趙國使臣的輕侮，不得不聽命於使臣。

藺相如隨即提出要秦王齋戒五日然後獻璧，實際上這是緩兵之計。他知秦王必不肯以十五城易璧，暗中派人從小路送璧回趙國。五天之後，秦王果然設九賓之禮（以九位儐相依次傳呼引使臣上大殿，是最隆重的迎接國賓的禮節）引相如上殿，滿以為這次一定可以得到和氏璧了。不料，藺相如上殿，又一次數落秦王：「秦自繆公以來二十餘君，未嘗有堅明約束者也。」——謂秦君向來不守信約，揭了秦國列祖列宗的老底。他明言：和氏璧已經送回趙國；要求秦國先割十五城與趙，「趙立送璧來」。並表明：「臣知欺大王之罪當誅，臣請就湯鑊。」湯鑊即湯鍋。當時最殘酷的死刑，是把人投入開水鍋裡活活煮死。「就湯鑊」即自投滾水中煮死之意。結果怎麼樣？「王與群臣相視而嘻」——面面相覷，驚怪而呼，拿藺相如毫無辦法，只好按外交禮節送藺相如回國。

歷來評論家對藺相如完璧歸趙多盛讚其勇，我卻以為相如的成功主要在於智。整個事態的發展，他早經深謀熟慮，成竹在胸，故能玩秦王於股掌之上。他深知自己必能立於不敗之地，立於不死之地；而非徒逞匹夫之勇，僥倖於一時。下文我略申自己的看法。

當秦王初見相如，不在正殿而在章臺，相如深感自己和他代表的趙國都受了莫大的侮辱，但此時他隱忍不發。當秦王將璧傳示美人及其左右，不把他這個趙國使臣放在眼裡時，他依然隱忍不發。直到他用「璧有瑕，請指示王」賺回和氏璧後，才怒髮衝冠斥秦王輕慢趙國，戲弄使臣，就因為此時他手中握有和氏璧，掌握了主動權。他持璧睨柱，以人死璧碎脅秦王，也因他早已掌握了秦王的心態：使臣生死，絕不在意；玉碎璧毀，卻會使這個貪婪殘暴的秦王撕心裂魄。古話有「投鼠忌器」之言，秦王之心正是如此。寶璧出山，卞和因璧而刖足；藺相如此際卻恃璧而全身，小小和氏璧成了他調動眼前這位暴君的法寶。二次廷見時，和氏璧早已歸趙，秦王再也沒有「忌器」之心了，為什麼不殺敢於戲弄他的藺相如呢？歷史上，即使兩國交兵，也不斬來使；何況眼前秦、趙並非處於戰爭狀態。且此刻在隆重的朝會之上，秦昭王不能不顧影響。再說，這位趙國使臣仍然接受他提出的「以城易璧」的原則，只是要求秦先割十五城予趙，趙隨即送和氏璧來。當初秦王書中只提以城易璧，並未規定誰先誰後；趙使者提出這種條件，並沒有拂逆秦王的要求，他殺相如有什麼理由，用什麼作為藉口？而且，最關鍵的是：「今殺相如，終不能得璧。」他的目的原在於得趙璧，辱趙國，不在於殺趙國區區一個小臣。如果悍然殺之，擴大事態，使天下諸侯皆知秦王受趙使臣戲弄於朝廷之上，老羞成怒殺了趙使，他秦王有什麼面子，有什麼威風？對趙國又有多大的損失？且秦王之心必滅六國，無辜殺趙使，豈不令六國之民越發仇恨秦國，又怎能使天下歸心？因此他最後作出「不如厚遇之，使歸趙」的決定。他畢竟比其左右欲殺相如者想得更長遠。這一切，又都在相如預料之中。他先是以璧全身，最後又以歸璧遠禍，處處顯露出智慧的光芒。

但我絕對無意否認相如之勇在這場鬥爭中的重大作用。觀其持璧睨柱，怒髮衝冠時，他是一位忠勇衛國的鬥士，一位「知恥近乎勇」的凜然不可犯的大勇者。無其神勇則不能折服秦王，成其智謀；無其智謀也不能有此神勇，力挫秦廷。

下面評析澠池會上藺相如的言行。相如完璧歸趙後兩年，秦昭王又給趙王出了一道難題：約趙王「為好會於西河外澠池」。秦王此舉事在「秦伐趙，拔石城；明年復攻趙，殺二萬人」之後，趙王是以戰敗國君王的地位去赴會的；且地點在秦國屬地之內，這一切對趙國都非常不利。藺相如作為趙王的隨從，面對的形勢十分嚴峻。果然，宴會中，秦王酒酣，藉著酒意說：「寡人竊聞趙王好音（愛好音樂），請奏瑟。」趙王不得已鼓瑟。更難堪的是，秦國御史立刻把此事記錄下來：「某年月日，秦王與趙王會飲，令趙王鼓瑟。」趙王作為一國之君，迫於秦王之威，在酒宴上像樂工一樣為他奏樂助興，已經大受屈辱；現在又書之史冊，鑄成了永遠洗雪不去的奇恥大辱，是可忍孰不可忍？這時藺相如出列上前，對秦王說：「趙王竊聞秦王善為秦聲（秦地音樂），請奏（進獻）盆缶（瓦製酒器，敲擊成五音，秦民習用之），以相娛樂。」對方的反應是「秦王怒，不許」。於是相如趨前，「因跪請秦王。秦王不肯擊缶。相如曰：『五步之內，相如請得以頸血濺大王矣。』左右欲刃（殺）相如，相如張目叱之，左右皆靡（嚇倒）。於是秦王不懌（不快），為一擊缶。相如顧（回頭）召趙御史書曰：『某年月日，秦王為趙王擊缶。』秦之群臣曰：『請以趙十五城為秦王壽（獻禮致敬）！』相如亦曰：『請以秦之咸陽為趙王壽！』秦王竟酒（終席），終不能加勝於趙；趙亦盛設兵以待秦，秦不敢動」。

澠池之會這段文字比完璧歸趙短，不過三百餘字，卻寫得風緊雲驟，浪急波高。藺相如一上來就說：「趙王竊聞秦王善為秦聲。」標舉「趙王」二字於句首，顯出他智慧超人，善於辭令。無此二字則成了藺相如請秦王擊缶，顯然失禮，秦王完全有理由峻拒。抬出「趙王」身分，以與上文秦王令趙王鼓瑟兩兩對應，合情得體，秦王無法堅拒，必欲堅拒就是失禮。相如的急智還表現在他請秦王演奏的是擊缶。一則，這本是秦地民間常見的器樂；二則，瓦缶是酒宴上現成之物，隨手可得；三則，古有「黃鐘毀棄，瓦缶雷鳴」之言，可見這瓦器既大且重，以之擊人頭部可以致人於死。當時秦王左右儘管有許多護衛的武士，但兩國之君居上座，侍衛距離較遠，頃刻之間救不了秦王；相如則藉「跪進」之機，逼近秦王，才能用「以頸血濺大王」威脅秦王，決心與他同歸於盡。這樣才迫使秦王萬分不願地為趙王擊缶。

澠池之會是一場不見刀槍的鬥爭。表面上兩位國君飲酒歡宴，骨子裡秦王想脅迫趙王俯首聽命，割地言和，求得戰場上不易獲取的成果。在這場鬥爭中，藺相如又一次以其智勇保衛了趙國的尊嚴。但相如的表現在這次鬥爭中卻是勇氣甚於智謀。

藺相如獲得這次勝利還有一個極重要的因素：趙國有勇將廉頗「盛設兵以待秦」，使「秦不敢動」。沒有武備就沒有外交，沒有廉頗的兵力藺相如就難以取得全面的勝利。從「秦不敢動」四字可以推知，秦兵本來就準備扣留趙王為人質，隨即發動軍事上的大舉進攻的。

這樣，傳文十分自然地過渡到寫廉頗。本傳記述廉頗，重點寫三件事：一是澠池會前他向趙王作的訣別之辭，二是澠池會後他與相如爭列和後來的負荊請罪，三是他黯淡的晚年。

廉頗是趙國老將，威震諸侯，戰功卓著。當趙王與藺相如赴澠池之會時，廉頗送至邊境，臨別進言說：「王行，度（估計）道里會遇之禮畢，還，不過三十日。三十日不還，臣請立太子為王，以絕秦望。」話雖幾句，錚錚有聲。趁國君外出，另立新君，本是大逆不道的行為。明朝英宗在土木堡被蒙古軍俘虜，于謙擁立英宗之弟為景帝以堅守北京，後來英宗得釋，回京復帝位，謙因擅立新君被殺。可見廉頗請立新君以絕秦望冒著多麼大的危險。但廉頗一心為國，不計個人涉篡立之嫌，耿耿忠懷，光明磊落。在封建社會，這是最為難能可貴的大臣節概。由於他既有另立新君的準備，又陳大兵於國境以防秦軍偷襲，才得與相如前後方配合，力保趙國的安全。

廉頗與藺相如爭列，事在澠池之會以後。由於相如功大，趙王拜他「為上卿，位在廉頗之右」。秦漢以前，平居以右為大。「位在廉頗之右」即朝會位次在廉頗之上。廉頗對此不以為然。他說：「我為趙將，有攻城野戰之大功；而藺相如徒以口舌為勞（不過憑嘴巴能言善辯立功勞），而位居我上。且相如素賤人（指相如為宦者令家臣，出身微賤），吾羞，不忍（願）為之下。」並且揚言：「我見相如，必辱之。」藺相如聽到這話，處處迴避廉頗，甚至路上望見廉頗車騎將至則「引車避匿」。藺相如的門客抱怨相如膽怯，認為跟隨他不會有出息，紛紛要求離開。藺相如苦苦留住這些門客，說：「夫以秦王之威，而相如廷叱之（在朝廷上叱責他），辱其群臣，獨畏廉將軍哉！顧（但是）吾念（考慮）之，強秦之不敢加兵於趙者，徒以（僅僅因為）吾兩人在也。今兩虎共鬥，其勢不俱生。吾所以為此者（我之所以忍辱避匿的原因），以先國家之急而後私仇也。」好一個「先國家之急而後私仇」！一語炳耀千秋，垂範萬世！至今仍有少數外國人認為中國人勇於私鬥，他們何曾知道，中國兩千多年前的政治家、外交家中，就有恥於私鬥、以國家大局為重的遠見卓識的人。

人格的力量是無窮的。藺相如這話傳到老將軍廉頗耳中，如醍醐灌頂，使他頓然醒悟，為自己的言行愧悔得無地自容。他「肉袒負荊」（解衣赤膊，背負荊條），通過門客的關係到藺相如家中謝罪，請求責罰（「負荊」即自請責罰），說：「鄙賤之人，不知將軍寬之至此也！卒相與歡，為刎頸之交（生死與共的朋友）。」

歷來讀〈廉藺列傳〉者，每到此處無不為之動容。兩位大臣，一文一武，為了國家，不計個人私怨。一個隱忍寬容，胸懷似海；一個勇於改過，從善如流。就因為他們的心有一個共通點：國家利益高於一切！中國人向來敬重公忠體國之士，廉頗、藺相如就是這樣的典型。〈將相和〉一劇至今流傳在舞臺上，它曾經激發無數仁人志士公爾忘私、國爾忘家的愛國精神。

廉、藺交歡之後，傳文緊接一節文字，寫趙國重振國威的情況：

是歲，廉頗東伐齊，破其一軍。居二年，廉頗復伐齊幾（齊邑名），拔之。後三年，廉頗攻魏之防陵、安陽，拔之。後四年，藺相如將而攻齊，至平邑而罷。其明年，趙奢破秦軍閼與下……

這段文字寫得筆墨飛動，勢如破竹。「伐」、「攻」、「拔」、「破」，字字有力，節奏緊促，表現了將相和睦共輔國政產生的巨大力量，此時的趙國正處在復興時期。

中國古代的歷史似乎是用無數悲劇編織而成一條長長的、沒有盡頭的帶子，歷史上的風雲人物往往以悲劇主人公的形象告別人生舞臺，廉頗也不例外。趙奢死後，趙孝成王聽信秦人離間，啟用趙奢之子、善於紙上談兵的趙括為將以代廉頗，廉頗失去了兵權。結果，長平一戰，秦將白起全殲趙軍四十五萬，趙括被射死，國都邯鄲被圍，趙國勢大衰。這時孝成王才醒悟，重新起用廉頗領軍，大破乘危攻趙的燕軍，割燕五城以和。不久，孝成王卒，子悼襄王立，又以樂乘代廉頗為將，廉頗再一次喪失兵權，被迫出奔魏都大梁。他想憑自己的威名為魏國領兵以抗秦，但魏王不信任他。不久，悼襄王想召廉頗回趙為將，廉頗在魏不得志，也日夜懷思故國，希望回趙為國效力。可惜趙王耽心廉頗年老，難於征戰，先派使者去魏考察他的健康情況。廉頗的仇家深恐頗回國重掌兵權，於己不利，用巨金收買使者，要他在趙王面前詆毀廉頗。使者至魏見廉頗，頗一飯斗米，肉十斤，披甲上馬，以示自己依然可以為國出力，馳騁疆場。使者還報時卻說：「廉將軍雖老，尚善飯。然與臣坐，頃之三遺矢矣（短時間大便三次）。」趙王聞此，召用之議遂罷。後來楚王聽說廉頗流亡在魏，暗中派人迎他入楚領軍，但未見有功。廉頗無限深沉地說了一句話：「我思用趙人。」卒死於楚地壽春。他是在念念不忘故國中淒涼死去的。強烈的愛故國、戀鄉土的一腔熱火，被趙國的昏君一次又一次澆滅了。〈廉藺列傳〉寫廉頗晚年文字，感情深沉激楚，動搖人心，是司馬遷筆端用力之處。可惜從來賞論此傳者，只豔稱他負荊請罪，勇於改過；未見有人激賞傳文中寫他離開趙國、客死他鄉這一段千古妙文。我在這裡特為拈出，相信讀者中必有戚戚焉於心者。

清李晚芳在其《讀史管見》中，對藺相如，特別稱揚他引避廉頗一段議論；對廉頗，則盛讚他與趙王訣，請立太子以絕秦望的語言。顯然，他看重廉、藺公忠為國的精神。但是，司馬遷作這篇傳記的立意，是不是僅在於表彰這兩位古代英雄公忠為國的精神呢？我以為，我們還應該向更深層開掘本文的主題。誠然，本傳著重表現了廉、藺忠勇為國的精神。但相如早死，廉頗老境淒涼，空懷愛國之心而無請纓之路。傳中另敘二人，趙奢僅記其收平原君家租稅和閼與破秦軍二事，不久他便死去了。另述趙之良將李牧，記其大破匈奴，擊破秦軍，南拒韓魏諸事跡。這位極善用兵的邊將，也因寵臣郭開金的反間之言，被趙王下令捕殺。李牧死後三個月，趙即滅亡。明人鍾惺評此傳說：「以廉頗、藺相如主名，中間趙奢、李牧周旋穿插，斷續無痕，而趙之興亡，節目（關鍵）全在於此。賢才關係國家，此史之識。」他看得比李晚芳深刻，強調本文主旨在於「賢才關係國家」。但李、鍾之論，仍未盡愜我心。我認為，司馬遷作此傳的中心思想，在於從宏揚愛國精神的角度稱揚賢才；從賢才的浮沉繫趙國之興亡突出人才的重要作用；以君暗、才毀、國亡的史實，抒發人才不見用於世的孤憤。「舒（抒）憤懣」是《史記》許多名篇的總主題，〈李廣傳〉、〈淮陰傳〉、〈屈賈傳〉莫不如此。借歷史人物的遭際抒憤懣，發皓吟，又是與司馬遷自己不為世用的悲慘處境緊密聯繫著的。

宋代著名詞家辛棄疾〈永遇樂〉後片寫道：

四十三年，望中猶記，烽火揚州路。可堪回首，佛狸祠下，一片神鴉社鼓！憑誰問，

廉頗老矣，尚健飯否？

辛棄疾以廉頗自況。廉頗雖老仍望為國宣勞；但又有誰問及我、召用我呢？他這首詞也是在抒發憤懣，慨嘆自己不為世用，報國無門。千古忠烈，異代同悲！

美人芳草　絕代詩魂
——〈屈原列傳〉評賞

清人陶必銓《萸江古文存》評《史記・屈原賈生列傳》之言曰：「〈屈賈傳〉頓挫悲壯，讀之如見其人，《史記》合傳中之最佳者也。」明人茅坤《史記鈔》以為：「今人讀〈遊俠列傳〉即欲輕生，讀〈屈賈傳〉即欲流涙。」宋人樓昉《過庭錄》則說：「太史公筆力豪放而語激壯頓挫；贊尤奇，賈誼屈原、荊軻兩贊，當為第一，讀之使人鼓舞痛快而繼之以泫然泣下也。」可知自來讀《史記》者對〈屈原賈生列傳〉評價之高。為什麼如此呢？用我們今天的話說，這篇列傳寫出了中國古代知識分子共同的悲哀。知識分子比一般人多一份憂國憂民之心，多一份時代使命感和社會責任感。而君暗時危，此輩欲維持而不能，欲坐視而不忍，這便是悲劇的根源。屈原之悲劇以此，賈誼之悲劇以此，司馬遷自己的悲劇又何嘗不是以此！無怪乎李景星《史記評議》說：「以抑鬱難遏之氣，寫懷才不遇之感，豈獨屈、賈兩人合傳，直作屈、賈、司馬三人合傳讀之可也。」我這篇小文限於篇幅，只評賞〈屈原賈生列傳〉中的屈原部分，故標題逕用〈屈原列傳〉。

讀者一定知道，屈原是輝煌長詩〈離騷〉的作者。聞一多先生曾說過：「痛飲酒，熟讀〈離騷〉，方得為真名士。」為什麼熟讀〈離騷〉方得為真名士呢？司馬遷說：「離騷者，猶離憂也。」聞先生說上面那些話時，抗戰方殷，大半個中國的人民顛沛流離，人人心中有說不盡的「離憂」（離鄉背井之痛，國破家亡之憂）。更何況，在那艱苦歲月，為國捐軀如張自忠將軍者有之，投敵叛國如汪精衛者亦有之；毀家紓難者有之，醉生夢死者亦有之。前方馬瘦，後方豬肥。熱愛祖國、關心民瘼的知識分子如聞先生這樣的學者、詩人，蒿目時艱，讀〈離騷〉，懷屈子，酒酣耳熱，抗言國是，或新亭對泣，或擊楫中流，這不正是東晉過江名士的風度嗎？

充滿了愛國激情的深厚內蘊，探求真理的獻身精神，以及崇高的覺醒意識，一篇〈離騷〉，使兩千多年來無數正直的知識分子為之長吟永慕，起坐徬徨；司馬遷為〈離騷〉作者寫的這篇〈屈原列傳〉，同樣文情斐亹，音節激楚，悲憤淋漓。試讀傳文第一段：

屈原者，名平，楚之同姓也。為楚懷王左徒。博聞強志（記），明於治亂，嫻於辭令。

入則與王圖議國事，以出號令；出則接遇賓客，應對諸侯，王甚任之。

這開篇五十餘字，寫屈原出身行事。「楚之同姓」指出他與楚國的密切關係；「博聞強志」表明他的文化素養；「明於治亂」說明他的政治水平；「嫻於辭令」顯示他的外交才能。「入則」、「出則」寫他職位的重要和楚懷王對他的信任。一篇傳文入筆就對傳主作出如此完美的總體評價，起點之高在七十列傳中是少見的。讀文至此，將以為接下去一定要對屈原仕途得意展開充分的敘述，不意下文陡然一跌：

上官大夫與之同列，爭寵而心害其能。懷王使屈原造為憲令，屈原屬草稿未定，上官大夫見而欲奪之，屈平不與。因讒之曰：「王使屈平為令，眾莫不知。每一令出，平伐其功，以為非我莫能為也。」王怒而疏屈平。

接下去，傳文第二段寫屈原創作〈離騷〉的動因，評價〈離騷〉的成就，是這篇列傳中最精闢的部分，樂章的最強音：

屈平嫉王聽之不聰也，讒諂之蔽明也，邪曲之害公也，方正之不容也，故憂愁幽思而作〈離騷〉。離騷者，離憂也。夫天者，人之始也；父母者，人之本也。人窮則反本。

故勞苦倦極未嘗不呼天也；疾痛慘怛未嘗不呼父母也。屈平正道直行，竭忠盡志以事其君；讒人間之，可謂窮矣。信而見疑，忠而被謗，能無怨乎？屈平之作〈離騷〉，蓋自怨生也。〈國風〉好色而不淫，〈小雅〉怨誹而不亂，若〈離騷〉者，可謂兼之矣。上稱帝嚳，下道齊桓，中述湯武，以刺世事。明道德之廣崇，治亂之條貫，靡不畢見。其文約，其辭微，其志潔，其行廉，其稱文小而其指極大，舉類邇而見義遠。其志潔，故其稱物芳；其行廉，故死而不容自疏。濯淖汙泥之中，蟬蛻於濁穢，以浮游塵埃之外，不獲世之滋垢，皭然泥而不滓者也。推此志也，雖與日月爭光可也。

這段文字將〈離騷〉與《詩三百》並列，對屈原及其〈離騷〉作了極高的評價。但司馬遷似乎覺得稱揚之意仍未能盡，痛悼之情仍未能絕，下段又以「屈平既絀」四字領起，用五百多字的大段文章記述了屈原被貶退之後楚國的形勢變化，把楚國君辱臣死與屈原遭讒被黜緊密聯繫起來，以顯示屈原一身繫楚國之安危，從另一個角度展開歌頌。屈原被黜，降職為三閭大夫，主管宗廟祭祀工作，再也無權過問朝政。從此，群小肆虐，為所欲為。本來，戰國七雄，除了秦國之外，六國諸侯中楚、齊力量最強。六國用蘇秦之謀合縱以西向抗秦，屈原是這條外交路線的積極維護者，他尤重楚、齊之間的結盟。屈原既失左徒之職，楚國君臣昧於遠略，急其近利，時而與齊絕交而媚秦，時而與齊修好而抗秦，外交上舉棋不定，致使自己兩面受敵，孤立無援。秦國則軟硬兼施，力圖壞齊、楚之盟，各個擊破。楚懷王聽信群小之謀，始則受秦張儀騙，貪秦許以商於之地六百里的厚賂而絕齊聯秦；及至張儀只允六里之地，懷王又老羞成怒，發兵攻秦，一戰而喪師八萬，大將屈匄被虜。後來他又受秦昭王騙，在群小慫恿下親自到秦國為武關之會，與秦修好；結果被秦國扣留索地，最終身死異域。自屈原被罷黜後十多年中，楚國不斷受秦侵凌，齊、趙、韓、魏也一再聯合伐楚，楚軍主力損失殆盡，大將或死或俘，領域被不斷侵占，如風中殘葉，日見凋零；雖一度起用屈原使齊重修舊好，但狂瀾既倒，孤臣無力可回天了。

楚懷王被秦國作為人質拘禁後，楚太子横繼立為頃襄王，其少弟子蘭當上了令尹（相當於後世的宰相）。從此群小把持朝政，國事更不可為。頃襄三年，懷王病死秦國。據《史記．楚世家》記載：「秦歸其喪於楚，楚人皆憐之，如悲親戚。」懷王是在子蘭慫恿之下拒不聽屈原諫阻才到秦國去的，故懷王之死，楚人無不深怨子蘭；屈原尤其痛恨，在詩作中諷刺、指謫，辭鋒隱及頃襄王。「令尹子蘭聞之大怒，卒使上官大夫短屈原於頃襄王；頃襄王怒而遷之」。從此，屈原被流放到江南蠻荒之地，即今天湖南省沅水上游辰溪、漵浦一帶地方。

屈原的命運與楚國的安危緊緊連在一起。楚國國步蜩螗，搖搖欲墜；屈原在流放途中，行邁靡靡，中心搖搖。司馬遷為他畫像：「屈原至於江濱，被（通披）髮行吟澤畔，顏色憔悴，形容枯槁。」寥寥幾筆，畫出了這位愛國詩人形諸容色的滿腹憂傷，與當年那位「嫻於辭令」、「接遇賓客，應對諸侯」的左徒屈原判若兩人，簡直令人難以辨認了。下文司馬遷設為漁父問答之辭進一步刻劃屈原，便是用「子非三閭大夫歟」？這樣的疑問句開始的。據許多學者考證，〈漁父〉一詩並非屈原所作；司馬遷引入傳文為屈原寫心，「澤畔」、「江邊」，地望遙相照映；儒家道者，辯論人生，事或出於虛無，情境恍如親見。顯然，司馬遷之意，在於用老莊哲學作為對應面來陪襯這位失路孤臣，用對比的手法突出屈原的忠貞志節。孔子不是說過「道不行，乘桴浮於海」的話嗎？范蠡不是最終隱遁五湖嗎？屈原會不會「占斷蘋洲煙雨」、「獨去作江邊漁父」呢？漁父勸他「與世推移，隨流揚波」，屈原將如何回答？請看下文：

> 舉世皆濁，而我獨清；眾人皆醉，而我獨醒。……吾聞之，新沐者必彈冠，新浴者必振衣。人又誰能以身之察察，受物之汶汶乎？寧赴常流而葬乎江魚腹中耳，又安能以皓皓之白而蒙世之溫蠖（混汙之意）乎？

這段話的大意是：剛剛洗過頭髮的人都彈彈帽子；才洗了澡總愛抖抖衣服。每個人都知潔身自愛之樂，我怎能以自己的清白之身受外物的汙染？我寧願葬身魚腹，永遠保持我的清白。他拒絕漁父的勸解，寫下最後的詩篇〈懷沙〉，自沉汨羅江而死。〈懷沙〉是懷念長沙或「抱石懷沙」之意。此詩短句相屬，繁音促節，氣咽聲吞，不假雕飾，以迫促之辭，頓挫之音，直抒其忠貞高潔、殺身成仁之志。詩人追求真善美的光輝思想，殉身無悔的節概，至此已經發展到了昇華的階段；作者對屈原的刻劃，也已經神完氣足了。傳文結尾處，司馬遷又添上一筆：「屈原既死之後……楚日以削，數十年竟為秦所滅。」一個偉大的愛國者，勇於求索、九死不悔的志士，敢於與邪惡勢力鬥爭到底的英雄倒下了！我國歷史上，世界詩壇上最傑出的詩人沉沒了！戰國時代幅員廣袤、物產豐富的南方古國——楚國五十年後終於被虎狼之秦吞併。屈原留給我們的不只是那不朽的、輝煌的辭賦，還有他那晶瑩堅貞的人格，像日月一樣永遠高懸在東方的天空，光明熾熱，久而彌新。在我國詩歌發展史上，從無主名的《詩三百》發展到有主名的屈原辭賦，是一個巨大的飛躍。屈原是我國詩歌之父，是我們民族的詩魂。

但自古迄今也有極少數人對屈原作出負面的評價。東漢史學家、《漢書》作者班固便是其中的一個。他在〈離騷序〉中說：「今若屈原，露才揚己，競爭群小之間，以離（通『罹』，遭遇）讒賊。然責數懷王，怨惡椒蘭（子椒、子蘭二人），愁神苦思；強非其人，忿懟不容，沉江而死，亦貶絜（貶損自身之高潔）狂狷（狂妄褊急）景行（德行高尚）之士……。」班固認為屈原是「露才揚己」的人，狂狷之士，把他與上官大夫、令尹子蘭之流的鬥爭說成是逞個人意氣，與小人爭短長，以致自招讒賊之禍。又說屈原「強非其人，忿懟不容」（強持一己之見，遇到不同意見者就忿忿然不能相容的器量窄隘的人）。屈原果真是這樣的人嗎？他與群小的鬥爭是為了逞個人意氣嗎？認識這一點，必須弄清屈原草憲，上官大夫奪之而屈原不與的內在原因；也就是說，要探究屈原起草的憲令可能包括一些什麼內容，對上官等人有什麼關係。對此，《史記．屈原列傳》沒有具體說明，但也留下蛛絲馬跡，我們可以推知其端倪。

首先可以肯定：屈原起草的「憲令」（即法令）是一份即將公布施行的重要政策法令。這從本傳開頭「入則與王圖議國事，以出號令」即可推定。「圖議國事」自然是商議國家大事；「以出號令」即將商定的結果寫定文本，公布施行。進一步可以推知：屈原這一次草擬的憲令必然包含重大的革新舉措。這從「上官大夫見而欲奪之」的「見」字中透露了消息。他是看見了憲稿的內容才去奪取的。假如他看見的只是一仍舊貫的普通公文，這與上官大夫有什麼關係，他何必去「奪」？正因為他看見的憲稿中有推行新政的重要內容，這新政又觸犯了他們一夥的既得利益，上官大夫才必欲奪之，屈原則堅拒不與。再看：這憲令是懷王與屈原商定然後交給屈原起草的，為什麼又會鬧到「王怒而疏屈平」？這一點，傳文也有暗示，細看上官大夫的讒言就會明白。上官進讒，避而不談他偷看憲草和奪憲之事，只是說：「王使屈平為令，眾莫不知」、「每一令出，平伐（誇耀）其功，以為非我莫能為也」。這惡毒的讒言包含了兩點內容：一、屈原對這種大事不保密，弄得「眾人皆知」——人人知道懷王處理國政要請教屈原。二、憲令本是懷王私下裡和屈原商定的，屈原卻誇耀自己有權、有能力，說這種事「非我莫能為」，儼然他是決策者，要不是他出主意，懷王想不出來。這話置懷王於何地？豈非明謂政由己出，懷王只不過是一個傀儡國王嗎？聽了上官這些話，懷王怎能不「怒」？上官工於讒諂，他只暗示屈原眼中、口中沒有懷王，以刺傷懷王的自尊心，激怒他去「怒而疏屈平」。假如直說自己奪憲，屈原不許，結果必然相反。草憲本是懷王命令屈原去辦的；誰要偷看，誰要去「奪」，豈非公然冒犯懷王，自討沒趣？於此可知，「奪憲」之爭是關係國家大政的鬥爭。

上述推定，還可以引屈原詩賦以為旁證。

在封建社會，知識分子要實現自己的政治理想，必須取得帝王的支持，這是屈原忠於懷王的主要原因。屈原的政治理想是要在楚國推行他的「美政」（〈離騷〉「既莫足與為美政兮，吾將從彭咸之所居」）。這種「美政」，首先是國家富強。要國家富強，必須建立法度（〈惜往日〉「國富強而法立兮，屬貞臣而日娭」）。為此，他寫〈國殤〉以激勵將士。他主張用人要選賢與能（〈離騷〉「舉賢而授能兮，循繩墨而不頗」）。他反對佞臣堵塞言路（〈惜往日〉「獨障壅而蔽隱兮，使貞臣為無由」）。因為，一旦言路不通，小人便會得志（〈惜往日〉「諒聰不明而蔽壅兮，使讒諛而日得」）。他反對賞罰不公（〈惜往日〉「忠何罪以遇罰兮，亦非余心之所志也」、「何貞臣之無罪兮，被離謗而見尤」）。他反對小人朋比為奸，在〈離騷〉中更是反覆申言（「夫惟黨人之偷樂兮，路幽昧以險隘」、「民好惡其不同兮，惟此黨人其獨異」、「惟此黨人之不諒兮，恐嫉妒而折之」），反對政治上貪汙腐化，徵斂民財（〈離騷〉「眾皆競進以貪婪兮，憑不厭乎求索」）。這種政治理想，自然會反映在他草擬的推行政治革新的憲令中；其對立面，箭垛子正是上官大夫之類的群小。「上官大夫見而欲奪之」的「見」，大概就是看見了這些內容。一方要推行政治革新的「美政」，一方必欲阻絕其推行，這是何等重大的政治鬥爭，怎能說屈原與群小「爭寵」？他奉王命起草法令，又非自為辭賦之作，何以關涉到「露才」，又怎能稱之為「揚己」？班固立說，全憑上官大夫的讒言為據，信口雌黃，厚誣賢者，給屈原平添一份冤枉，實在太不應該了。

誠然，《史記・屈原列傳》確有記載不詳明的地方，才導致後人誤解。傳文中，有前後文不相蒙甚至互相矛盾之處，有轉引淮南王劉安〈離騷傳〉而未加申明的缺點，甚至使讀者至今弄不清屈原究竟卒於何年，一共流放了幾次，流放到哪些地方；上官大夫與子椒是不是一個人，這些問題雖經歷代學者潛心研究，至今沒有定論。我們知道，《史記》之作迄今兩千多年，中歷戰火，文中或有篡奪，或有附益，或有錯簡，或有訛字，現在已經很難弄清了。淮南王劉安奉漢武帝命作的〈離騷傳〉也早已亡佚了。僅就流傳至今的文本而言，讀完這篇〈屈原列傳〉，我感受最深的是傳文中描繪的屈原火一般的愛國熱情，黑白分明的愛憎，堅貞不移、追求真理的精神。司馬遷塑造的屈原形象，可謂「精神氣血無所不具」。他在篇末論贊中說：「余讀〈離騷〉、〈天問〉、〈招魂〉、〈哀郢〉，悲其志。適長沙觀屈原所自沉淵，未嘗不流涕，想見其為人。」可見，他作此傳，既為屈原含冤負屈而興悲，也為歷史上無數孤臣孽子而興悲，更是為自己的不幸而興悲。蒙不白之冤，受腐刑之辱，這種生活遭際使他寫作〈屈原列傳〉時產生了強烈的共鳴，因此發為文章，悲憤滿紙，聲情跌宕，與屈原〈離騷〉異曲同工。

下面要進一步探索這篇名作的藝術特色。我以為，本傳主要的藝術特色有二：其一體現在敘議結合的剪裁布局上，另一體現在聲情契合所形成的強烈氣勢上。

先說第一點。為歷史人物作傳，按理應著重敘事而不在議論抒情，這就是古人所說的「敘事不合參入斷語」。這篇〈屈原列傳〉卻一反常法，採取了敘事與議論更迭進行的架構，議論幾占全文的一半。有人說是「以議論行敘事」；也有人說是「太史公變調」。我想，司馬遷之所以採用這種構局，一則，可能有關屈原的史料多燬於秦火，僅憑少量材料不足以充分展示屈原；二則，他為此傳，胸中有不少塊壘，非夾敘夾議不能盡其意。於是，他用有限的史料勾畫屈原一生出處行藏之大略為骨架，以寫其形；用評價屈原詩歌發議論，敷重彩，以傳其神。二者相輔相成，遂使傳中人物神形兼備，血肉豐滿。這是本傳獨具的特色。清人李晚芳在其《讀史管見》中說：「篇首敘受讒之故，作〈騷〉之由；篇中敘外欺內惑，以致喪師失地，活畫出一懷王，言少事賅；篇末慨君終不悟，忠臣至死猶繫心君國，所謂身死而心不死也，其真善狀屈子苦衷。通體敘事夾議論，一唱三嘆出之。」這種識見，實先得我心。本傳安排敘議，層次分明，用的是一段敘事一段議論的結構。敘事時或記生平，或記時局；議論時則詳引著作，披文以見其心。起首一段，至「王怒而疏屈平」止，以草憲、奪憲、進讒為中心，是敘事。二段至「推此志也，雖與日月爭光可也」，以評價〈離騷〉為主要內容，由人及文，由文及人，是大段議論文字。三段敘寫屈原被絀後楚國喪師失地，懷王一再受騙，群小日事披猖，又是一段敘事。四段寫江濱漁父問答。暢言人生出處之道，再發議論。結尾寫屈原死後楚為秦滅，文字極短，以冷語結住全篇。這種敘、議交叉間出的結構，以敘為本則下段議論不流於空疏；以議為本則下段敘事因果畢見。敘事一步步推進，議論一層層深入，塑造出了用生命追求真善美的偉大愛國詩人高大的形象。

還有一點值得注意：這篇傳記的議論都帶有濃厚的抒情色彩。這樣就使文章富於變化，忽而平緩，忽見波瀾，奇正間出，起伏跌宕，儀態萬方。

下面說第二點，評賞本傳聲情契合所形成的文章氣勢。筆者有一個習慣，凡讀美文，必出聲淺吟高誦。我認為，大凡好文章，都有聲情契合之美，不通過吟誦難以領略這種美感。清代古文大家姚鼐說過：「凡讀書，必須快讀又徐讀；若不開口，則終身為外行也。」說的也是這個道理。他在〈答翁學士書〉中對文章氣勢有精闢的論述：「文字者，猶人之言語也。有氣以充之，則觀其文也，雖百世而後，如立其人而與言於此；無氣則積字焉而已。意與氣相銜而為辭，然後有聲音節奏高下抗墜之度，反覆進退之態，彩色之華。」他這裡說的「彩色」並非紅黃藍綠，指的是音樂的色彩感，或黯淡、或輝煌、或明快、或高華，或如長虹貫日，或如夜月啼猿。試問，這種涵蘊在文字中的聲情之美，不吟誦安能得之？試讀我前引屈原創作〈離騷〉的動因那段傳文，就陳述的內容看，只消用「屈原因疏而怨，因怨而作〈離騷〉」十二個字已經說盡，司馬遷卻不惜用八十多個字，代屈原傾瀉無窮悲憤，為自己抒發無限同情。他一上來就用「屈平嫉王聽之不聰也，讒諂之蔽明也，邪曲之害公也，方正之不容也」四個排比短語，都以「也」字結尾，作時值極短的頓逗；一直到「故憂愁幽思而作〈離騷〉」，這個句子才算完成。八十多字為一句，誦讀時自然無法換氣，聲情奔注，如怒濤排壑，不可遏抑，形成強烈的氣勢。後節寫〈離騷〉的文辭之美，涵蘊之深，又是一串短句：「其文約，其辭微（含蓄），其志潔，其行廉，其稱文小（皆用微物以寄意）而其指（通『旨』，含義）極大，舉類邇（近）而見義遠。其志潔，故其稱物芳（多用芳香之物為喻）；其行廉（品德廉正），故死而不容自疏（不肯離開故國）。」這段話極力稱揚〈離騷〉之文和屈原之人，一口氣說下來，歷歷如數家珍。九個短句九用「其」字領起，形成了奔騰馳驟的氣勢，聲情激越，的確是千古妙文。下面第三小節「濯淖汙泥之中，蟬蛻於濁穢，以浮游塵埃之外，不獲世之滋（通『緇』，黑色）垢，皭然（白色）泥而不滓者也」，這幾句話其實用「出汙泥而不染」就說完了，司馬遷卻不惜一連用了五個句子，不憚反覆渲染，取得了激流出谷、狂湍下灘的聲情氣勢。有了這種氣勢的積累，然後陡然打開閘門，用「推此志也，雖與日月爭光可也」一個長句，表達作者毫無保留的、無限景仰敬慕的稱頌之情。你如果高聲吟誦，一定能感受到那種「飛流直下三千尺」的氣勢和言雖盡而意不絕的情韻。嚴羽《滄浪詩話》說：「讀〈騷〉之久，方識真味，須歌之抑揚，涕淚滿襟，然後為識〈離騷〉。」他的體會，是非常深刻中肯的。

屈原一生燃燒在歌唱裡，他的一生就是一篇詩。他死了，卻永遠活在每個中國人心中。今天湖南汨羅江畔，建起了規模宏大的屈子陵園。園中碑林，書法家創作的詩碑林立；巍峨的屈原塑像，聳立在「天問壇」上，似翹首問天，又似為人民祈福。每年端午節，汨羅江舉行盛大的龍舟競賽，家家製作粽子，投江以奠英靈。但是，除了少數對古代文學有素養的人以外，有多少人讀過〈離騷〉？正是藉著司馬遷這篇出色的〈屈原列傳〉的介紹，屈原的事跡才廣為流布，深入人心。我們在懷念屈原的同時，不能不深深感謝〈屈原列傳〉的作者，偉大的史學家、傳記文學家司馬遷！

雖殺其身 不廢其法
——〈商君列傳〉評賞

孩提時代就聽大人說過五馬分屍的故事。據說古代有個人犯了大罪，被皇帝下令用五根長繩分別綁住四肢和頸部，繩的另一端繫在馬頭各向一方的五匹大馬上，然後鞭馬狂奔，犯人便被撕成五塊。這故事嚇得我毛骨悚然，雖然那時並不知道這犯人是誰，更不知道他究竟犯了什麼大罪。稍長讀詩文，懂得了「徙木立信」、「作法自斃」兩個典故的出處，才知道那位被五馬分屍的人是戰國時代的商鞅。但那時依然不完全明白他為什麼該受那樣的酷刑。後來從一位老先生學《史記》，讀了〈商君列傳〉，又瀏覽過《諸子集成》中的《商君書》，這才大體上知道商鞅的死因和他在歷史上的是非功過，便覺得他是一個了不起的英雄。我讀書的時代經歷了九一八、一二八、七七事變和八年抗戰，深痛國家積弱不振，橫遭列強侵侮，於是在文史著作中「尋根」（尋求國家民族衰弱的根源），逐漸形成了一種觀念：歷史上我們的確有輝煌的過去，但我們不應一味沉湎於昨天，而不敢正視今天。我們民族最大的弱點恰恰就在這裡——一味尊古，因循守舊，不思變革，總想把明天變為昨天，而不想明天勝過今天。有鑒於此，我對歷史上的改革家，如商鞅、王安石以及戊戌諸君子，懷有無限崇敬的感情。儘管他們一個接一個失敗了，我把他們那種勇於改革的精神，看作是民族復興的希望之所寄。

抱著這樣的心情來評賞這篇〈商君列傳〉，不禁心潮起伏，思緒萬千。

據本傳記載，商鞅是「衛之諸庶孽公子」（衛國王族旁支側出的公子）。他名鞅，本為姬姓，因為出生於衛國，因此又叫「衛鞅」。又由於他是王族之後，王族子孫例稱「公孫」，按習慣人家也稱他「公孫鞅」。他後來作了秦相，封於商、於之地，所以也叫「商鞅」、「商君」。他雖屬籍衛國，但戰國時衛的一部分已併於魏。他曾為魏相公叔痤的中庶子——地位略高於舍人。公叔痤患重病，魏惠王親往存問，言及萬一不起，誰可繼任他的職務，公叔痤向魏惠王推薦了商鞅，說：「鞅年少有奇才，願（請）舉國而聽之（把國家大事全部託付給他）。」又說，如果不用，就該殺了他，「無令出境」。那意思是：此人不為魏用，必為魏患。魏王沒有接受公叔痤的臨終囑咐，既不用鞅，也沒有殺鞅。這時恰逢秦孝公下令求賢，想復興繆（同「穆」）公時代建立的霸業。鞅知魏王不足與有為，於是他投奔秦國，由秦孝公的寵臣景監推薦，得見孝公。

商鞅知道，憑他此時的聲名、地位要說服孝公重用自己是很困難的，必須徐徐圖之。第一次進見，他以帝術（堯、舜以仁道治國之術）進言，「語事良久，孝公時時睡，弗（不）聽」。事後孝公還對引見者景監發脾氣，說他推薦的是一個大言欺世的狂妄之人。五天後，鞅再次得見，建議以王道（夏禹、商湯、周文王治國之道）治國，依然不合秦孝公的心意。第三次進見，他向孝公陳述霸道（五霸立國之道，即以武力、刑法、權勢治國之道），「孝公善之而未用也」。有了這幾次建言的基礎，商鞅探明了孝公心意。第四次進見，才「以強國之術說君，君大悅之」。當時孝公聽得入神，「不自知膝之前於席也」。古人坐姿，以雙膝著地，「膝之前於席」是漸漸移動雙膝湊近商鞅的意思。這次談話一直持續了幾天，孝公終於決定重用商鞅，變法圖強。

這裡有一個疑問。傳文開頭就說：鞅「少好刑名之學」。刑名之學是法家治國的學問。他既然「好刑名之學」，為什麼首次見孝公時不立即陳以法家強國之術而先說以儒家的帝、王之道呢？顯然，商鞅在擇主而事，他先要試探孝公是不是與自己志同道合，還要看看他的思想是不是專一、堅定。

孝公已經決定用商鞅變法圖強。但變法要徹底革除舊制，與民更始，是關係國家命運的大事，而且無前例可循。孝公不能不臨事躊躇，「恐天下議己」。商鞅探知孝公心意，用了一段概括深廣、富於政治哲理的語言，向孝公剴切陳辭，以堅孝公之心：

衛鞅曰：「疑行無名，疑事無功。且夫有高人之行者，固見非於世；有獨知之慮者，必見敖（同「謷」，譏謗）於民。愚者黯（同「暗」，看不清）於成事，知（同「智」）者見於未萌。民不可以與慮始而可與樂成。論至德者不和於俗，成大功者不謀於眾。是以聖人茍可以強國，不法其故；茍可以利民，不循其禮。」孝公曰：「善！」

這段話的大意是：處事游移不定的人，不可能成就功業。識見高出於世人者，難免為俗人非議；看問題有超人見解的人，必然會遭人譏謗。愚者對已成定局的事尚且看不清楚，聰明人對還沒有萌發的事也能預見。老百姓不足與之商量開創性的工作，只能與他們安享已成的功業。講究大道理、大原則的人，不能迎合舊俗；建立非常之業者，不會與普通人謀劃。有遠見卓識的聖君，只要有利於國，不必效法陳規；只要有利於民，不必遵循古制。試看，這是何等振聾發聵的精闢論斷！既足以釋孝公之疑，又把他推到「高人」、「獨智」、「聖人」的最高地位，使他不能不立刻下定決心變法。「孝公曰：『善！』」一個「善」字，斬釘截鐵，表明孝公心裡陰霾盡掃，他已經毫無保留地接受商鞅的變法之議了。

變法不只要取得孝公的同意，還要掃除秦廷重臣的重重障阻。傳文接下去寫了商鞅駁斥大臣甘龍、杜摯兩人的議論，同樣思想深刻，邏輯嚴密，閃爍著智辯者的光芒：

甘龍曰：不然。聖人不易民而教，知（智）者不變法而治，因（順應）民而教，不勞而成功；緣法而治者，吏習而民安之。

甘龍說的「易民」，指變易民間習俗；所謂「緣法」，指沿襲舊法。甘龍這段話，表明他是一位安於舊習，墨守成規，但求無事，不求有功的俗吏。商鞅立刻指出他的謬誤：

龍之所言，世俗之言也。常人安於故俗，學者溺（沉溺）於所聞。以此兩者居官守法可也；非所與論於法之外也。三代不同禮而王（去聲，統一天下之意），五伯（同「霸」）不同法而霸。智者作法，愚者制焉；賢者更禮，不肖者拘（守）焉。

商鞅反駁甘龍，一開始就把他定位在「世俗」之列，說明持這種見解的人只配做居官守法的俗吏，不夠資格與自己討論常法以外的治國之道。虞、商、周三代之禮（指制度）不相同，齊桓、晉文等五霸之法互異，但他們都一樣建成了王霸之大業。足見法令並非是一成不變的，治術也不止一種，都應該因地而異，因時而變。「智者作法，愚者制焉；賢者更禮，不肖者拘焉」兩句，言賢、智之人制作禮法制度，而愚、不肖者只能奉行遵守，隱然自居於「智者」、「賢者」的地位，甘龍則不過是只知奉行遵守的「愚者」，拘守成法的「不肖者」。這段話居高臨下，氣壯理直，辭鋒銳利，咄咄逼人。

接著又冒出來一個杜摯，他與甘龍同是秦國的大臣，也強烈反對變法；只是，他反對的理由更為可笑。他說：「利不一，不變法；功不十，不易器。法古無過，循禮無邪。」按這種說法，無百倍之利則不可變法，無十倍之利則不能更換器物（器指國之重器，包括名物、爵位、制度）。那麼，他已經承認法是可變的了，只是要看能換取多大的功利。試問：他又怎能預見商鞅的新法不能獲百倍之利，十倍之功呢？且既已承認「可變」這個大前提，為什麼又說：「法古無過，循禮無邪？」（效法古人可以不犯錯誤，遵循舊禮制不會出偏差？）看來，他也是一個墨守成規但求無過的庸吏。商鞅對他的駁斥更為明快：

治世不一道，便國不法古。故湯、武不循古而王，夏、殷不易禮而亡。反古者不可非，而循禮者不足多（讚美之意）。

這段話說明，治國之道只要對國家有利，不一定拘守古法。商湯王、周武王敢於以臣伐君，是完全沒有遵守古制、古法的，結果滅亡了夏桀、商紂，統一了天下。至於被他們所滅的夏桀、商紂，倒沒有變更古法古制，卻都不免於敗亡。可見，違反古法者不一定應該受到責難，遵循古制者不一定值得稱賞。商鞅這番話有力地闡明了：國家的興亡，不在於是不是遵守古法。他用無可辯駁的歷史事實駁倒了甘、杜的陳腐之論。

這種辯論，傳文中雖只選錄兩例，可以想見，當時秦廷反對變法者絕不只甘龍、杜摯兩人，他們倆只是典型。這表明變法遇到過多麼巨大的阻力。但阻力愈大，愈見商鞅決心之堅強；行之萬難，愈見他變法強秦的功業是多麼偉烈。

論敵一個個被駁倒了，秦孝公的決心也最後下定了。他任命商鞅為「左庶長」（秦之十等爵）、「卒下變法之令」。

變法令的內容可以歸納為六點：

一、「令民為什伍，而相收司連坐」。即將戶口或五家或十家編組起來，建立基層戶籍制度；「收司」即互相監督糾察；「連坐」指一家犯法，其餘幾家連帶受處分。隱匿罪犯者處腰斬，能主動告發者給以與戰爭中有斬首之功者同樣的獎勵。

二、一家人中有丁男二人以上者一定要分居，不分居者須出兩份賦稅。

三、重獎有軍功的人，嚴懲私鬥者，使民勇於公戰，怯於私鬥。

四、獎勵農桑。凡生產糧食布疋多的人家，免其應納的賦稅。從事商賈、追求末利或因懶惰而致貧困者，沒收其家人以充官奴。

五、王室宗親，如無軍功，不得屬籍——即不許載入王族譜牒，取消其為宗室的資格。

六、有功於國者榮顯，無功於國，「雖富無所芬華」（再有錢也享受不到尊榮）。

這六點體現了強化基層組織，鼓勵互相監督，獎勵耕戰，富民強國的法家思想，重刑賞耕戰是新法的核心。

商鞅變法是假秦孝公之手推行的。變法令下達之前，商鞅考慮到：新法與舊制差別太大，賞罰之重更大異於往常，耽心不能取信於民，於是設為徙木之計以立信，在市南門外樹三丈之木，布告懸賞：有能徙此木於北門者獎十金（計算貨幣的單位。秦制一金為二十兩黃銅）。起初民怪而不信，逡巡觀望，無人敢徙。商鞅命令將賞金提高到五十金，這時有人抱著將信將疑的心情徙木北門，果真得到五十金的重獎。此事出於常情，獎金之重也出於常格，立刻風傳境內，國人都知道當今朝廷處事，言出法隨。有了這樣的社會心理基礎，商鞅才正式下達變法之令。

徙木立信畢竟是小信。新法的規定那麼嚴厲，人們要看看執行時是不是人人平等，是不是能昭大信於庶民。這時恰逢太子（後來的秦惠王）犯法。商鞅向來認為「法之不利，自上犯之」，因此他主張「壹刑」、「壹賞」，即統一刑賞標準，《商君書・賞刑篇》說：「所謂壹刑者，刑無等級，自卿相將軍以至大夫庶人有不從王令、犯國禁、亂上制者，罪死不赦。」現在太子犯了法，如果不依法治罪，豈不是破壞了法律的尊嚴？但太子畢竟是孝公的嫡子，已立為王位繼承人，又不好率爾施刑。考慮再三，商鞅下令：「刑其傅（與『師』皆是保育和輔導太子的人）公子虔，黥（刺面的刑罰）其師公孫賈。」雖然這只是象徵性的懲罰，但罰在傅、師身上，落在太子心上，不僅足以警誡太子，也使庶民知法之凜然不可犯。這件事的處理效果十分明顯：「明日，秦人皆趨令（嚴守法令），秦民大說（悅），道不拾遺，山無盜賊，家給人足。民勇於公戰，怯於私鬥，鄉邑大治。」起先，新法推行一年，秦人有上千的人到國都申訴新法不便於民；等到行之十年秦國大治時，這些人又紛紛來國都言新法便民。商鞅認為這些人都是「亂化（治安）之民」，把他們全部強迫遷徙於國境附近充戍守之役，從此再也沒有人敢於議論新法的短長了。

新法已經為秦民普遍接受，變法之效已明，秦國政局穩定，商鞅的官爵也從十級的左庶長升為第五級的大良造。此時他加強內政建設，在咸陽營造規模宏大的宮殿，將秦國國都從雍邑遷徙至咸陽；集小邑以為縣，分全國為三十一縣。廢除原來井田制留下的田塍（阡、陌），確定新的田畝界線（封、疆），准許人民承領墾殖。從此，已經荒蕪了的田土種上了莊稼，國家增加了賦稅收入，人民負擔也更趨均衡合理。他又下令統一度量衡制度，使秦國的經濟秩序日益規範化。秦國的治績風聞天下，周天子以「賜胙」的殊榮賞賜秦孝公，各國諸侯也紛紛到秦廷祝賀，秦國國威大振。

至此，商鞅知秦民已可用，於是向孝公建議，對鄰邦魏國用兵。他說：秦、魏為鄰，將來不是魏國兼併秦國，就是秦國兼併魏國。此時魏新敗於齊，正是向魏用兵的大好時機。一旦戰勝，把魏國逐出河西之地，迫其東遷，則秦國兵力可以直逼山東（此指崤山之東），東向以制諸侯，創建帝王基業。於是，孝公令鞅率師伐魏，魏國派公子卬（昂）領兵迎戰。兩軍對峙，商鞅致書公子卬，說兩人原本是好朋友，不忍相攻，希望與公子卬會面，飲酒會盟（訂立條約）罷兵。公子卬信以為真，親赴秦營，席間被商鞅埋伏的兵士劫持，鞅麾軍全線出擊，大敗魏軍。此役使魏國震恐，願割河西之地請和，並主動撤出原首都安邑，徙都大梁（今開封）。商鞅立此大功，實現了孝公下令求賢時提出的「將修繆公之業，東復侵地」的宿願，孝公以於、商之地十五邑重賞商鞅，尊其號曰「商君」。

從此，商鞅功名日顯，大臣側目；加上新法雖利國利民，卻難免觸犯宗室大臣的既得利益，樹敵日多。傳文至此，接書「商君相秦十年，宗室貴戚多怨望者」，氣象正如紅日中天、炙手可熱的商鞅，忽然涼風起於青蘋之末，他的悲劇就要發生了。此時，傳文又插入趙良進言，勸鞅急流勇退大段文字，頓起波瀾。

趙良是秦國著名的隱士。他入見商鞅，談話開始，便見機鋒。商君接見他時很有禮貌地提出願和這位賢者交個朋友，趙良以退為進地說：「我不敢接受您的盛情。我聽說：『推進賢能，則愛民好治者進；小人盈庭，則守正道者退。』我是一個不肖者（不成材、不正派的小人。這裡是謙辭）。與您交朋友，使您小人盈庭，豈不影響您的聲望嗎？我聽說：『不稱其職而居其位者叫貪位；不當其名而享其名者叫貪名。』如果我接受您的好意與您為友，我就成了一個貪位貪名的人了。」這位隱士話裡有話，明則自謙，說自己不願做貪位貪名的人；骨子裡隱隱以此微諷商鞅，為下面勸說商鞅退隱埋下了伏線。接下去，話入正題，趙良歷數鞅的處事為人，積怨已深，其身危如朝露；勸鞅退居山林，灌園（種菜）自樂。如果還要貪戀名位，「秦王一旦捐賓客（死的委婉說法；捐：棄），秦國之所以收（報復）君者，豈其微哉（難道還會輕嗎）？」這段說辭情理俱勝，可謂語重心長；從避禍全身的角度看，算得是上上之策。但主人的反應是：「商君弗（不）從！」他為什麼「弗從」？有人會說：他貪戀權位，執迷不悟；我卻認為，他堅持理想，擇善固執。有人要責備他不懂得持盈保泰，明哲保身；我卻以為他忠於事業，不計個人禍福。我這樣說是持之有據的。《戰國策．秦策三》載有應侯與蔡澤一段對話，足為佐證：

（應侯）復曰：……夫公孫鞅事孝公，殺身無二，盡公不還私，信賞罰以致治，竭智能，示情素，蒙咎怨，欺相交（指公子卬），卒為秦禽（同「擒」）將，破敵軍，攘（奪取）地千里。吳起……，大夫種……，若此三子者，義之至，志之節也。故君子殺身以成仁。義之所在，身雖死，無憾悔。

按照應侯這種看法，商鞅不從趙良之言，正說明他是一個堅持真理的志士，寧願殺身成仁，不計個人安危禍福的君子；是「義之所在」。他後來果如趙良所預言：孝公一死即被誅殺；但他「身雖死，無憾悔（沒有遺憾，不會後悔）」。《史記·商君列傳》在傳文進入尾聲之際插入趙良說商鞅這段話，從另一個角度突出了這位改革家「苟余之心所善兮，雖九死其猶未悔」（屈原〈離騷〉）的高大形象。

商鞅變法的精神值得稱頌，變法的成果對推動歷史前進產生了深遠的影響；但他制訂的新法卻並非盡善盡美，他的為人也有難免遭人非議之處。舉例來說：他主張君主個人獨裁，鉗制人民的口舌不准議政；他不懂得國家與人民互相依存的關係，主張弱民以強國（《商君書·弱民篇》）；他視禮、樂、詩、書和孝弟、仁愛為「六蝨」（六害），不知道文化遺產、道德風尚乃立國之本，強國之基；他誘俘公子卬，以詐術破魏軍，但求目的，不擇手段……從這些地方可以看出，他既是一個偉大的改革家，又是一個眼光短淺的功利主義者。這是他的悲劇的內在根源。司馬遷為他作傳，對他的功過是非全面採錄，是《史記》「不虛美，不隱惡」的具體表現。

商鞅死了，死得很慘。他是孝公死後，惠王新立時被人誣陷「將反」而處死的；那個誣陷他的人正是當年太子犯法被商鞅施以刑罰的公子虔——太子的師傅。商鞅被殺後，屍體被「車裂」，而且全家都被族滅，這是《史記》本傳的記載。據此，他的慘死乃由於私怨。但《戰國策・秦策一》的記載與此不同。《策》之言曰：「孝公行之八年（指推行新法），疾且（將）不起，欲傳（傳王位）商君，辭不受。孝公已死，惠王代后（繼承王位），蒞政有頃，商君告歸（請求退休）。人說惠王曰：『大臣太重者國危，左右太親者身危。今秦婦人嬰兒皆言商君之法，莫言大王之法，是商君反為主，大王更為臣也。且夫商君，固大王之讎（仇人）也。願圖之。』商君歸還，惠王車裂之。」從這則記載看，孝公死前曾有意傳王位於商鞅。商鞅雖辭讓不肯受，但說明他已經具備了繼承王位的條件，有取代惠王的可能，事雖不果，影響具在，商鞅當時已處於「威震其主者身危」的地位。他的死，不一定出於私怨，很有可能是由於權力鬥爭。

歷來評價商鞅，臧否不一；即以寫作此傳的司馬遷來說，傳末的論贊與〈太史公自序〉中對商鞅的評價也前後不一致。我認為，評價古人，應該把他放在當時的社會思潮中去考察，應該從此人對歷史發展所起的作用作出評斷，不能用我們今天的時代思潮、社會走向去妄議古人的功過；不能固執前人所作的論斷，人云亦云。

這篇〈商君列傳〉在思想價值和文學成就兩方面都是上乘之作。司馬遷為這些前期法家鉅子立傳，正如尊項羽為之作「本紀」，將陳涉之傳列入「世家」一樣，表現他卓越的、進步的歷史觀。他認準了商鞅變法是我國歷史上的大事，是我們民族走出因襲、另覓新途的壯舉，這就是所謂「史識」。司馬遷為商鞅作傳，翔實、客觀地記述了這一幕英雄壯劇，描繪了掀起歷史波濤的狂飆，激勵炎黃子孫自強不息地求新求變，創造新的歷史，這也是他在史學方面的巨大貢獻。

下面，我還要從「史筆」的角度審視這篇列傳的藝術特色。本文的藝術特色首先在於塑造了一個法家鐵腕人物的鮮明形象。列傳刻劃了商鞅多謀善斷、沉鷙剛毅的性格，表現了商鞅的膽識和敢作敢為的勇氣。改革積弊，除舊布新，有此識見者已經不多；敢於排除萬難、付諸實踐者就更少。司馬遷筆下的商鞅，有此識見，有此膽略，他塑造的是一位有大勇者的不朽形象。唯有大勇者，乃能臨變不驚，履險如夷，從容鎮定。商鞅居魏時，公叔痤建議魏惠王重用商鞅，否則就殺了他，以免為敵國所用。隨之公叔痤又把這話告訴了商鞅，要他立刻逃離魏國，免遭殺身之禍。商鞅對此毫不在意。他說：「彼王不能用君之言任臣，又安能用君之言殺臣乎？」這是傳文對一個沉雄睿智者所作的第一筆刻劃。後來商鞅在秦國用事，新法既行，太子犯法，這件事是道難題，對他是一次嚴峻的考驗。結果，他想出了「刑其傅師」的妙法，以兩全之策解決了兩難之題。這是傳文對商鞅作出的又一筆出色的刻劃。通過這件事情的處理，展示了他作為智者的鮮明形象。當商鞅在秦功成名就的時候，隱士趙良勸他急流勇退，避禍全身；他明明知道趙良的話是至理名言，孝公一死，勢必禍患及身；但他拒絕了趙良的勸告，繼續執行新法，毫不動搖。他不是一個知難而退的懦夫，而是一個知難而進的勇士。他似乎明於謀國而拙於謀己。實際上，在這個問題上他作出的抉擇是明智的。他看重的是謀一國之利，建萬世之則。在他看來，存史乘之令名，遠遠比眼前的生死禍福更為重要。司馬遷通過他拒絕趙良勸告這個典型事例，展示了他堅毅果敢的性格和擇善固執的大無畏精神。

在文章的章法結構和語言運用上，這篇列傳也堪稱典範。先寫公叔痤識其才，力薦他於魏王，似乎好運將臨；接寫魏王不聽公叔之言，他又似乎出頭無望，高才難展。然後寫他去魏投秦，正值孝公求賢，以為他從此騰飛有日；不料三見孝公，孝公不用，文勢再作一跌。及至四見孝公，得到重用，機緣又生；不意孝公「恐天下議己」，欲行新法又復游移，文勢再作一抑。後來他說服了孝公，新法之推行如箭在弦，文勢復揚；又有甘龍、杜摯出來反對變法，陰雲復起，文勢再抑。然後寫孝公「卒下變法之令」，一切障礙都掃除了，將兵伐魏也大功告成了，傳文又寫了趙良進言，勸商鞅急流勇退，文勢再起波瀾——通篇敘事記言，一揚一抑，奇正間出，波瀾疊起。這種構局謀篇的藝術，使傳文如峰迴路轉，極柳暗花明之勝。在語言運用上，往往片言隻語，形象立見，例如：魏王不聽公叔痤之言，對商鞅不用不殺，已顯示他不識商鞅之才，是一個有眼無珠的昏王；事後，傳文又補上一筆：「惠王既去，謂左右曰：『公叔病甚，悲乎！欲令寡王以國聽公孫鞅也，豈不悖哉！』」「悖」是荒謬錯誤之意。他自己無知人之明，是十足的糊塗蟲；卻反而慨嘆公叔痤糊塗荒謬，一句話就把這位魏惠王的顢頇寫得活靈活現。又例如：寫鞅首見秦孝公，說以帝道，孝公的反應是：「語事良久，孝公時時睡。」後來四見孝公，說以強國之術，孝公的反應是：「不自知膝之前於席也。」這是何等傳神入畫之筆！由於語言的形象生動，使一篇史傳就像一篇小說，取得了禁得起反覆欣賞、百讀不厭的藝術效果。

最後，我再一次說說我對商鞅其人、變法其事的看法。治國之道，因時而變，如果用今天二十世紀的民主思潮來衡量西元前四世紀的商鞅新法，會把他視之為納粹黨魁。但即使是今天最先進的治國為政之道，又何嘗盡善盡美，不須變革？我激賞的是商鞅求新求變的精神，反對的是那種一味因循、不思變革的民族惰性。一個安於現狀、不思變革的民族是注定了要衰落的民族。站在歷史的高度來讀〈商君列傳〉，鑒古謀今，那意義將是歷久而彌新的，它將給予我們永遠求變求新、不斷進取的精神力量。

人之相知　貴相知心

——〈管晏列傳〉評賞

「生無鮑叔為知己，死有要離與卜鄰」這詩句出自陸游〈書嘆〉一詩，意為：生無知己如鮑叔者識我，願死後葬在壯烈之士要離的墓旁。這是陸游對自己抗金之志不為人所理解而發出的憤激之辭。「鮑叔為知己」的故事具見《史記・管晏列傳》。這篇傳記，文不足千言，記述春秋時齊國兩位哲人、政治家管仲和晏嬰的事跡，在七十列傳中算是最短的一篇（〈司馬穰苴列傳〉更短，但僅記一人）。司馬遷在傳文結尾的論贊中申明：管仲有《管子》傳世，晏嬰有《晏子春秋》傳世，「至其書，世多有之，是以不論，論其軼事」。為哲學家作傳不記他的思想源流，為政治家作傳不記他的政略治道，卻只「論其軼事」，在《史記》中算是特例，無怪乎《史通》作者劉知幾認為司馬遷這種寫法「未睹其義」，梁啟超也說司馬遷是在「走偏鋒」。但司馬遷在〈太史公自序〉中說過「晏子儉矣，夷吾則奢；齊桓以霸，景公以治」的話，可見司馬遷原本高度肯定管、晏的霸術和治道。既肯定而又略之，自然令人難以理解。劉知幾說「未睹其義」，我這篇小文則欲窮其義。讀書當重思考，探索總是有益的，有趣的。

我的總體看法是：司馬遷作此文，主意必另有所屬。

儘管我這篇文章意在尋幽探勝，對管、晏事跡卻不能不先作簡單的介紹。一則，本傳對此既「是以不論」，不如此則評賞沒有根據；再則，時下能通讀《管子》、《晏子春秋》的讀者畢竟太少。從豐富文化知識的角度考慮，概略地介紹這兩部子書的內容絕非多餘。

先說管子。管子姓管名夷吾，字仲，生活在春秋前期的齊國，約當西元前七三〇年至前六四五年之間，比孔子早了一百多年。他少時家貧，曾以經營小商為生，對民生維艱有切身的體會。先仕於齊公子糾，後仕齊桓公，任為國相。他深知，欲成霸業，必先富民。為此，他進行了一系列重大改革，而以經濟改革為基礎。我國周代實行井田制，劃地為井，中為公田，八家同養公田，作為國稅，即用集體耕作方式為國家提供勞役稅。春秋時，鐵耕出現，有了分散耕作的可能，農夫對集體耕作制深感不便，以致「公作則遲，有所匿其力」（集體耕作既誤農時，耕者又不願盡力），於是出現了「公田不治」、「田在草間」的局面。管仲針對這種情況，制定了新的農業稅政策，分公田為份地，變集體共作公田為個體耕作。農民上交糧食，一律「相壤定籍（稅。即相土地之肥瘠徵收實物稅）」。這種新稅制「使民知時。民乃知時日之早晏，日月之不足，饑寒之至於身也」、「是故夜寢早起，父子兄弟不忘其功（勞動任務），為而不倦，民不憚勞苦」（《管子．乘馬》）。農者將自己的勞動與切身利益聯繫起來，樂於早起晚息地耕作，提高了勞動積極性，增加了收入，國家的稅收也有了保障。

農業發展了，管仲又提出「本末並重」的政策。古代重農抑商，譽農業為本，貶工商為末。管仲反對這種觀念，重視工商業，提出「士農工商，國之石（碩）民」的新觀點。他認為「無市則民乏」（沒有商業交易則民困乏）。這種思想在《史記．貨殖列傳》中表述為「用貧求富，農不如工，工不如商」。管仲的經濟改革建立在他對民情的深刻理解上。他知道：「夫人之情，見利莫能勿就，見害莫能勿避」，「利之所至，雖千仞之山，無所不至」（《管子．禁藏》）。基於這種認識，他的施政「與民同好惡」，即順應民心，民之所好好之，民之所惡惡之。在〈輕重〉中，他提出將齊國濱海盛產的魚蝦運銷四方，使民因以富，國因以強。這種發展多種經濟，農工商並重的經濟政策，暗示了後代社會發展的必由之路，他可謂有遠見卓識的先知。

經濟改革取得成效之後，管仲著手於政治改革，建立了「薦賢報不肖」和「三選法」的制度。所謂「薦賢報不肖」，即規定地方官有薦舉賢能、舉報邪惡之徒的責任；為官者不盡此責，朝廷將治以「蔽明」、「蔽賢」之罪。「三選法」把選拔賢才分為三個層次：地方官薦舉，朝廷考察一年，再由國君面試確認，然後授官與爵。「薦賢報不肖」和「三選法」的實施，使「匹夫有善，可得而舉也；匹夫有不善，可得而誅也」，是安定社會、選賢與能以鞏固國基的治國安邦之良策。

上述富民之術、治民之道、任人之策，都記述在《管子》一書中。《管子》並非管仲自著，乃後人摭拾纂集而成，成書晚在戰國末世。《管子》一書反映的思想與儒家不同的是：儒家不許言利，主張以仁義治天下；管子則主張先富民而後可以治天下，強調物質生活是道德觀念形成的基礎。「倉廩實，知禮節；衣食足，知榮辱」，便是管子思想的集中概括。他並非只強調物質基礎而忽視精神力量。他認為：「禮義廉恥，國之四維（立國之大綱）；四維不張，國乃滅亡。」這是何等光輝的論斷！於此可見，他的思想比儒家侈談仁義、諱言功利更切合實際，更順應民心。而儒家思想體系之建立遠在管子之後。

管仲死後一百多年，齊國又出了一位哲人、政治家晏子。晏子姓晏名嬰字仲，人多稱之為晏平仲，平是謚號。他的生年與孔子接近而略早。晏嬰的事跡集中記錄在《晏子春秋》一書，《左傳》、《論語》等先秦古籍也可散見。《晏子春秋》一如《管子》，並非晏嬰自纂，是他死後傳其學者採綴晏嬰言行而成。晏嬰相齊靈公、莊公、景公三世，他死時春秋時代已近黃昏，兼併更為激烈的戰國時代很快就要開始了。

自管仲佐齊桓以霸諸侯，齊國達到鼎盛時期；到晏嬰活動的時代，諸侯陵替盛衰，形勢發生了很大的變化。西方的晉國變得空前強大，取代齊國為諸侯之長；東方的齊國則變得日益衰頹，再不能發揮左右形勢的作用。晏子始事齊靈公，靈公昏庸亂國。後事莊公，在位七年被崔杼所殺，齊國幾亡。景公當國時久，晏子佐之直至老死。這位景公好宮室犬馬之樂，厚斂重刑，驕奢淫佚，不恤民困，以致「齊國丈夫耕，女子織，不足以奉上」。《晏子春秋》所記，絕大部分是他諫齊景公的言論。一次，景公出獵射鳥，鄉野之民驚鳥飛，景公怒，即欲殺鄉民。他種有一株心愛的槐樹，令專人看管，樹懸木牌，上書「犯槐者刑，傷槐者死」。偏偏有醉人撞傷此樹，景公拘之擬判重刑。景公愛網鳥，派燭鄒養鳥，不慎有鳥飛逸，景公召吏欲殺燭鄒。諸如此類的乖張暴戾行為，都虧晏子諫阻，事不果行。

晏子的政治思想屬古代民本主義思想體系，主張「先民而後身，薄身而厚民」，這一點他接近儒家。他提倡節葬，尚儉尚勤，這方面又接近墨家。《晏子春秋校注》作者張純一說：「綜核晏子之行，合儒者十三四，合墨者十六七」、「其學蓋原於墨、儒，兼通名、法、農、道」。論斷堪稱精審。

關心民間疾苦，主張薄斂省刑，是晏子政治思想的核心。有一年冬天連下三天大雪，景公披著狐白之裘；晏子入見，景公問晏子，緣何三日大雪天氣依然不冷，晏子說：「嬰聞古之賢君，飽而知人之饑，溫而知人之寒，逸而知人之勞。今君不知也。」景公聽了才下令發粟賑飢寒。又一年，連下十七天大雨，洪澇為患，災民遍野。晏子請發粟，景公不僅不聽，反派人到國中遍訪善歌者入宮為他侑酒。晏子散家粟以賑飢民，徒步入宮責景公，辭職返家。景公不敢失晏子，一直追到晏子家中，見晏子家因施粟賑災民存粟已盡，盛粟之器扔在路上，才下令將齊之存粟錢幣分賜災民，如何支配全憑晏子施為。晏子令手下人在三天內發粟九十七萬鍾（古借為量具，一鍾十斛），賑災民一萬七千家，修復水毀房舍二千七百家。

從上述二事看，晏子敢諫，景公也從善如流。但也並非每諫必從，有時晏子必須施以權術。《晏子春秋・諫上五》記載：一年，齊又大饑，晏子請發粟，景公不許，說大倉存糧要作修建路寢之臺用。「路寢」是帝王諸侯聽政朝會的大殿，工程浩大。晏子知道要景公停建絕不可能，於是令主其事者提高傭工的工日報酬，擴大建築規模，囑傭者緩緩施工。結果這項工程拖延三年才結束。宮殿修得富麗堂皇，景公大喜；傭工皆來自飢民，也得到了變相的賑濟，可謂一舉兩得。

晏子屢諫景公節用恤民，他自己也自奉儉樸。〈雜下六〉載：「晏子相齊，衣十升之布，食脫粟之食，五卵苔菜而已。」「十升之布」是最粗的紗織成的布；「脫粟之食」指僅從粟稈上打下來而未加舂杵的粗糧。他住的房子「湫（潮濕）隘（窄小）囂（喧鬧）塵（多灰塵），不可以居」。他上朝，「乘敝（破舊）車，駕駑馬（劣弱之馬）」。直到老病臨終，還囑咐妻子「毋變爾俗」（不要改變節儉的老習慣）；並立下遺囑交給老妻，等兒子長大後交給他。遺囑上寫的是告誡兒子要勤於蠶桑豢牧之事。

晏子極善辭令。他使楚，楚王以其身矮侮之，他用「使狗國入狗門」、「橘生淮南則為橘，生於淮北則為枳」反譏楚王。他向景公建言，也往往出以機敏。一次，景公與晏子同出，途中見一小乞兒。景公說：「這孩子一定無家可歸。」晏子隨即回答：「有您在，他怎會無家可歸！」景公立刻命人收養了這個乞兒。可見晏子不僅敢諫，而且善諫；使景公不僅畏其言，而且樂其言。

晏子事跡不僅見於《晏子春秋》，也散見於《論語》、《孟子》、《墨子》、《呂氏春秋》等先秦古籍。他的言行為孔子稱頌者九處，為墨子稱頌者二處。他愛民恤民的思想，薄以奉己的儉德，智巧便給的辯才，在我國古代歷史學、政治思想學上永遠閃耀光輝。

當我們對管仲、晏嬰的事跡、思想有了如上粗淺的認識之後，再來評賞《史記・管晏列傳》，一定更加心明眼亮。本文開頭說過：「司馬遷作此文，主意必另有所屬。」「所屬」者何，是我寫這篇文章要探究的主要問題。我以為，只有從司馬遷的選材中才能把握此傳的主題思想；只有從所選素材與所要表達的主題思想的關連上才能透析本傳的藝術成就。

我採用的手法是從駁論中出己見。有人說，史遷為此傳，中心在為政必須選賢任能。果真如此，為什麼傳文選材不取表現管、晏賢能的具體事例，而只用「管仲既用，任政於齊，齊桓公以霸，九合諸侯，一匡天下，管仲之謀也」。「其為政也，善因禍而為福，轉敗而為功」以及晏子「以節儉力行重於齊」，「其在朝，君語及之，即危（直）言；語不及之，即危行。國有道，即順命；無道，則衡命」這種虛括性的語言出之呢？難道管仲、晏嬰還缺乏足以表現其賢其能的具體事例可記嗎？（按：「君語及之」以下幾句不好理解，我衍其義而釋之：國君問及於他，就直言以對；沒有問到他，就直道而行，意即按正道而行。國君處事合乎治國之道，就順命執行；如果不合乎治國之道，則斟酌衡量而後執行。「衡命」的「衡」即斟酌衡量之意。）

持此論者又說：〈管晏列傳〉是一篇類傳，類傳中的人物必有類似的地方。管、晏都是齊國的賢相，此即其類似之處，故二人合為一傳。並說：這篇列傳藝術上的成功之處在於把兩位賢相組合在一篇傳文中而兩人事跡不致各自割裂。

上述議論也不愜我心。管、晏同為齊國的賢相，這只是職位相同的外部聯繫。這篇列傳的內容既沒有著重記述兩人之賢能事跡，把「同為賢相」作為合為一傳的原因就難以令人信服。不妨看看《史記》中其他二人合傳。〈廉頗藺相如列傳〉同寫二人，一武一文，一將一相，一個功在疆場，一個顯名於盟會；從外部看，他們並沒有合為一傳的契合點。之所以合之者，由於傳中二人同具公忠體國的精神。再看〈屈原賈生列傳〉，一生於戰國，一生於漢初；其合為一傳，契合點在於兩人皆「信而見疑，忠而被謗」。管、晏同列一傳，契合點究竟在哪裡？本文的中心意旨究竟是什麼？只能從傳文中尋繹。先看司馬遷寫管仲：

管仲夷吾者，潁上人也。少時常與鮑叔牙遊，鮑叔知其賢。管仲因貧，常欺鮑叔，鮑叔終善遇之，不以為言。已而鮑叔事齊公子小白，管仲事公子糾。及小白立為桓公，公子糾死，管仲囚焉。鮑叔遂進管仲。管仲既用，任政於齊，齊桓公以霸，九合諸侯，一匡天下，管仲之謀也。

管仲曰：「吾始困時，嘗與鮑叔賈（做生意），分財利多自與，鮑叔不以我為貪，知我貧也。吾嘗為鮑叔謀事而更窮困，鮑叔不以我為愚，知時有利不利也。吾嘗三仕三見逐於君，鮑叔不以我為不肖，知我不遭時也。吾嘗三戰三走，鮑叔不以我為怯，知我有老母也。公子糾敗，召忽死之，吾幽囚受辱；鮑叔不以我為恥，知我不羞小節而恥功名不顯於天下也。生我者父母，知我者鮑子也。」

上引三百字文章，是〈管晏列傳〉中用管仲自陳語氣對管、鮑交情的補敘，文字寫得激昂感慨，可歌可泣。這短短一段話，占了〈管晏列傳〉中寫管仲部分的一半，其重要可知。自陳中，「公子糾敗」數語，是管、鮑交情中最令後人欽慕的地方。我得據《左傳》補充一點史實。

齊桓公名小白，與公子糾同是齊襄公的弟弟。襄公昏庸淫亂，被公孫無知所殺，無知自立為齊君。國變之初，襄公群弟出奔避難，公子糾在管仲、召忽護衛下奔魯，公子小白在鮑叔護衛下奔莒。不久無知為雍林人襲殺，齊大夫議立新君，公子糾和公子小白都有被擁立的資格。齊執政大夫高傒以小白賢，暗中派人召小白迅速返齊，繼承王位。與此同時，魯國也派兵護送公子糾趕回齊國爭立。魯人聞小白自莒返齊，派管仲領兵阻斷小白的歸路。管仲中途截住小白的隊伍，親引弓射小白，中其帶鉤。小白佯死，管仲輕信，將消息告知魯將。魯將以為小白既死，無人能與公子糾爭立，乃放心緩行向齊；不料小白趁機間道急馳，先入齊都，遂被擁立為齊之新君，他就是後來春秋五霸之首的齊桓公。小白既立，發兵拒魯之送公子糾者，與魯人戰於乾時，魯兵潰敗。齊人請殺公子糾，並將管仲、召忽解送齊國治罪。結果公子糾被殺，召忽自殺以殉；管仲被囚，送交齊人處置。桓公為報射鉤之仇，本要殺管仲，輔佐桓公出亡有大功的鮑叔素善管仲，知其賢，力薦管仲於桓公以圖霸業。於是管仲被釋，並被重用，終為齊相。弄清了這段因由，對管、鮑交情會有更深刻的認識。鮑叔之識管仲，是在管仲最困窮的時候；力薦管仲於齊桓公，是在管仲的生死關頭。他之所以薦管仲，在於他對此人才具有深刻的認識。什麼叫「知己」？識人於困窮之際，才能未伸之時，這才是真正的知己。因此管仲滿懷感激之情，說出了「生我者父母，知我者鮑子也」的肺腑之言。管仲既見用，鮑叔又進一步「以身下之」（自己甘居管仲之下）。這種讓賢之德，更加難能可貴。因此，儘管後來管仲功業遠遠超過鮑叔，天下人卻「不多（讚美）管仲之賢而多鮑叔之能知也」。司馬遷寫管仲自陳一節文字，連用「知我貧」、「知時有利有不利」、「知我不遭時」……一口氣連用五個「知」字，最後又慨言「知我者鮑子也」，再加一「知」字；末引天下人評管、鮑，復以「多鮑叔之能知人」，重添一「知」字。短短三百字中，七用「知」字，不僅意切情深，而且中心突出——寫管仲、鮑叔，突出一個「知」字。假如本傳中心是寫管、晏同為齊之賢相，這段精彩的文字便是贅文了。

再看寫晏子部分，我也引入小段原文：

越石父賢，在縲紲中。晏子出，遭之途，解左驂（車左驂馬）贖之，載歸，弗謝，入閨（內室）。久之，越石父請絕（絕交）。晏子懼然（驚貌）攝衣（整衣）謝曰：「嬰雖不仁，免子於厄（困厄）；何子求絕之速耶？」石父曰：「不然。吾聞君子詘於不知己而信（同『伸』）於知己。（君子為不知己者所委屈，猶可忍受；在知己者面前則應當受到尊重，揚眉吐氣。）吾方在縲紲（囚繫）之中，彼不知我也。夫子既已感寤（意即理解）而贖我，是知己。知己而無禮，固不如在縲紲之中。」晏子於是延入為上客。

這一小節引文在〈管晏列傳〉寫晏子部分中占了十分之七的篇幅，是寫晏子的重點文字。雖未明說知人，實際上也是寫知其人則必以禮待其人。文中「知」字一見，「知己」四見。從以上具體分析不難看出，寫管仲，寫晏嬰，突出的都是一個「知」字——在薦之者，是知人之明；在被薦者，是知遇之恩；在我們讀之者，感受到的是知己難得。知己難得，自古而然。司馬遷作此傳，將管、晏合寫，二人契合之點，正在「知」之一字，「知己」一詞。至此，我們不能不說：謂管、晏合傳是因為兩人皆為齊之賢相，只是皮相之言。張履祥《讀史記》說：「〈管晏傳〉大約此篇著意全在於『知己』處。故於管、晏霸顯事（佐人霸王天下，自己名顯諸侯）殊略，而於鮑叔、越石父事殊詳。」旨哉張履祥之言！真正深得文心。「著意全在知己處」就是我在本文開頭說的「主意必另有所屬」的解答。大凡作文，主旨既定，所選之材料必求能充分闡明主旨，切忌另生枝節。〈管晏列傳〉主旨既在寫知己，就無怪乎傳文只「論其軼事」而略其政謀治績了。「未睹其義」、「走偏鋒」的指謫，未免唐突古人。

我們還要進一步探究：司馬遷寫這篇列傳，為什麼「著意全在知己處」，把知己可敬、知己難得作為本傳的主旨呢？這與他自己的生平遭際是分不開的。

司馬遷曾因為李陵鳴不平下大理（最高法院），入蠶室，遭腐刑。他與李陵「素非相善」，但深知此人有國士之風，理解他兵敗被俘是出於不得已，估計他「欲得其當而報於漢」（想得到合適的機會以報效漢廷）。鮑叔挺身救管仲，薦之、下之，是因為他深知管仲眼前雖遭失敗，終究必大有作為；司馬遷冒死為李陵鳴不平，不也是以李陵的知己自任嗎？後來遷罹禍入獄，「家貧，貨賂不足以自贖」，不也在盼望有人像晏子贖越石父於縲紲之中一樣來贖救自己嗎？但事實是：「交游莫救，左右親近不為一言。」茫茫人海，知己何在？唯知己之難得，乃彌感知己之可貴、可敬。這種對人際關係的深切體認，便傾注於〈管晏列傳〉中，因此在論贊中十分動情地說：「假令晏子而在，余雖為之執鞭，所忻慕焉。」試問，在哪一篇列傳的論贊中司馬遷說過如此動情的話？

杜甫不是說「海內存知己，天涯若比鄰」嗎？司馬遷在〈報任安書〉中不是說過「人之相知，貴相知心」、「士為知己者用，女為悅己者容」嗎？我們今天的青年人不是高喊「理解萬歲」嗎？「理解」不就是「知己」的同義詞麼？人多麼需要理解啊！豈止古人而已。因此，讀古人評〈管晏列傳〉之言，我激賞高塘和李晚芳的話。高塘《史記鈔》說：「管、晏在春秋，功業烜赫一時，而兩傳只用虛括之筆揭出，不肯鋪敘霸顯事跡，俱從交遊、知己上著筆，寄慨良深！」李晚芳《讀史管見》說：「兩傳皆以志（記載）友道交情。曰知我，曰知己，兩篇合敘聯結之真諦也。太史遭刑，不能自贖，交游莫救，故作此二傳，寄意獨深。……故落筆時有不勝望古遙集之悲，反覆抑揚，又有筆欲住而意不住之妙。」這些話，一似出我胸臆。看來，人生需要知己，賞文也需要知音。

外戚相傾的悲劇
——〈魏其武安侯列傳〉評賞

西漢王朝二百一十四年中，外戚之禍不斷。建國不久，高祖去世，有諸呂奪劉之亂；文、景之世，田、竇相傾；降及漢武，霍、衛擅權；至漢成之時，孝元王皇后封其家十侯五司馬，終於導致王莽篡國。這篇〈魏其武安侯列傳〉所記，便是外戚互相傾奪的典型。

〈魏其武安侯列傳〉題目僅標舉兩人，實際上傳中還敘寫了一個重要人物——將軍灌夫。傳文採先分後合結構，先分寫三人以表現各不相同的出身行事，展示其基本性格特徵；再將三人合寫，從紛爭傾奪中進一步展開、豐富他們的性格。

最先出場的是魏其侯竇嬰。他是漢文帝之妻、景帝生母竇太后的「從姪」（堂兄弟之子）。雖隸外戚，卻以平定吳楚七國之亂有大功而封侯。《史記》選錄了他「阻景傳梁」、「臨危受命」、「散金廊廡」三事來表現他的個性。梁孝王劉武是竇太后最疼愛的小兒子。他入朝京師，太后、景帝設宴歡敘。時景帝未立太子。酒酣，景帝說：「我死後傳帝位於梁王。」梁王、太后聞之竊喜。竇嬰時為詹事，侍酒於旁，乃正言諫阻景帝：「高祖天下，父子相傳，此漢之約也。上何以擅傳梁王？」本來，漢代君主，只許父子相繼，未聞兄弟相及的。但竇太后聽了十分不快，從此憎惡竇嬰。嬰亦微知其意，自請以病免官。太后不但不挽留，而且削除了他作為外戚按時入宮朝、請的資格。

不久，吳楚七國之亂起，景帝考察宗室諸人中「無如竇嬰賢」，乃任命嬰為大將軍，與條侯周亞夫共領大軍平叛。竇嬰不記當年太后免官削籍之舊怨，在國家危難之際挺身而出，體現了忠貞體國的大節。亂平，他受封為魏其侯。

竇嬰膺大將軍命之初，景帝賜他「金千斤」，竇嬰令陳金廊廡下，任軍吏就其所需自由取用，分文不納入自家內庫，尤具清廉愛士的大將風範。通過上述三事，一個剛直識大體、廉而愛士的魏其侯竇嬰的基本形象已經輪廓粗具了。

第二個出場的是武安侯田蚡。他是景帝王皇后的異父同母弟，武帝的親舅父。此人相貌奇醜，卻長於口辯。景帝死，武帝繼位，時年僅十六，政務由祖母竇太后、生母王太后掌管。通過王太后提名，武帝封田蚡為武安侯。竇嬰之封以功，武安之封以戚，兩人出身已見涇渭。他未貴時，「往來侍魏其酒，跪起如子姓」。巴結逢迎，唯恐不及。一旦封了侯爵，他「卑下賓客（屈躬下士），進名士家居者貴之（推舉閒居在家的名士做官），欲以傾（壓倒）魏其諸將相」——提高自己的名望以壓倒像魏其侯這樣德高望重的將相。他封侯不久就想當丞相，後來武帝決定置丞相、太尉，文武分列；田蚡聽了門客的建議，諷言王太后，自己只求太尉，把相位讓給魏其侯。就憑這種以退為進的策略，他既博得謙讓之名，又取得了與魏其侯分庭抗禮的地位。

這種平分秋色的局面不久就打破了。當時，武帝尚儒術，魏其、武安亦尚儒術，引進不少大儒如趙綰、王臧、申培等入朝任事。這固然迎合了武帝之心，卻大拂崇黃老之術的竇太后之意。當儒臣提出令列侯「就國除關」（令封侯者遷居到他的封地去）之議時，列侯大不滿。這些人多娶公主為妻，公主更不願離開京城遷往封地。於是，對丞相、太尉及眾儒臣的讒譭之言，紛紛傳到竇太后耳中。後又有儒臣奏請武帝「無（毋）奏事東宮（太后所居）」（以後處理朝政，請不必再向太后稟奏）。這分明是不要太后干預朝政，是向太后權力提出的挑戰，更惹得竇太后赫然震怒，一氣之下，罷黜了丞相竇嬰、太尉田蚡的職務，驅逐了全部儒臣。從此，魏其、武安都以侯鄉居。田蚡仗著姐姐權勢，不時在內宮進言，說話往往非常靈驗；不少人暗暗走他的門路，其氣焰依然炙手可熱。四年後，竇太后死，魏其侯越發失勢；田蚡卻在其姊王太后支持下，當了丞相。從此，武安居朝，魏其居鄉野，兩人權勢，相距天壤。

武安侯田蚡見武帝年輕新立，便擅作威福，趁機大量安插黨羽為官。這事惱怒了武帝，直截了當斥問他：「君除吏已盡未？吾亦欲除吏。」（你任命官吏已經夠了沒有？我也想任命官吏。）有一次，田蚡向武帝要求把朝廷武庫的部分土地讓給他以擴充私宅，又惹得武帝大怒，說：「你何不乾脆把整個武庫都要了去！」碰了這個釘子後，田蚡才稍稍有所收斂。

通過上面幾件事，武安侯田蚡的嘴臉也已經勾畫出來了。他是一個善於逢迎、工於鑽營、貪得無厭的小人。

第三個上場的是將軍灌夫。他上場的時候正逢魏其侯「益疏不用，無勢，諸客稍稍（漸漸）自引（自動離開）而怠傲」的時候。一上場，傳文就寫了他對失勢的魏其侯的態度：「唯灌將軍獨不失故（不改故態）。魏其日默默不得志，而獨厚遇灌將軍。」灌夫對人的特點是：越是炙手可熱者他越不逢迎，越是失意的人越願意來往。他總是站在失勢者一邊。司馬遷把灌夫登場安排在魏其侯最失意孤獨的時候，兩句話就讓他獨特的、可敬的形象深深刻印在讀者心中。

灌夫是在平定吳楚七國叛亂中湧現出來的勇將，一個無畏的英雄，一個只顧打抱不平而不知自保的莽漢。他在平吳戰爭中以勇氣聞名天下，景帝曾任命他為中郎將（宮中近侍之長），上任才幾個月就犯法丟官。武帝即位後，以其勇，任命他為當天下要衝的淮陽太守，後又調入宮內為太僕（掌管車馬的近衛官）。又因與長樂宮侍衛官竇甫飲酒爭論，打了竇甫。甫係竇太后之族弟，武帝擔心太后將殺灌夫，乃調他外任為燕王丞相。數年後，又因犯法丟官。他兩度為官，兩度丟官，皆因稟性剛烈粗暴，像一罐火藥，隨時可能爆炸。但他決不以勢以力壓人。恰恰相反，「灌夫為人，剛直使酒，不好面諛（不喜歡當面奉承）。貴戚諸有勢在己之右（上），不欲加禮，必陵之（不願加意為禮，而且一定要蓋過他）；諸在己之左（下），愈貧賤，尤益敬，與均（越發尊敬，與之平等相處）」。他是一個鋤強扶弱的硬漢，愛打抱不平，說了的話一定要做到。他家裡很富有。但因犯法丟官，有錢無勢。現在遇到了魏其侯竇嬰，兩人同病相憐，「互相引重，相得歡甚，恨相知晚也」。

灌夫性格火爆，行動無所顧忌，與剛直、鬱鬱不得志的魏其侯結合在一起，彷彿兩大堆枯柴天天在冒煙；有誰投入一個火星，就可引發一場沖天大火。

果然，他倆與武安侯田蚡之間爆發了一場生死搏鬥，釀成了身死族滅的大悲劇。

竇嬰、灌夫與田蚡三人兩造之間第一次衝突是田蚡挑起來的。他存心誇耀自己的得意，侮辱兩位失意的老將軍。一天，灌夫去了田蚡家，田蚡口不從心地說：「我正想和你去看望魏其侯。」灌夫見他居然肯降心修好，立刻說：「我一定轉告魏其侯，明天備酒候駕。」田蚡順口答應了。為了準備款待田蚡，魏其侯夫婦買了許多酒肴，連夜準備，忙到天明。不料直到中午，不見丞相前來，灌夫心中已經不快，忍氣駕車去接。來到田家，田蚡竟然高臥未起！他假意說昨夜酒醉，忘記了今天的約會。及至車馬上路，他又故意緩轡徐行，灌夫越發有火。席間酒酣，灌夫起舞向丞相致敬，然後請他起舞。丞相田蚡竟然高坐不起。在當時，這是極不禮貌的行為。灌夫實在按捺不住了，在酒筵之中不斷指桑罵槐，語侵丞相。魏其侯見狀，藉口灌夫喝醉了，強扶他下席。這次交鋒，以田蚡存心戲弄魏其起，以他反受灌夫肆言侮謾終，田蚡並沒占到什麼便宜。但仇恨的種子在萌芽、生長。

第二次矛盾爆發又是田蚡蓄意挑起的。他派人傳話索要魏其侯位於城南的一大片田地。魏其大怒，對來人說：「我雖被朝廷棄置不用，丞相雖然尊貴，難道他可以強要我的田地嗎？」當時灌夫正在魏其家，當著來人痛罵田蚡。家人回報，田蚡也大發脾氣，說：「魏其侯兒子殺了人，是我救了他兒子的命；他就吝嗇這一點點田地嗎？再說，這事與他灌夫有什麼關係，他竟敢出來罵我？」從此，田蚡下定決心，先除灌夫，去其羽翼，再對付魏其侯。武帝元光四年，田蚡動手了。他向武帝進讒，說灌夫在其家鄉橫行不法，百姓怨苦，請皇上派人查辦。漢武帝向來看不起田蚡這個娘舅，卻賞識灌夫的剛勇，處處迴護他。聽了田蚡的話，回答說：「這是你丞相分內的事，用不著報告我。」此時，灌夫手中也搜集到不少田蚡不可告人的祕事，其中包括暗通淮南王劉安，受其財賄，慫恿劉安謀奪帝位這種大逆不道的事，準備揭發以反擊田蚡。後經賓客從中斡旋，矛盾暫時緩和。田蚡心知對付灌夫，單用一些生活細節性質的小事起不了作用，武帝顯然重愛這員沙場虎將。必須使用王太后這張王牌，才能達到致之於死地的目的。故一時隱忍未發。

機會終於來了。夏天，田蚡將娶燕王劉澤之女為妻。王太后為了給弟弟爭面子，大肆鋪張，詔令列侯宗室一律得去祝賀。魏其侯名隸外戚，不能不去。他邀請灌夫同往，灌夫不肯，強而始行。

婚宴中，新郎倌、丞相田蚡起身敬酒，在座賓客都避席伏地表示不敢當；輪到魏其侯出席敬酒，只少數舊友避席為禮，餘客都只跪半膝。這分明是尊武安而輕慢魏其。灌夫一旁看了，已經一肚子不痛快。當他起身敬酒至田蚡時，蚡只還以簡慢的「膝席」之禮，並且說：「我不能喝滿杯。」灌夫益怒，強笑說：「將軍您是貴人啊！——喝完了吧！」武安侯始終不肯。此時灌夫滿腔怒氣無處發洩。他敬酒至臨汝侯灌賢，恰逢灌賢正專心致志與將軍程不識低聲耳語，沒有避席為禮。灌夫一下子爆發了，大罵：「你平日詆譭程不識一文不值，今天我來敬酒，你就像女人一般和程不識咬著耳朵說話！」田蚡見灌夫席間罵人，便發話：「程將軍與李廣將軍同為兩宮衛尉（衛隊長），你當眾侮辱程將軍，就不給李將軍留一點地步嗎？」

這話顯然存心把火引到李廣身上去以擴大事態，為灌夫結怨樹敵。灌夫直性子，一時哪裡想到許多，他急了只知道拼命，憤憤然說：「我砍頭穿胸都不怕，管他什麼程將軍、李將軍！」席間怒罵，四座皆驚，許多客人怕事，悄悄離席；一場盛大的婚宴弄得不歡而散。這時魏其侯揮手招呼灌夫與他一同退席，武安侯下令手下扣留灌夫於客館，召丞相府長府官宣布：「今天請宗室參加婚宴，係奉王太后詔令；灌夫辱罵貴賓，大鬧婚筵，是目無王太后的行為。應將他囚繫於居室（少府所屬官署，囚禁下級犯法官吏的地方），按『大不敬』罪論處。」於是聯繫他過去居鄉橫行不法等事，一併追究；派兵吏搜捕灌氏支屬，全部判處死刑。灌夫手中本握有田蚡私通淮南王劉安，煽動謀反，受其金銀的重要材料。但此時他家族中人非捕即逃，無人出首；他自己又已入獄，沒有機會出來揭發田蚡了。

魏其侯深悔自己不該強邀灌夫赴婚宴，多方設法援救，出重金請人疏通關節，全都不起作用。因為，此時所有的官吏都是武安侯的耳目；且素知他們之間有夙怨，誰也不敢出來惹火燒身。魏其侯無奈，只得直接向武帝上書為灌夫辨冤。武帝明知田蚡蓄意陷害，但又礙著母親王太后，不好開口作出決斷；現在見魏其出面為灌夫辨冤，便立即召他進宮。魏其面陳：「灌夫罵坐乃由於酒醉失言，不能按『大不敬』治罪。」武帝深然其言，賜魏其飲食，要他與諸大臣到東朝（東宮，王太后所居）廷辯。沒想到，廷辯對魏其不利。一則，「蚡辯有口」（田蚡善辯，有口才）；魏其侯卻不長於言辭；二則，廷辯雖武帝主持，簾內有王太后監聽遙控，誰敢得罪王太后的弟弟、丞相田蚡？

這一次廷辯是考驗諸大臣人格尊嚴的辯論會，司馬遷寫得特別細緻，特別精神。魏其侯最先陳辭，極言灌夫為國的功勞，為人的優點；說此次罵坐不過是酒醉失言，丞相卻用別的事誣枉他，釀成大罪。次由武安侯出列辯白，他恣言灌夫為人一貫驕橫放肆，其罪實屬大不敬。魏其心知其非，口裡說不過田蚡，就正面揭發田蚡種種壞事。此時，田蚡施展如簧巧舌，用閃灼之辭暗示灌夫與魏其準備謀反。

兩造各執一端，互相指摘，武帝令諸大臣辨其曲直。御史大夫韓安國認為：兩個人說的都有理，「唯明主裁之」（只有英明的主上您才能作出判斷）。他把問題交還了武帝。汲黯接著說：「魏其侯所言正確。」內史鄭當時起先認定魏其有理，後來又不能堅持己見。武帝之所以舉行這次東朝廷辯，原想把是非交給廷臣公議，以保灌夫、魏其，明武安之短，塞太后之口。不料諸大臣畏王太后，不敢直言，氣得武帝面斥韓安國：「公平生數言（多次說）魏其、武安長短；今日廷論，局促效轅下駒（畏首畏尾像車轅下的小馬），吾並斬若屬矣（我全部斬了你們這班人）！」他恨得咬牙切齒，就因為，廷辯的結果使他救魏其、保灌夫的計畫全都落了空。

廷辯沒有結論，用午膳的時間到了。王太后氣得飯也不肯吃，對武帝撒潑：「現在我還活著，這些人就敢於如此蹧踐我弟弟；假若我死了，他們會把我弟弟當魚肉吃了。再說，皇帝你難道是石頭人？」意思是：你就不能獨自作出判斷嗎？她以母親的威嚴逼武帝站在娘舅這一邊，鑄成大獄。

英明的武帝不肯偏聽母親的話，他派御史下去核實魏其侯陳述灌夫的種種優點是否屬實，以便開脫他。不料查核的結果證明魏其所言亦多失實。這樣，魏其侯又被加上一條欺君之罪，拘押在宮內大牢中。先是，魏其曾受景帝遺詔，可以超越常規向皇帝奏事。他見入獄後朝中大臣誰也不敢為他辨冤，於是暗中傳話給子姪輩，令他們向武帝奏明遺詔之事，希望再一次向武帝面陳曲直。武帝命人查對皇室檔案，並無此項頒賜遺詔的記載，僅僅魏其家中有此遺詔，由他的家丞用印封存。於是魏其又犯了偽造先帝遺詔的大罪，按律應處「棄市」（街頭處死）的重刑。十月，灌夫及其家屬全部被處死。這時武帝仍不欲殺魏其。田蚡又使人四出造謠，說魏其侯在獄中口出惡言誹謗武帝，並特意讓這些謠言傳入武帝耳中。於是，十二月除夕，魏其侯被處決於渭城（即秦代的咸陽）。為什麼殺人要趕在除夕？當時制度，皇上常在立春日下詔書寬赦人犯，田蚡怕夜長夢多，趕在過年之前將魏其處死。

第二年春天，武安侯田蚡患了精神錯亂症，惡夢頻頻，老是看見厲鬼追殺自己，終於驚怖而死。厲鬼追魂自不足信，但做多了虧心事的人總是作賊心虛，疑神疑鬼，夜不能寐。精神上的折磨加深了病情的發展，這倒是完全可能的。

傳文結尾處說：七年後，淮南王劉安謀反事被發覺，武帝才得知武安侯田蚡曾慫恿淮南王謀奪帝位，並收受過淮南王賜與的大量金銀。他說：「使武安侯在者，族矣！」（假若武安侯還活著，一定要處之以滅族之罪！）奸佞者的陰謀終於無所遁形於天地之間。司馬遷補記這一筆於傳末，意味深長。既記下了武帝的不盡後悔，也讓後之為君者必須明察忠奸，永為鑒誡。

本文開篇提到了西漢時期的外戚之禍。反映外戚之禍是這篇〈魏其武安侯列傳〉的主旨。文中明寫田、竇傾奪，暗寓帝后權力鬥爭，顯示出司馬遷洞察封建社會宮廷鬥爭嚴重性的識力。中國封建社會在人際關係上強調血統人倫，為人子者對父母必須無條件服從。在政治關係上，則強調君、臣等級關係，君主是至高無上的權威。至於帝王之家，這兩種權威往往發生碰撞，爆發出異樣的火花。當皇帝與皇太后（皇帝的母親）之間意見不統一，利益取向衝突時，到底誰服從誰？這就有了矛盾。有矛盾就有鬥爭。傳文一開始，竇嬰阻景傳梁，竇太后立刻免了他的官，剝奪了他參加朝、請的門籍。可見皇太后可以越過皇帝進退朝中大臣。景帝死，武帝立，他生母王太后立即封其弟田蚡——一個武帝向來看不起的外戚為武安侯，不久又任命他為掌管全國軍事的太尉。這中間也體現了皇帝與太后的權力爭奪。武帝重儒術，丞相竇嬰、太尉田蚡跟著皇帝轉，引進大批儒者參政；但竇太后尚黃老。不久，太后就罷逐了朝中全部儒臣，丞相、太尉一併丟了官。這不是帝、后權力鬥爭的明證嗎？

魏其侯竇嬰、將軍灌夫分明是武安侯田蚡誣陷死的。武帝向來討厭田蚡，多方迴護灌夫，想方設法開脫魏其侯和灌夫將軍，結果：皇帝保不了他厚愛的兩位將軍，反讓他最討厭的武安侯取得了勝利。尤其重要的是：皇帝眼睜睜看著他的臣下剛直者身死；諂佞者得勢，諸大臣對此無可如何，他也無可如何，這不正是帝、后鬥爭的典型事例嗎？太后必立后黨，任用娘家的人，以鞏固自己的地位和權力；皇帝要用外臣，以削弱后黨的力量，鬥爭的結果往往兩敗俱傷。這便是封建社會內部權力鬥爭的惡果，是外戚之禍的一種表現。理解了這一點，才能體會司馬遷寫作此傳的深心，才能理解本傳反映歷史的深度。

這篇傳文還體現了《史記》反映歷史的廣度。傳文記述魏其、武安地位昇沉變化的同時，著墨不多卻非常鮮明地記述了周邊人物的反應，大多數人的反應即所謂民意。人民的反應體現了一代社會風習，它所代表的社會層面是很廣闊的。竇嬰領軍敉平吳楚七國之亂，受封為魏其侯時，傳文說：「諸游士賓客爭歸魏其侯」「孝景時，每朝，議大事，條侯（周亞夫）、魏其侯，諸列侯莫敢與抗禮」。竇嬰一旦失去相位，「天下吏士趨利者皆去魏其歸武安。武安侯日益橫（驕橫）」。後來田蚡當上了丞相，傳文又說：「天下士、郡諸侯愈益附武安。」灌夫使酒罵坐被田蚡拘禁後，「武安吏皆為耳目，諸灌氏皆亡匿」。東朝廷辯，真理在魏其，是非本來分明，參加廷辯的大臣不是模稜兩可，就是噤若寒蟬，「皆莫敢對」。司馬遷作出上述反覆記載，反映了當時的政治風氣，寫活了一大群見風使舵的大臣。他在畫布上畫上幾叢風來即偃的小草，構成了這幅政治風雲畫卷的廣闊背景，展開了層次豐富、色彩斑斕的歷史畫卷。傳文寫的不僅僅兩造三人，它寫的是一代潮流，一種風氣。這是本文思想價值之所在。

在刻劃人物形象上，這篇列傳也有輝煌的成就。我這裡略舉兩例，讀者可想見其餘。

我特別欣賞傳文中寫的灌夫。不是說這個人物很完美，而是說這個人物寫得很成功。他與其父灌孟一道參加平吳之戰，父親戰死，按軍法，他可以送父靈返鄉。但他不肯回鄉，發誓要取吳王或其將軍之頭以報父仇。他準備突擊——以少數人組成的突擊隊出敵不意襲擊敵人。

於是灌夫被（同「披」）甲持戟，募軍中壯士所善願從者數十人。及出壁（防禦工事），莫敢前。獨二人及從奴（家奴）十數騎馳入吳軍，至吳將麾下（軍旗之下），所殺傷數十人，不得前。復馳還，走入漢壁，皆亡其奴，獨與一騎歸。夫身中大創十餘，適有萬金良藥，故得無死。夫創（傷）少瘳（稍好），又復請將軍曰：「吾益知吳壁中曲折，請復往。」

灌夫挑選突擊隊有兩個標準：一是「所善」（與他素來要好的人）；二是「願從」（自願跟隨他出生入死之輩）。結果，一軍中只挑得數十人，可見敵陣森嚴。及至打開營門，這批挑選出來的幾十名勇士膽怯了，只剩兩人加上他帶來的家奴十多人，魯莽地衝入敵陣。戰到只剩下他自己和一個騎兵殺回漢營，他身負十多處重傷。打這種無計畫、無援兵、無策應的仗，除了白送死有什麼作用？他傷勢稍好居然還請求再衝敵陣。這正顯示了他的性格特徵——只求洩恨，不計後果；勇固有餘，不知策略：十足的頭腦簡單的莽漢。後來他與田蚡鬥，不正是這種性格的發展嗎？

另外，田蚡這個人物也寫得有深度。

在灌夫使酒罵坐那場鬥爭中，惹得灌夫氣憤的首先是一群趨炎附勢的賓客，他們尊重武安，輕侮魏其。至於田蚡，灌夫敬酒他不為禮，拒不飲滿杯，是故意挑逗灌夫生氣。田蚡存心惹怒灌夫，讓他大鬧婚宴，闖下殺身之禍，這就是他的深心。灌夫蒙在鼓裡，不知如何對付田蚡，反而把氣撒在不相干的臨汝侯身上，還捎帶上程不識將軍。灌夫這種行為正中了田蚡的心計。灌夫失策亂闖亂罵，都是田蚡的勝利。灌夫遷怒無辜，被田蚡利用，不斷向縱深發展，擴大戰果。灌夫罵臨汝侯，田蚡便順勢提出程不識和李廣，進一步為灌夫樹敵，唯願火越燒越大。吵得愈凶，罵人愈多，才會讓王太后知道事情的嚴重性，加重灌夫的罪責。頭腦簡單的灌夫哪裡懂得田蚡的心計；他像鬥牛場上受了傷的公牛，背上插了幾支箭，還絲毫不顧，只盯著鬥牛士手裡那塊翻動不停的紅布，拼命向他衝。一場婚宴，寫出了滿朝趨炎附勢的將相，寫透了田蚡煽風點火的陰險，寫活了灌夫的引火自焚。田蚡煽的是陰風鬼火。灌夫一根直腸子好寫，田蚡的九曲奸腸難畫；唯其難能，斯尤可貴。

第三，東朝廷辯，語言特別精警。田蚡一段辯辭，最能表現他刁狡陰毒的個性。他想一石二鳥，把魏其、灌夫一同釘死在「欲反」這個十字架上。但自己也知道這純然出於誣陷，沒有一點事實；弄得不好，自己逃不了「誣告者反坐」的罪責。當「魏其侯度不可奈何（估計自己拿田蚡無可如何）」的時候，「因言丞相短」——直接揭發田蚡的問題；田蚡接著發言，以退為進，首先接受魏其侯的指摘，承認自己確有「所好」、「所愛」；然後話鋒一轉，對魏其、灌夫進行致命的攻擊：

武安曰：天下幸而安樂無事，蚡得為肺腑（親貴大臣），所好音樂、狗馬、田宅，蚡所愛倡優、巧匠之屬。不如魏其、灌夫，日夜招集天下豪傑、壯士與議論，腹誹而心謗。不仰視天而俯畫地，辟倪（睥睨、斜視）兩宮間，幸（希望）天下有變，而欲有大功。臣乃不知魏其等所為。

他知道自己的缺點無法掩蓋，但這不是犯罪的行為。「不如魏其、灌夫」一轉，便是支支毒箭，顆顆毒彈，直奔魏其侯和灌夫的心窩。試看「日夜招集天下豪傑、壯士」，能沒有目的嗎？這些人「議論」，雖然誰也沒有聽到，那內容還想不到嗎？「腹誹而心謗」，不滿的話塞滿了肚子，他們怨恨的是誰而又不敢明說？這人還用得著點穿嗎？不是仰觀天象就是俯地劃策，那是為了對付誰？假如所怨只是一人一族，用得著這樣神祕兮兮嗎？「辟倪兩宮間」，這一句已經挑明了。「辟倪」一詞，形象如見，卻又朦朧、隱約，不可指實。最後一句，簡直是絕妙好辭：「臣乃不知魏其等所為。」意思十分清楚，話卻不給挑明，因為，田蚡手裡絲毫沒有證據，因此他才用這種含沙射影的手法，朦朧隱約的語言，以施其鬼蜮伎倆。他的策略是，即使他揭發的一條也不能落實，也不過「事出有因，查無實據」，他並沒斷言誰會造反，他只提供一些可疑的現象。這樣，他才立於不敗之地——這就是田蚡的蛇蠍用心。

〈魏其武安侯列傳〉是《史記》七十列傳中一篇情節錯綜複雜的列傳，也是一篇組織穿插最綿密的好文章。傳中人、事多司馬遷親見親歷，因此寫來精彩紛陳。明人包世臣認為此傳是「憂世之微言，而重斥外戚矣」；又說：「進退人才者，人主之柄（權柄）。東宮（太后）持進退之權，而顛倒如是，豈必臨朝稱制（即垂簾聽政）始足為亂哉！」他的看法非常深刻。如果用人為政的權柄操在太后手裡，女主不臨朝一樣會嚴重影響朝政。就因為，在血統倫常上，太后是母親，皇帝是兒子，兒子不能不聽母親的話。而太后攪亂朝政，又多半是通過外戚來實現的。包世臣所謂「重斥外戚」，就是嚴厲斥責外戚的意思。

醇謹之流　希寵之祖　詼詭之文

——〈萬石張叔列傳〉評賞

〈萬石張叔列傳〉按《史記》體例應歸之於群傳，實際上卻是一篇類傳。傳文記述萬石君石奮父子以及衛綰、直不疑、周文、張叔等七位醇謹之臣的居處言行，而於石奮父子最為詳備。「萬石」之「石」，量詞，音、義與今天一擔、兩擔的「擔」字相同。因石奮及其四子都官至食秩二千石（擔），合之則為萬石（擔），故漢景帝稱石奮為「萬石君」。漢代祿秩分十五等，二千石為第三等，每月實支俸秩一百二十斛，是朝廷中食祿很高的官員。

石奮在楚漢戰爭時隨侍高祖劉邦為小吏，高祖愛其恭敬，納石奮之姊為美人（女官名，嬪妃之屬），任命十五歲的石奮為中涓。中涓主管宮內清潔及書謁傳達之事，是皇帝的侍役。司馬遷概括此人特點為八個字——「無文學，恭謹無與比」（沒有文才學問，但恭敬謹慎無與倫比），其資質略近後世不學無術卻無限忠於皇帝的宦官，故明代直呼宦者為「中涓」。

石奮憑著姐姐是高祖美人，自己又對皇帝無比忠誠，到漢文帝時，累官至大中大夫，後來做了文帝之子劉啟的太子太傅。文帝死，劉啟即位，是為景帝，此時石奮已官至九卿。但景帝以其「迫近，憚之，徙奮為諸侯相」。「憚」是怕的意思。景帝為什麼害怕石奮？顯然，石奮任太子太傅時用繁文縟禮把劉啟拘管得太苦了；現在他做了皇帝，怕石奮又來煩他，故而把他從自己身邊調開。「憚之」二字，蓄無限往事煙雲。

表現石奮的「恭謹」，司馬遷選錄了四個典型事例，都是石奮晚年退休居家時的事。石奮快八十歲退休後，每逢歲時節日，仍進宮向皇帝請安。他坐車過宮門，「必下車趨，見路馬必式」。趨是古代禮節，以碎步疾行表示敬意。「路馬」的「路」通「輅」，大車；「式」通「軾」，車前橫木。「見路馬必式」是說，見到皇帝乘坐過的大車或御馬，他就手扶車前橫木躬身致敬。試閉目想想那景象：一個年近八十的老人，碎步疾行走過長長的御道，身子一搖一晃，臀部一扭一歪，不正像戲臺上的丑角走路或體育場上運動員競走比賽的姿態嗎？看見皇帝乘坐過的車、馬，儘管車中無人，馬在吃草，也要躬身行禮，那樣子不是滑稽可笑麼？

石奮居家，家教極嚴。子孫輩當小官的回家看望他，他居然穿上朝服接見，而且不直呼其名而叫他的官稱，儼然官場中上下級會見時的禮節，裝模作樣，像在演戲。兒孫輩犯了過錯，他從不正面教育，只是不坐正位，扳起臉坐在側位；擺上的酒菜不吃不喝，儼然如喪考妣，如當大事。必待幾個兒子輪流出來斥責犯了過失的人，還得由他們請地方長老出面說情，犯過錯者赤膊請罪，才肯罷休。為了一點小過失，不惜鬧得舉家惶惶，甚至驚動鄉曲父老，這不是小題大作嗎？古禮，男子二十而冠，成年男性外出或在家見客，照例都戴上禮帽。但石奮禮上加花，命令子孫平常在家也戴上禮帽。遇到皇上頒賜食物，他先行跪拜謝恩，然後俯伏而食，就像當著皇上的面吃他所頒賜的食物一樣。他辦喪事時，特別哀痛；子孫遵守教導，也不得不隨之哀痛，儘管對死者不一定有什麼深摯的感情。這樣，他家以「孝謹」聞名郡國，連齊魯儒生之家也自嘆不如。

「恭謹」如此，必有報償。果然，武帝建元二年，皇太后以「萬石君家不言而躬行」，任命石奮長子石建為郎中令，少子石慶為內史。郎中令是侍從、警衛的首長，內史負責治理京師，都是貴幸之職。這兩個兒子不負萬石君多年調教，繼承乃父衣缽，取青勝藍，他們的表演更在父親之上。石建為郎中令，每五日休假回家洗沐，拜見老父親之前，必先入偏室，竊問侍者，父親換下的底衣褲在哪裡，大小便的便器置於何處，然後由他一一親手浣洗乾淨，再悄悄交給侍者，不敢讓父親知道。這事令人費解。既有內侍，這些髒事又何必石建自己動手？既然自己動手，取出交還又何必假手內侍？難道這是不可告人之事嗎？聯繫上文石奮懲罰兒孫一定要地方長老出面說情才肯放手，不能不產生疑問：這是不是假他人之口以延譽鄉曲？否則，他的家庭瑣事又怎能聞乎郡國，一直傳到帝后耳中？

石建也並非全然不關心政局人事。他在皇上面前，「事有可言，屏人恣言，極切；至廷見，如不能言者」。——當著他人不說，在朝廷上奏事時不說，避著人卻向皇上說得又多又深切。如此行事，算不算光明磊落，就用不著捉摸了。

下面一件事出在萬石君幼子石慶身上，可以進一步證實上面的推斷。有一次，「內史石慶醉歸，入外門不下車。萬石君聞之，不食。慶恐，肉袒請罪，不許。舉宗（全族）及兄建肉袒，萬石君讓（責備）曰：『內史貴人，入閭里，里人長老皆走匿，而內史坐車中自如，固當！』乃謝罷慶。慶及諸子弟入里門，趨至家」。石慶喝醉了，入外門沒有下車，並非經常、有意如此。萬石君知道了，以絕食表示氣憤，嚇得石慶脫衣露體請罪還不行，弄得全族人和哥哥石建一同打赤膊請石奮責罰，他才饒了石慶。從此，石慶和他家裡的子弟進入外門，都以碎步疾行表示對鄉里的恭敬。對一個醉酒的兒子用得著如此厚責嗎？何況，石慶是朝廷命官，為一點小事如此苛責，近於人情嗎？除了藉此以矯俗干名，還能作何種解釋？

萬石君在元朔五年去世，活了九十六歲。現在輪到他的長子石建出場表演了。一上來，司馬遷就給石建寫了濃墨重彩的一筆：

> 建為郎中令，書奏事（奏章）。事下，建讀之，曰：「誤書！馬者與尾當五，今乃四，不足一，上譴死矣！」甚惶恐。其為謹慎，雖他皆如是。

奏章已經皇上看過，發還給石建，他發現馬字下面少寫了一筆，嚇得連連大呼，說皇上一定會責備死他。姑不論一字缺筆，會不會獲大罪，受重譴；這是皇上已經批閱過、發還給他的奏章，皇上並未發現馬字少寫一筆，事情已經過去，又何必如此大驚小怪，生怕因此犯了滔天大罪？這不是故作張致，自己嚇自己嗎？究竟是謹慎過度還是自我張皇？

司馬遷說：「（石奮）諸子孫咸孝，然建最甚，甚於萬石君。」其實，萬石君的少子石慶，又何嘗稍遜於他哥哥？石慶任職太僕（管理車駕，為天子執御），為皇帝駕車外出。「上問：『車中幾馬？』慶以策（馬鞭）數馬畢，舉手曰：『六馬！』慶於諸子中最為簡易（隨便）矣，然猶如此！」這節文字真可謂窮形盡相，入骨誅心！皇上坐在車廂內，不知石慶用幾匹馬駕車，隨便問問；石慶坐在車外，幾匹馬駕車一望而知，不望亦知；卻故作謹慎，用馬鞭數一遍，然後作答，這未免做作太過了。

武帝元狩元年，石慶當上了太子太傅，七年後昇為御史大夫，又三年，以「萬石君子孫孝」的原因，當了丞相。當時中國多事，桑弘羊等人弄權，慶雖位居丞相，卻自甘大權旁落，他只是一味「醇謹而已，在位九年，無能有所匡言」。武帝太初二年，慶死，子石德襲封侯爵。後來石德為戾太子少傅；戾太子反，石德降為平民（事見《資治通鑑．漢紀》）。石慶為相時，眾子孫為官食秩二千石者共十三人；慶死，有些晚輩因罪丟了官，孝謹的家風也就日益衰落了。由此可見，石奮父子以孝謹聞名而昇官，因昇官而愈益孝謹；及至人死官削，孝謹的家風也隨之衰落，他們家的傳家寶「孝謹」是與官運互動，同步昇沉的。那「孝謹」的實質究竟如何，也就不待智者而後知了。

以上，我把〈萬石張叔列傳〉中有關萬石君父子的行事節略作了扼要的鉤勒，讓讀者諸君了解本傳主體部分的基本輪廓。為了便於評賞，下面再簡略介紹傳中另外四個人——建陵侯衛綰、塞侯直不疑、郎中令周文和御史大夫張叔的事跡。寫衛綰，傳文只說其為人「醇謹無他」。此人最大的特點是從最初為官一直到擔任丞相，「終無一言」（從不曾向皇上進一言）。他是個善於在車上表演特技的藝人，以此小技入宮為內侍，也許並不懂得治平之道，要進言也無從說起。他全憑「忠實無他腸」，也累官當上了丞相。郎中令周文以醫術入宮為官，司馬遷說他「陰重不泄，常衣敝補衣溺（尿）袴（褲）」，此人大概有生理缺陷，泌尿器官也有毛病，經常穿打補丁的衣服和尿褲。也許他失去了性功能，因此像宦者一樣，可以出入後宮，甚至連景帝在寢宮與宮女祕戲，他也常在一旁。就靠這種特殊身分，加上他的醫術，得到皇上的幸愛。他從不言人長短。皇上問及，只說「上自察之」。御史大夫張叔是另一種人物。他研習刑名之學。申不害刑名之學主張慎賞明罰，是法家用以治國的學問，操此術者大都峻刻不稍寬假。張叔卻以寬緩治事，總是同情犯了過失的人。四人之中最奇特的是塞侯直不疑。他是文帝的侍從，有一次，與他同室而居的一位郎官告假回家，誤將另一郎官的黃金帶走；失主猜疑直不疑偷了，直不疑居然承認，買來黃金歸還失主。待到告假的郎官回來，歸還誤取的黃金，失金者大為慚愧，從此大家盛讚直不疑。有人誹謗直不疑盜嫂，他聽到議論也只說「我乃無兄」（我就是沒有哥哥）。「我乃無兄」可作兩種解釋：一是我沒有哥哥，當然就沒有嫂嫂，證明謗者之言是無中生有。另一是：我哥哥死了，則盜嫂之事不一定全無可能。對此他應該辯明，但他對謗言始終不作自我表白。這四個人的事跡都很簡單，但他們都以「醇謹」聞名國中，或封侯，或拜相，子孫也都做了大官。〈萬石張叔列傳〉寫的就是這樣一群出身微末，以「孝謹」、「醇謹」獲幸的人物。司馬遷在傳末總評中寫道：

太史公曰：「仲尼有言曰：『君子欲訥於言而敏於事。』其萬石、建陵、張叔之謂耶？是以其教不肅而成，不嚴而治。塞侯微巧，而周文處諂，君子譏之，為其近於佞也。然斯可謂篤行君子矣。」

這段話未免模稜兩可。既說微巧、處諂，又說是「篤行君子」，作者對傳中人物究竟如何評價，是讀此傳者無不思考的問題。正由於司馬遷的話依違兩可，古人的看法也就很不一致。以我有限的見聞所及，古人著作中肯定石奮父子所行所為者居十之三，否定者居十之七。比較這種截然相反的看法，對於我們提高閱讀、鑒賞水平，將大有裨益。

肯定者之一，明代文壇唐宋派領袖唐順之在他的《精選批點史記》中說：「武帝大臣多以罪誅，而（石）慶為相克終者，正以事不關決於慶，慶醇謹而已，此其所以見容也。」他肯定石慶善於明哲保身，能見容於武帝。這話究竟是褒是貶，令人懷疑。因為，一味明哲保身，求見容於君上，是不是為大臣者的正道，值得商榷。另一位明代人于慎行在其《讀史漫錄》中說：「事不關決於丞相，丞相醇謹而已，史遷若少其為人。以予觀之，石丞相真大臣也。」他看出了「史遷若少其為人」（司馬遷似乎看不起他的為人）。但于慎行還是從「醇謹」可以鎮浮躁、防極敝著眼，肯定石慶是「真大臣」。明末文壇竟陵派領袖鍾惺則說：「太史公敘萬石家一段篤行至性，使人肅然生敬，不敢以『無能』少之。不言而躬行，是真儒術；不言而齊大治，是真吏事。蓋有感於吏之偽者，而以此風（諷）之也。」他熱情地讚揚石奮父子能遵循儒家治道，與唐順之讚揚石慶能明哲保身雖同為肯定而取向大不相同。清代桐城派領袖劉大櫆《海峰先生文集・讀萬石張叔傳》一文，則對石氏父子持否定態度，闡發較深：

「石慶文深審謹，在位九歲，無能有所匡言。夫君之所求於臣，臣之所為盡忠以事其上者，在匡君之違（過失），言君之闕失（缺點），使利生民而已。」劉氏認為：為臣之道要敢於指出皇上的過失，使朝廷施政有利於百姓；如果一味看皇上眼色行事，是非愛惡總之不說一句話，「此廝役徒隸之所為，曾謂人臣而亦出於此」（這是工役、奴才做的事，誰說作人臣子者也會這樣行事）！他慨嘆：「後之為人臣者，不為怙寵立威，則或以萬石君自況，是自居於闒媚之小人也！」（後代作臣子的人，不是仗皇上的寵幸作威作福，就是拿萬石君與自己比況，這種人是自居於宦官諂臣之流的小人！）明代文壇後七子之一的吳國倫說得更直率。他認為，石奮父子的為人「近於褻（輕慢、汙穢），近於矯（做作），近於諛（討好別人）」（《史記評林增補引》）。清人周昌甲則進一步指出這種行為的後果：「其於己則得，而於國則誤也。」（對個人有好處，對國家來說就誤國了。）另一位清人丁晏《史記餘論》則指出這種行為的影響：「萬石以下，皆醇謹之流，然遂為希寵之祖。」（萬石諸人成了希功取寵的開山祖，帶頭人。）吳汝綸《桐城先生點勘史記》也說：「此篇以佞字為主。孝謹，美德也，然近於巧佞。」巧佞是用巧妙的方式討好別人的意思。總之，他們都認為，石奮等人的行為是不正派的，不近人情的，虛偽的，是有其不可告人的目的的。

本文一開頭就說〈萬石張叔列傳〉實際上是一篇類傳。類傳者，一傳多人，以類相從，同傳中人物必有其相關、類似之處，共同之點。這篇傳記所記七人，他們類似之處、共同之點是什麼？了解這一點，可以觸類旁通。

還是前面提到的劉大櫆一語破的。他說：「遷之論塞侯曰微巧，其論周文亦有處諂之譏……跡（推究）其連類而書，與奮、慶同傳，然則奮、慶者，亦遷之所謂佞巧者歟？」其實，這層意思司馬遷在論贊中已經挑明：「君子譏之，為其近於佞也。」他標舉一個「佞」字於傳末，這正是全文的旨歸，一篇之結穴。「佞巧」的目的何在？明人柯維騏《史記考要》說：「蘇東坡謂太史公『微巧』之論後世莫曉，乃衍（拓展）其說。不情（不近人情）者，君子之所惡也。以德報怨，行之美者，孔子不與，以其不情也。直不疑償金，不辯盜嫂，亦士之高行矣，然非人情。其所以蒙垢受誣，非不求名也，求名之至者也。」柯氏引《論語・憲問篇》的話，說明孔子也反對「以德報怨」，主張「以直報怨，以德報德」，就因為以德報怨不近人情；石奮之類巧佞者都是不近人情的人。他們不是不求名，而是求名之至（求名到了極點）者。「佞」是他們行為的共同點，「求名」是他們的總目的。這種論點，更加入木三分。

既然這些人是一群巧佞不情之輩，司馬遷為什麼給他們立傳？又為什麼不將他們歸之於〈佞幸列傳〉？進一步探索司馬遷創作本傳的意圖，不只能更深入地把握本文的思想，也有助於領會其藝術特色。我們看看劉大櫆的評說：

> 太史公之傳石奮也，褒之乎？譏之乎？曰，譏之。曷以知其為譏也？曰，遷之〈報（答覆）任安書〉曰：「人臣出萬死不顧一生之計，赴公家之難；而全軀保妻子之臣媒孽其短，誠私心痛之。」彼石奮者，特（只是）全軀保妻子之臣而已。

劉大櫆這段話深得史遷之心。司馬遷痛恨這種「全軀保妻子」、尸位素餐的人，故特作此傳譏之以洩胸中之恨。但石奮之流畢竟與〈佞幸列傳〉中的那些人不同。〈佞幸列傳〉所記之人，以傳粉、吮癰為事，和皇帝臥起一床，近乎今天所說的「男色」；而石奮諸人並無這種穢行惡德，因此又不能併入〈佞幸列傳〉。

但我以為，司馬遷寫此傳，目的也不僅僅止於譏刺那些「全軀保妻子」、尸位素餐的人，還有更深層次的動因。《史記》傳寫的絕大多數是在歷史上有重大影響，能推動歷史進程的風雲人物，唯獨這篇〈萬石張叔列傳〉寫的是一群窩囊廢，一些最平庸的人，最平常的事。司馬遷不吝紙墨揭露、諷刺這種人，未必有多大的意義。問題還得往深處探尋。石奮父子歷仕漢高、孝惠、呂周、文、景、武帝，其中不乏英主。以英主而重此平庸，令其食祿至萬石，子孫榮寵有加，不能不說是一種怪現象。這種怪現象揭示了一條重要的歷史規律：統治者既得天下，總愛樹立唯知忠謹，循規蹈矩的奴才以為天下仕宦者的準則。奴才比人才更聽話，更好駕馭，更能令主子放心。才智之士多數奇不遇，唯知忠謹的奴才卻竊據要津，這正是千古才士共同的悲慨，司馬遷為之「憤懣」的又一個原因。司馬遷的筆鋒，透過奴才，微諷主子。從這個層面看，這篇文章的立意構思便更高一層了。〈萬石張叔列傳〉寫的是一群貌似忠謹、內懷巧佞的大人物；司馬遷以冠冕堂皇的形象寫活了一群小丑；另一篇〈滑稽列傳〉寫了優孟等幾位身居弄臣、內懷忠義的小人物；司馬遷以謔浪笑傲的筆鋒寫活了一群智辯之士。他寫的優孟之類的小人物，讀之令人起敬；他寫的石奮之類的大人物，讀之反令人噁心。這種詼詭縱橫的文筆，正好表現了那個薰蕕不分、人妖顛倒的社會。這也是他不吝紙墨為此等人作傳的原因。

我們仍不禁有問：既然痛之、譏之，何不正面斥之，卻把這些人寫得撲朔迷離、褒貶難定呢？這有政治上的原因，也有藝術上的原因。司馬遷與石奮諸子同時而稍後，石慶為相，遷年三十三。石奮家族一直是漢王朝的寵臣。司馬遷如作正面揭露，無異否定了漢初以來幾朝皇帝的知人之明。更何況，他自己遭李陵之禍時，石奮的孫子石德正擔任武帝之子戾太子的少傅，他不能不有所顧忌。但遷之為人，又不肯作違心之論，混淆良莠，自欺欺人。於是，他筆下的石奮父子，便寫得既似孝謹又近於巧佞，依違於臧否抑揚之間。

再從藝術上分析，《史記》之文「如雲龍霧豹，出沒隱現，變化無方」，這是劉熙載《藝概》的評論。劉又說：「太史公寓主意於客位，尤稱微妙。」這裡提出的「寓主意於客位」，即把對人物的評價（主意）隱寓於所記人物（客位）的具體言行中，讓讀之者從客觀記述中領悟作者對之作出的評斷。既然「出沒隱現，變化無方」，讀者自然難一眼看出真象；既然「寓主意於客位」，那「主意」讀者也不一定能準確地把握。為了讓讀者準確把握「主意」，作者必須著意刻劃人物，使之窮形盡相，忠、佞無所遁形於天地之間。〈萬石張叔列傳〉中這樣的例子很多。舉其著者，如石奮入朝過宮門必趨，見路馬必式的姿態；在家朝服衣冠以見子孫的場面；皇上賜食「俯伏而食」的形象，都寫得鬚眉畢張，聲口如見。他如：石慶醉歸，滿堂肉袒；石建書馬，驚呼缺筆，那種舉室惶惶的場面，那種匆遽複沓的語言，無不是窮形盡相、刻骨誅心的妙文。特別是寫石慶「舉手曰：『六馬。』」的神態，更令讀者拍案叫絕。「舉手」並不是簡單地舉起手來，而是伸出大拇指和小指，屈中間三指以示「六」的意思，即今天所說的「手勢語言」。那種顢頇作態，故顯忠誠，形象如在目前。清人王治皞《史漢榷參》說：「太史公敘事，如萬石君孝謹，將其處家處朝，筆筆形容，如化工之畫鬚眉，毫髮皆備。」此言良非虛美。從史學著作看，筆墨不一定細緻如此；從「寓主意於客位」的作法看，必須如此；從傳記文學的審美要求看，精神氣血全在於此，難能可貴之處也正在於此。

嬉笑怒罵　正言反出
——〈滑稽列傳・優孟傳〉評賞

《史記・太史公自序》說：「不流世俗，不爭勢利，上下無所凝滯，人莫之害，以道之用。作〈滑稽列傳〉。」可知這篇類傳寫的是當時社會上士農工商之外的一種畸人，他們不與世俗同流，不爭權奪利；其地位能上能下，與誰都不會有隔閡（上下無所凝滯），人家也不會傷害或責怪他們（人莫之害）。這種人往往能發揮正義的作用（以道之用）。這篇列傳的小序又說：這種人「談言微中，亦可以解紛」（他們往往在談笑之中有意無意說出真理，把人從紛亂錯雜的思想中喚醒過來，使其回歸於正道）。從上述闡釋中可以看出，〈滑稽列傳〉寫的是語言詼諧卻又深諳人情事理的小人物。全傳記述了春秋戰國時代三個這樣的典型——淳于髡、優孟和優旃（褚先生附益之言不計入），我這裡僅僅選說其中的〈優孟傳〉。因為，它常常使我想起戲劇舞臺上許多可愛的小丑。

優孟並非姓優名孟。優是演員之意；孟才是他的名字。這與「師曠」是名叫「曠」的音樂師一個意思。司馬遷為優孟作傳，記述了他兩件大事，其一為諫楚莊王不可「賤人貴馬」；另一是替楚故相孫叔敖的兒子請封地。兩個故事主角相同——愚昧專橫、位居國君的楚莊王和機智、幽默、身為伶工的優孟。沒有昏昧的莊王則不足以顯優孟之機智；沒有優孟的機智則不足以彰莊王之昏愚。人與人比，有的相得益彰，有的相形見絀。

第一個故事從莊王愛馬寫起。馬以駿骨為美，莊王卻給他心愛的馬穿上繡花衣；馬以在大漠中縱橫馳驟為樂，莊王卻把牠養在「華屋」（裝飾漂亮的房子）之中，讓牠睡在露床（沒有帳幔的床）之上；馬以逐水草為食，莊王卻餵給牠乾棗肉，使牠徒長痴肥；如此愛馬，盡反其天性，這馬自然非死不可。愛之適足以害之，其愚昧已經使人覺得可笑了。

寶馬終於病肥而死，可笑的事還在馬死之後。莊王命令臣工百僚為死馬服喪，要用棺槨大夫之禮葬馬。愚昧之外，益以昏庸，此舉勢必引起臣下諫阻。莊王竟然說：「有敢以馬諫者罪至死！」這就在愚昧、昏庸之外，復見其專橫殘酷。他既然以死罪塞臣下之口，誰還敢再進一言？以上三層文字，活活畫出這位霸主（楚莊王是春秋五霸之一）雖然位極人君，其心智之低劣可笑，簡直像個白痴和小丑。

優孟，專供莊王調笑取樂的弄臣，他才是真正的小丑。但他不僅有聰明機敏的內在品質，而且有勇氣，有膽識，敢於在莊王盛怒之下，批其逆鱗，重提葬馬之事。他進見莊王，入殿就「仰天大哭」，儼然為死馬盡哀，這就迎合了莊王的心意。然後，他向莊王進言了。出乎莊王和群臣意表之外，他不是諫阻莊王不應當以棺槨大夫之禮葬馬，而是認為以大夫之禮葬馬太薄，他建議提高規格，以人君之禮葬之。把一匹死馬當作死了國君來發喪祭奠埋葬，這建議可謂石破天驚；莊王自然竊喜，以為朝中畢竟有我同好。但大概他也沒有見過以國君之禮葬馬的先例，便昏昏然問優孟：「何如？」（怎樣葬法呢？）優孟一本正經地回覆：「臣請以雕玉為棺」（用經過精雕的美玉作內棺），「文梓為槨」（用質地細緻的梓木做外槨）；「楩、楓、豫章為題湊」（用楩木、楓木、樟木之類的上等木材鑲在棺木兩頭做題湊），「發甲卒為穿壙」（動員軍卒給死馬挖掘墓穴）；「老弱負土」（徵用老弱運土為馬築墳）；「齊趙陪位于前，韓魏翼衛其後」（讓各路諸侯都來參加葬禮，排列前後，致敬默哀。按：春秋時無趙魏之名，故釋為諸侯）；「廟食太牢」（給死馬建立祠廟，用太牢隆重祭饗。太牢：以牛、羊、豬各一為犧牲以祭，是祭禮中的最高規格）；「奉以萬戶之邑」（將人丁萬戶的大邑封賞給這匹死馬，以其所入作為湯沐祭掃之資）。優孟在莊王面前肆口而言，滔滔不絕，描繪出一幅舉世所無、聲勢浩大的「葬馬圖」，讓莊王聽得如醉如痴，最後一筆點睛：「諸侯聞之，皆知大王賤人而貴馬也。」這一句無異醍醐灌頂，使昏昧的莊王頓時大徹大悟。在這裡，優孟用的是邏輯辯論中的「歸謬法」。莊王葬馬，事本荒唐；優孟進言，不從正面直接指出他的荒唐，反而裝著支持他的作法，順水推舟，極而言之，充類至盡，讓那荒謬的內核擴充放大，使莊王自己清楚看見並主動承認錯誤，然後問計於優孟：「寡人之過一至此乎？為之奈何？」（我的錯誤竟然到了這樣的程度嗎？〔現在〕怎麼辦？）那語態彷彿夢中醒來，張皇失措，更顯得這位君王的顢頇。我們讀這段文字，已經忍不住要笑了；不料優孟回答莊王一番話，更加令人噴飯——你問我怎麼辦？我的意見是「請為大王六畜葬之」，用煮飯的大灶作馬的外槨，用大銅鍋作馬的內棺，用薑末作調料以增其味，用木蘭作香料以解腥羶，用米飯作祭品，火光作馬的衣裳，把這匹寶馬葬在人們的腸腹之中。莊王聽了這段話，吩咐趕快把死馬交給廚師處理；並命令：為馬治喪之議不許張揚出去，以免天下流傳，永留笑柄。看來，他是真正在優孟的談笑之中醒悟過來了。

其實，優孟的答詞，本來只消一句話「把死馬交廚房弄來吃掉」就說清了，優孟卻平添「槨、棺、薑、棗、木蘭」等等許多物事，設想出「祭以稻糧」、「衣以火光」等等想像奇特、妙語如珠的答詞，隨口打趣，辯才無礙，使莊王不但接受了他「葬之於人腹腸」的正確意見，而且讓這位君王彷彿看戲聽相聲，一邊點頭一邊捧腹。莊王認錯了。他是在欣賞優孟的妙語中，在忍俊不禁之中認錯的。這就是呂祖謙《東萊博議》一書中論進諫之道所說的：「使人君畏吾之言，不若使人君聽吾之言；使人君聽吾之言，不若使人君樂吾之言。」優孟一席話，取得了「使人君樂吾之言」的藝術效果。

現在我們再來看看優孟如何為莊王故相孫叔敖之子請封地。莊王為人，愚而寡恩；他的丞相孫叔敖「盡忠為廉以治楚，楚王得以霸」，對於為楚國作出過如此巨大貢獻的大臣，死後莊王竟未給任何封賞，致令其妻子窮困，生計艱難。敖子遵父遺命求計於優孟。優孟用了一年多時間苦學孫叔敖的語言動作，然後化裝成孫叔敖去見莊王。莊王和他的左右竟無一人能辨別真假，以為敖死而復生，想繼續任用他為楚相。優孟答應回家與妻子商量。三天後復見莊王說：「妻囑咐我千萬不要為楚相。像孫叔敖為楚相盡忠為廉，輔助楚王，建立霸業，他死後，兒子無立錐之地，窮到背柴火賣以換取衣食，要我作楚相，我不如自殺。」優孟還編了一段歌詞，連說帶唱以諷莊王：

作為楚國的老百姓，山居耕田苦得難活命。起而求官貪財不顧廉恥，又怕受賄犯法遭嚴懲，到頭來家滅身死留罵名，作貪官怎麼能行！想作清官奉公守法留令名，作清官同樣不行！楚相孫叔敖清廉直到死，他死後家徒四壁難生存，妻子砍柴負薪多貧困，可見要作楚相萬不行。

（注：歌詞由作者據原文翻譯成白話文）

這段歌詞，連用「貪吏安可為也」、「廉吏安可為也」、「楚相……不足為也」，反覆唱嘆中夾著無限辛酸，彷彿當斯之世，為楚之民，人人無所適從；語調詼諧，意殊沉痛，借孫叔敖的不幸，發憤世之悲音。這些話，要是誰在朝會之上向莊王正面進言，一定會激怒這位專橫的霸主，事既不諧，反而賈禍。現在，優孟先用巧妙的化裝模仿獲得以假亂真的喜劇效果，讓莊王開心；然後唱出一段美妙的歌謠。他是名優，是楚國著名歌手，其音節之抑揚鏗鏘，司馬遷雖未書及而讀者自見，這種美妙的音樂效果又必將博得莊王的擊節欣賞。戲劇效果與音樂效果的雙重效應，取得了「莊王謝優孟，乃召孫叔敖子，封之寢丘四百戶以奉其祀」的美滿結果。司馬遷這篇傳記，妙在一、繪影繪聲：莊王的昏昧顢頇，優孟的機智幽默，對比強烈，鮮明如見。二、敘寫葬馬請封二事，雖然都不算什麼國家大事，其事卻關乎國家的聲譽，人民的苦樂。優孟敢於進言，體現了小人物的膽識、技藝和美好心靈；它向後世昭示了一條真理——高貴者未必事事精明練達，卑賤者卻往往才識過人。司馬遷正是通過遊俠、滑稽、夷門侯生、屠者朱亥之類的小人物，彰明了這一條真理，體現了他深刻的、進步的、具有民主色彩的歷史觀。

戰國時期成書的《晏子春秋》，也有兩則記載，與優孟諫莊王葬馬之事相近。〈諫上二十五〉載：齊景公愛馬死了，「欲誅圉人（養馬人）」的故事。當時景公大怒，令人操刀解（支解）養馬者；晏子正在侍前，諫阻了這件事。景公餘怒未消，轉令將養馬人下獄。晏子進言：別讓他不明不白去坐牢，待我歷數其罪，使他死而無怨。於是晏子數落養馬人：「景公命你養馬，你卻將馬養死，這是一大罪；御廄馬多，偏偏你養死的是景公最心愛的一匹，這是第二大罪；現在，你又使景公為了一匹馬的緣故而殺人，使『百姓聞之，必怨吾君；諸侯聞之，必輕吾國。汝一殺公馬，使公怨積於百姓，兵弱於鄰國，當死罪三也。』」晏子這席話，特別是最後一句，言在此而意在彼，使景公聞之頓悟，喟然嘆曰：「夫子釋之！夫子釋之！勿傷吾仁。」終於將馬伕無罪釋放。

另一則記載在〈諫下二十三〉：齊景公的愛犬死了，他命令左右盛以棺木，隆重祭奠。「晏子聞之諫。景公曰：『亦細物（小事）也，特以左右為笑耳。』（這是一件小事呀，我不過和左右臣下開玩笑罷了。）」顯然，景公已經覺察到葬狗之舉有些不妥，在自己轉彎了。不料，這話又引發晏子正言厲色的大段議論：您錯了。您搜集民財而不用來為人民做好事，現在又不惜靡費國家資財以博左右一笑，國家還有什麼希望？何況，孤寡者凍死餓死無人管，您的愛犬死了卻要舉行祭奠；鰥獨者得不到國家的救助而死亡，您的狗死了卻用棺木裝斂：當國者的行為不公正到如此地步，百姓知道了必怨吾君，諸侯知道了必輕吾國。「怨聚於百姓而權輕於諸侯，而乃以為細物，君其圖之（您考慮考慮這件事）」。結果景公稱善，「趣庖治狗以會朝屬」（命令廚房趕快把狗肉弄來給參與朝會的群臣共食）。這兩則故事可能給司馬遷寫〈優孟傳〉一些啟示。但史遷所記又與晏子義近而術不同。晏子諫景公是正面進言，優孟諫莊王是出以詼諧幽默的「譎諫」（轉彎抹角委婉地進諫）。兩人所諫之事都被主上採納，但晏子身為宰相，不得不言，景公也不好完全不聽；優孟則位居俳優，能以國家前途、人民視聽為重，就更加難能可貴了。至於文字的形象生動，語言之嬉笑怒罵皆成文章，《史記》自然遠在《晏子春秋》之上。

〈滑稽列傳〉的諷刺意味是很強烈的。孔子說：「傷人乎？不問馬。」楚莊王卻貴馬而賤人，形成鮮明對比。漢武帝為了奪取大宛王國所產的、傳說中的汗血馬，不惜數年出塞征戰，兩次發兵共十多萬人；待到回師時生入玉門關者僅萬餘人。為了奪回幾十匹寶馬，犧牲士卒上十萬，司馬遷身邊這位「今上」不也是一個「賤人貴馬」的昏君嗎？他作此文，是不是存心暗諷，筆者不敢妄斷；但他對諸如此類行為持否定態度是十分鮮明的。

讀這篇〈滑稽列傳〉常常使我聯想起莎士比亞筆下那些傻瓜、弄人和小丑，這些人物與優孟、淳于髡之流有許多相近之處。莎翁戲劇中那些插科打諢的小人物許多話，反映了作者對社會規範和道德準則的破壞者的譴責；他通過小人物，對一切違背人性的行為，各個層面的人們的毛病，社會上種種負面現象，加以嘲笑和批評。但正如《皆大歡喜》五幕四場中公爵向杰奎斯說起傻瓜試金石時說的那樣：「他把他的傻氣當作了藏身的煙幕，在它的蔭蔽之下放出他的機智。」這類人物從不正言厲色指責他所否定的人和事，而是正言反出，指桑喻槐，藉裝聾賣傻的偽裝，出之以詼諧調笑的話語，敢於當著最威嚴的統治者繞著彎兒說真話，進忠言，可見他們最懂得主子的心理狀態和人間的語言藝術。另一方面，這類小人物大都有一副善良的心腸。他們對處於憂患中的人總是抱著好感。《史記・滑稽列傳》中優孟對故相孫叔敖的遺孤，莎士比亞筆下的弄人對喪失了一切的李爾王，都是如此。《李爾王》一幕四場中一段對話便是最好的例證：

李爾：好尖酸的傻瓜！

弄人：你知道傻瓜是有酸有甜的嗎？

李爾：孩子，你告訴我。

弄人：聽了他人話，土地全喪失。我傻你更傻，兩傻相並立。一個傻瓜甜，一個傻瓜酸。一個穿花衣，一個戴王冠！

同劇第五場，李爾王與弄人有如下一段對話：

弄人：我知道蝸牛為什麼背著個屋子。

李爾：為什麼？

弄人：因為可以把牠的頭放在裡面。牠不會把牠的屋子送給牠的女兒，害得牠的角也沒有地方安頓。❶

這些話，諷刺中飽含著同情的淚水。李爾王把一切都給了他大女兒高里納爾和二女兒里根，沒想到親生的女兒如此不孝，以致逼得他孤苦伶仃最後發了瘋。弄人懷著同情在喚醒老人的良知，譴責那一對不孝女兒。在李爾王最孤獨無助的時候，始終陪伴著他的只有那個小人物──弄人。

司馬遷在其〈報任安書〉中說他的先輩就是「主上之所戲弄，倡優所畜，流俗之所輕也」的人物。可見，優孟也好，傻子也好，弄人也好，都是人下之人，屬於備受輕視、最無權力的社會階層。但他們從一降生下來就懂得生活的酸甜苦辣，因此最善於用苦味的笑話當作鞭子來抽打邪惡的靈魂。他們天生懂得正義和真理，他們不斷地給身邊發生的一切作注釋，給周圍的人和事作出正確而出人意表的估量和評價。但是，諷刺是一門藝術，單靠善良公正不

❶ 本文所引莎士比亞劇本，用朱生豪譯本。

一定能獲得良好的喜劇效應，還必須具備喜劇演員的天才。正如莎士比亞名作《第十二夜》中薇奧拉評價小丑費斯特時說的那樣：「這傢伙扮傻子很有點兒聰明，裝傻裝得好也是要靠才情的。」這些小人物的風趣和幽默，來自民間的智慧，民間的智慧則是世世代代身受社會不平的痛苦經驗的結晶。

人們需要歡笑，不能沒有俳優小丑；人們有痛苦需要發洩，也離不開俳優小丑。司馬遷和莎士比亞給後世留下了許多可愛的小人物，其中也包括小丑。不同的是：莎氏筆下的小丑源於藝術的塑造；司馬遷所記是歷史上的真人真事。司馬遷和莎氏筆下的小丑總是和大人物處於同一事件中形成對比，用大人物的顢頇昏聵、自私殘忍來反襯小人物的機智幽默、公正善良，這表明了作者獨特的社會觀點。《莊子・天下篇》說：「以天下為沉濁，不可與莊語。」（因為整個世界到處烏七八糟，我不能和人家說正經話。）大概，這就是司馬遷的〈滑稽列傳〉和莎士比亞戲劇中把深刻思想包藏在小丑詼諧幽默、嬉笑怒罵的語言外殼中的根本原因。

後記

這本小書收錄的文章都曾刊布於臺灣著名校園刊物《明道文藝》月刊。寫作之初，僅有一個總體輪廓，並無成稿；往往發表了上一篇再構思下一篇。每當載有拙文的刊物寄到，對我都是一種鞭策，促使我繼續伏案握管。兩易寒暑，終於寫成二十多篇，得以輯為一書。在此，我首先感謝《明道文藝》發行人汪廣平先生及社長陳憲仁先生給我提供了耕耘的園地。

既可集結成書，必須出版界出版發行。為此，廣平先生又向三民書局鼎力說項，蒙董事長劉振強先生推愛屋烏，允為出版；編輯先生們精心審訂，刮垢磨光；陳憲仁社長惠賜序言，光我篇幅。尤其是老友謝元厚翁以八旬高齡，為之奔走聯絡，費盡周張。正由於有諸先生的厚愛，這本記錄我七十以後窗前燈下筆耕歲月的小書，才得展布於讀者諸君几案之上。覆瓿之作，累及諸賢，每一念及，難安枕席。終校既竟，出戶徘徊，遙企海天，夜風如水。忽憶落月、停雲之篇，益深良朋悠邈之嘆；安得促席，說彼平生！

漢屏夜記

一九九七年十二月

於常德教育學院

246 史記的人物世界

林聰舜　著

《史記》的文學性以及對歷史的獨特觀察，主要是透過人物傳記表現出來。因此，深入《史記》的人物世界，是進窺《史記》宗廟之美、百官之富的重要法門。本書討論了《史記》中許多膾炙人口的人物，透過作者的詮釋，在欣賞人物風姿之餘，讀者或許能穿越時空，與司馬遷的歷史智慧照面，領略「讀史使人聰明」的益處。

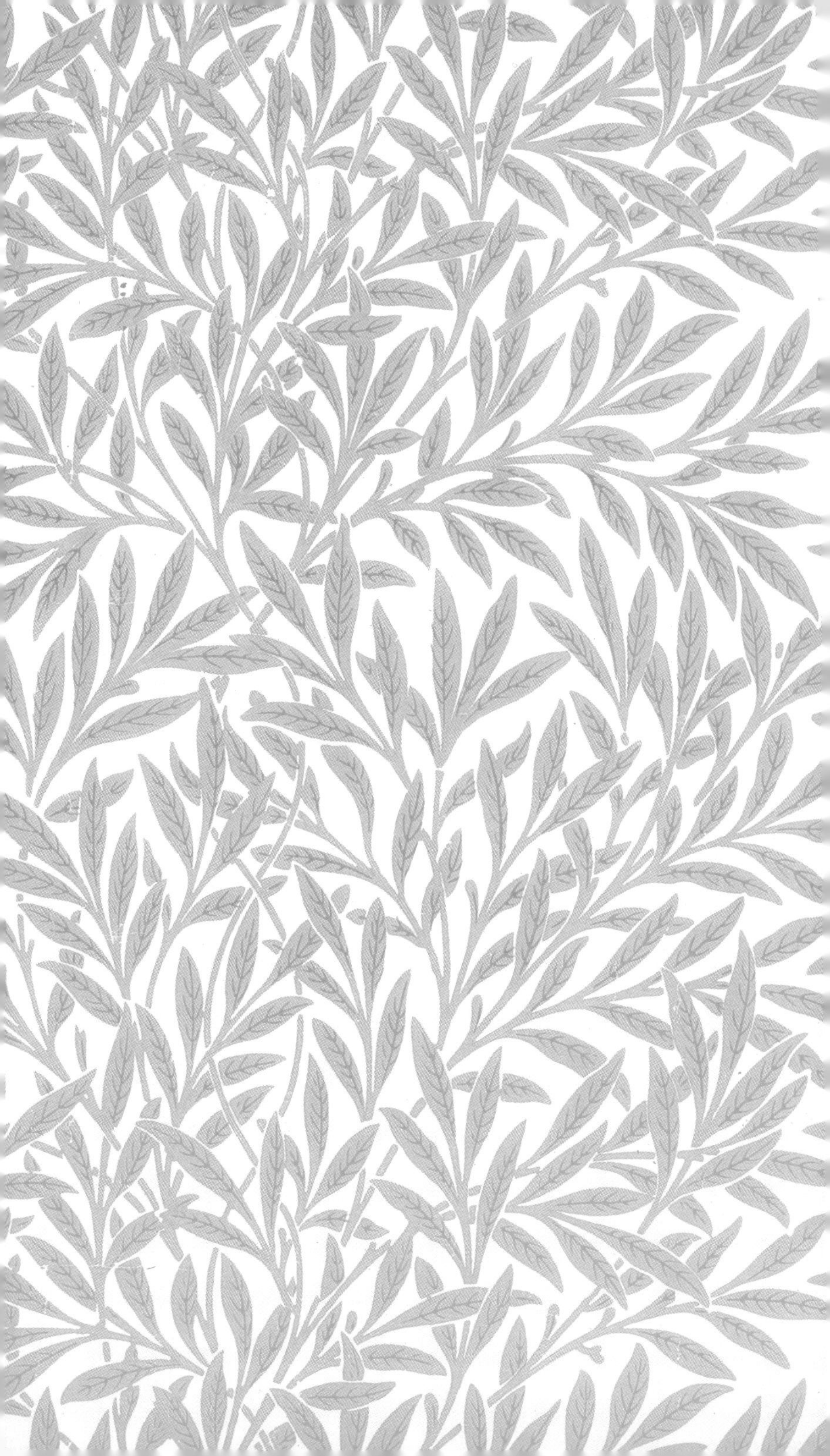